Lanqiu Yundong Jiben Zhanshu
Yunyong Yanjiu

篮球运动基本战术
运用研究

谭朕斌 ◎ 著

中央民族大学出版社
China Minzu University Press

图书在版编目（CIP）数据

篮球运动基本战术运用研究 / 谭朕斌著 . —北京：中央民族大学出版社，2021.6（2023.9重印）

ISBN 978-7-5660-1862-5

Ⅰ.①篮… Ⅱ.①谭… Ⅲ.①篮球运动—运动技术—研究 Ⅳ.① G841.2

中国版本图书馆 CIP 数据核字（2020）第 272953 号

篮球运动基本战术运用研究

著　　者	谭朕斌	
策划编辑	赵秀琴	
责任编辑	赵　静	
封面设计	舒刚卫	
出版发行	中央民族大学出版社	

北京市海淀区中关村南大街 27 号　　邮编：100081

　　电话：（010）68472815（发行部）　　传真：（010）68933757（发行部）

　　　　（010）68932218（总编室）　　　　（010）68932447（办公室）

经 销 者	全国各地新华书店
印 刷 厂	北京建宏印刷有限公司
开　　本	787×1092　1/16　　印张：21.5
字　　数	263 千字
版　　次	2021 年 6 月第 1 版　2023 年 9 月第 2 次印刷
书　　号	ISBN 978-7-5660-1862-5
定　　价	97.00 元

序

  目前的篮球教材和篮球战术教学训练书籍，内容偏重于篮球基本战术的原则、战术要求、战术配合方法及教学训练方法等方面，而有关篮球战术在比赛中运用方面的内容和阐述严重不足，缺少对战术运用规律及变化的详细论述。《篮球运动基本战术运用研究》一书，主要就篮球比赛中攻防战术基础配合的运用、三人制篮球比赛攻防技战术的运用、CBA竞赛规程修改对进攻技战术的影响、CBA主场效应与技战术的关系、篮球运动员气质类型与技战术特点和场上位置的关系等篮球运动基本战术的运用做了较深入的探索，从不同的角度对篮球运动基本战术运用提出了诸多新观点和新思想。希望该书的出版能有助于广大篮球理论工作者相互交流和探讨，并对我国篮球运动的理论研究起到积极的促进作用，进一步丰富我国篮球教学训练的基本理论。

  在本书的编写过程中，得到了我的研究生张新胜、郭新宇、马宝岐、孟祥磊、李芝兰、李力洋、刘洋的大力支持，真诚地感谢他们在此书的编写中付出的辛勤努力。

  本书可供广大篮球理论研究者、体育教师、篮球教练员在教学训练中参考，也可作为篮球专业研究生、篮球专项本科生的课外学习读物。由于水平有限，书中的疏漏之处在所难免，衷心地欢迎广大读者对本书提出宝贵意见。

谭朕斌

2020年6月

目　录

第三章　三人制篮球比赛中进攻技战术的运用 / 68

第四章   三人制篮球比赛中防守技战术的运用 / 111

第五章   CBA竞赛规程修改对进攻技战术的影响 / 170

第六章　CBA主场效应与技战术的关系

第七章 篮球运动员气质类型、技术特点与场上位置的关系 / 270

第 一 章

篮球比赛中防守战术基础配合的运用

　　篮球运动作为同场对抗类的竞技体育项目，比赛的胜负不仅取决于自己的发挥，还受制于对手的发挥和影响。要想赢得比赛的胜利，除了要尽量在规定的时间内取得更多得分，还要尽力将对手的得分限制到最低。篮球比赛中往往在关键时刻进攻受到限制，这时防守就显得尤为关键，只有在做好自己防守的前提下去带动进攻，才能打破进攻的僵局。尽管运动员的身体条件越来越好，篮球比赛中个人进攻能力越来越强，但要想靠个人的防守完全限制进攻球员几乎是不可能的。现代篮球比赛中进攻方式灵活多变，进攻方常常会通过战术配合来撕破防线获得进攻机会，如运用突分、传切、掩护、策应配合等，这对防守球员的战术素养提出了更高的要求。

　　战术基础配合是组成全队攻防战术的基础。篮球比赛的战术打法多、变化多，但各种战术都离不开战术基础配合。只有熟练地掌握与运用这些基础配合，才能在运用全队战术时更加灵活机动，使之更有效地发挥作用。本研究通过对第31届奥运会中国男篮比赛录像进行数据统计，分析中国男篮在第31届奥运会比赛中防守战术基础配合运用的现状，研究中国男篮防守战术基础配合运用的特点、效果、存在的不足及影响因素，为我国篮球防守教学训练提供参考，进一步丰富我国篮球教学训练理论。

一、主要研究方法

（一）问卷调查法

本研究共发放三轮专家问卷：第一轮问卷，通过中国知网中文期刊数据库、中文硕博论文数据库、国家图书馆、前期访谈，观看比赛录像等，初步选定了31个指标作为篮球防守战术基础配合评价指标的基础，并通过问卷向专家征询意见；第二轮问卷，根据第一轮问卷专家的意见，将31个指标进行归类、筛选、修改，确定了23个指标；第三轮问卷，专家一致认为防守无球球员这些指标不能体现防守战术基础配合，只能体现出个人防守能力，且统计起来比较烦琐，对本研究的意义不大，最终确定了20个评价防守战术基础配合的指标。

（二）录像观察法

反复观看小组赛的5场比赛，利用慢放、暂停、回放等方式，根据防守战术基础配合的指标体系，手工统计各项指标的数据（见表1-1）。

表1-1　中国队对阵情况一览表

对阵球队	比赛结果
中国队 vs 委内瑞拉队	68：72
中国队 vs 美国队	62：119
中国队 vs 法国队	60：88
中国队 vs 澳大利亚队	68：93
中国队 vs 塞尔维亚队	60：94

（三）逻辑分析法

采用归纳、演绎、对比和综合分析等逻辑方法对采集的数据进行分析，归纳总结出第31届奥运会中国队及与赛队防守战术基础配合的运用现状、运用特点、存在的问题及产生的原因。

二、研究结果与讨论

（一）中国男篮及与赛队防守战术基础配合运用情况的分析

1. 中国男篮防守掩护配合的运用情况

从第31届奥运会比赛中运用进攻基础配合情况看，掩护配合是运用最多的进攻配合方法，也是最灵活、最有效的配合方法。无论是NBA比赛、欧洲篮球比赛，还是CBA比赛，掩护配合都是运用率最高的进攻配合方法。对防守来说，保证防守掩护配合的质量是赢得比赛的关键。

表 1-2 第31届奥运会中国男篮防守掩护配合的形式

	挤过配合	绕过配合	穿过配合	交换防守配合	抢前延误回防配合	总数
运用次数	51	0	9	27	57	144
运用率	35.4%	—	6.3%	18.7%	39.6%	100.0%

防守掩护配合主要有5种方法：挤过配合、绕过配合、穿过配合、交换防守配合和抢前延误回防配合。由表1-2和图1-1可以看出，本届奥运会5场比赛中国队防守掩护配合运用144次，其中抢前延误回防配合运用57次，运用率高达39.6%；其次是挤过配合，运用51次，运用率为

35.4%。由这两项数据分析得出，中国队本次比赛注重对持球人的防守，面对对手的掩护配合，中国队有75%的时间去控制持球人，给持球人很大的压迫性。交换防守配合运用27次，运用率为18.7%。由于中国队内线球员的横移速度比较慢，在大防小的情况下，很难限制对手的投篮和突破，所以在发生掩护时中国队尽量避免换人防守。在面对对手的掩护配合时，绕过配合和穿过配合是运用较少的防守配合方法，绕过配合运用0次，穿过配合也只运用9次。这两种防守配合方法在防守掩护时有一个共同的特点，就是在使用时防守者离防守人较远，不能很好地控制持球人的投篮，面对投射能力较强的球员，被这两种防守配合方法运用率会相对低。

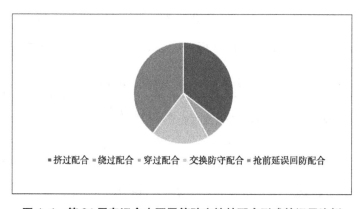

图 1-1　第 31 届奥运会中国男篮防守掩护配合形式的运用比例

2. 中国男篮及与赛队防守掩护配合运用情况的对比

2015年中国男篮是在大比分落后韩国男篮的情况下，依靠严密的防守最终才晋级亚洲男篮锦标赛决赛夺得冠军的。中国队在此次锦标赛的防守上让人耳目一新，中国队对持球人的防守较以往攻击性、压迫性更强。

第31届奥运会中国队面对的是进攻更强大的欧美对手，这对中国队的防守是更大的考验。

表 1-3　第 31 届奥运会中国队及与赛队防守掩护配合的情况

	比赛队					总数	运用率
	中vs委	中vs美	中vs塞	中vs澳	中vs法		
挤过配合	11：5	6：9	12：6	13：10	9：4	51：34	35.4%：27.6%
绕过配合	0：4	0：1	0：0	0：0	0：2	0：7	0：1.6%
穿过配合	0：2	1：3	4：0	3：8	1：4	9：17	6.3%：13.8%
交换防守配合	2：15	7：8	7：9	5：6	6：9	27：47	18.7%：38.2%
抢前延误回防配合	16：1	2：1	9：8	9：4	21：4	57：18	39.6%：14.6%
总数	29：27	16：22	32：23	30：28	37：23	144：123	

由表1-3可以看出，在奥运会5场比赛中，中国队防守掩护配合运用的总数比对手多21次，其中抢前延误回防配合高于对手39次，中国队的运用率为39.6%，与赛队的运用率为14.6%，高出对手25百分点。通过比赛过程可以看出，中国队在比赛中注重对持球人的防守，对手掩护时，内线高大球员往往向外线跨出延误对手的进攻，等待队友到达防守位置才回防自己的防守人。交换防守配合是与赛队防守掩护配合时运用率最高的配合方法，高达38.2%，中国队为18.7%。究其原因，与赛队的内线球员个人防守能力强，横移速度快，即使在面对外线球员时，也能通过身高和臂展控制对手。在与委内瑞拉的比赛中，委内瑞拉队在面对中国队的掩护配合时多次运用交换防守配合：一方面是因为中国队主要依靠内线进攻；

另一方面，委内瑞拉的内线球员最高的只有2.06米，移动能力和灵活性较好。

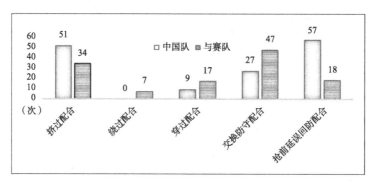

图 1-2　第 31 届奥运会中国队及与赛队防守掩护配合运用次数对比

如图 1-2 所示，中国队及与赛队在面对对手的掩护时，挤过配合运用次数有一定的差异性。挤过配合是目前运用率较高的防守掩护方法，防守攻击性很强，能够有效地控制持球人，符合目前篮球运动防守发展的要求。绕过配合和穿过配合是在防守掩护配合时运用较少的方法，尤其是随着运动员投篮准确性越来越高，投射距离越来越远，绕过配合和穿过配合不能很好地限制持球人，所以这两种防守配合方法使用率比较低。

图 1-3　　　　　　　　　　　　图 1-4

图 1-5 图 1-6

图1-3至图1-6所示是中国队在与法国队的比赛中，中国队运用挤过配合成功防住对手进攻战术的情况。①帕克运球到45°，②提上挡拆，❶赵继伟果断贴近挤过并跟防住对手；此时强侧的❸李根很好地控制底角③并做出关门的准备；弱侧的❹王哲林和❺周鹏人球兼顾，随时准备协防，最终帕克被迫将球运到底线附近；此时的❺周鹏已经协防到篮下，并切断了帕克传对侧底角的路线，上线的球员也占据了有利的位置；在全队的防守下最终逼迫帕克失误，中国队获得球权。

3. 中国男篮关门配合、夹击配合、补防配合、围守中锋配合的运用情况

表 1-4　第 31 届奥运会中国队关门配合、夹击配合、补防配合、围守中锋配合的运用情况

	关门配合	夹击配合	补防配合	围守中锋配合
次数	71	49	123	48
场均次数	14.2	9.8	24.6	9.6

关门配合和夹击配合是破坏性和攻击性很强的防守配合方法，能有效地控制持球人的行动，给对手心理上造成巨大的压力，造成对方失误和形

成抢断球机会。夹击配合通常在紧逼人盯人防守、区域紧逼防守或者带有夹击式的扩大联防战术中运用。在使用夹击配合时，夹击时机和位置的选择很重要。如果对手低头运球或者停球时，都要主动上去夹击，最佳的夹击位置是中线和边角位置。夹击时两名防守球员的身体要靠紧，双臂垂直上举，并随对手的球摆动，封堵持球球员的传球路线，不要盲目下手，减少不必要的犯规。已经形成夹击后，其他球员应该积极配合夹击球员的行动，及时补防、协防，不让近球区的球员接球，迫使持球球员传高球、远球，远球区的球员把握好正确的断球时机。由表1-4可知，中国队5场比赛运用关门配合71次，场均14.2次。从比赛录像可以看出，中国队在出现关门配合和夹击配合的机会时，往往不够果断，球员的配合不够默契，不能很好地控制对手的传球路线，导致关门夹击失败。

　　补防配合一般来说由弱侧的球员完成，往往是高大球员。中国队补防配合运用次数远高于其他防守配合，一方面说明中国队外线防守较差，另一方面表明中国队内线球员能够积极主动地对突破球员进行防守。一般来说，围守中锋配合在面对个人进攻能力较强的中锋对手时使用。由于中国队内线球员较多，且个人防守能力不错，所以在本次比赛中中国队场均只有9.6次。

图 1-7

图 1-8

图 1-9　　　　　　　　　　　　　　　　图 1-10

　　图 1-7 至图 1-10 所示是中国队在与法国队的比赛中，中国队夹击配合运用的情况。❶李根防守的人将球运过半场，❷赵继伟果断放弃自己的防守人，将对手封堵在中线与边线的夹角处；此时中圈位置有一接应球员③，而中国队没有球员防守这条传球路线，让对手轻松地将球传出；最后球转移到 45°帕克手中，获得空位投篮机会。从整个防守的过程来看，首先两人上抢的时机、选择的位置和封堵的路线都是最合适的，其他球员没能及时地呼应两名夹击的球员，导致最后防守的失败。

　　4. 中国男篮及与赛队关门配合、夹击配合、补防配合、围守中锋配合运用情况的对比

　　关门配合一般应用于对手突破时，邻近的球员依靠积极的脚下滑动，与同伴共同堵截进攻球员突破路线的一种配合方法。夹击配合是一种主动性、攻击性很强的配合方法，能有效地控制持球球员的活动，迫使对手失误，创造断球反击的机会。补防配合可以阻截对手的投篮和减少对手一次最有进攻威胁的机会，邻近的球员要大胆放弃自己的防守人及时对突破或漏防人员进行防守。围守中锋配合是对阵个人进攻能力很强的内线高大球员时一种有效的防守配合方法。以上四种防守战术配合都是主动性很强的

防守配合，对持球人都有一定的压迫性，目的就是迫使对手失误或者违例并获得球权。

表 1-5　第 31 届奥运会中国队及与赛队关门配合、夹击配合、补防配合、围守中锋配合运用情况对比

配合方式	比赛队					总数
	中 vs 委	中 vs 美	中 vs 塞	中 vs 澳	中 vs 法	
关门配合	13∶18	14∶11	11∶14	9∶12	12∶12	59∶67
夹击配合	12∶9	13∶8	6∶10	9∶12	9∶11	49∶50
补防配合	21∶19	31∶21	20∶24	26∶20	25∶23	123∶107
围守中锋配合	7∶15	9∶7	11∶9	9∶11	12∶9	48∶51

由表1-5可知，5场比赛中，中国队及与赛队关门配合、夹击配合及围守中锋配合的运用总数的差值都在5次以内，只有补防配合运用的总数中国队比其他队伍多16次。这说明中国队在外线的防守或者轮转换防方面做得不够好，被对手多次突破或者多次漏防，需要补防来遏制对手的进攻，这给中国队的内线造成了很大的压力。在中国队与委内瑞拉队的比赛中，委内瑞拉队运用关门配合的次数明显多于中国队。这是因为：一方面，委内瑞拉队是中国队最弱的对手，在个人防守能力上，委内瑞拉队球员无论身体素质还是防守技术相对弱，需要通过防守配合来控制中国队的进攻；另一方面，中国队突破坚决，不断地冲击对手的内线，出于保护中锋考虑，委内瑞拉队外线必须尽量控制中国队的突破。中国队运用夹击配合要多于委内瑞拉队和美国队，在与委内瑞拉队的比赛中，两队的比分交

替领先，尤其在第四节最后五分钟内中国队多次运用全场紧逼战术，使中国队夹击的次数多于对手。在与美国队的比赛中，虽然比分差距较大，但是由于美国队个人持球能力较强，传球的次数相对少，球在个人手中停留的时间较长，突破到内线时，中国队内线高大球员会进行协防，突破球员往往很难有很好的进攻机会，所以夹击配合的运用要多于美国队。在与塞尔维亚队、澳大利亚队、法国队的比赛中，中国队夹击配合的运用少于对手，因为这三支球队主要依靠传导球来寻找进攻机会，球在个人手中停留的时间较短，很难有夹击的机会。

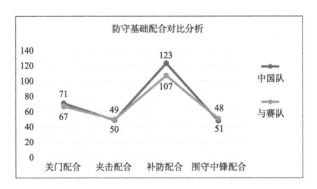

图 1-11　防守基础配合对比分析

由图 1-11可以看出，中国队的补防配合的次数明显高于与赛队。除了与塞尔维亚队的比赛中运用较少外，与其他四支队伍的比赛都要高于对手。面对欧美和澳洲球队，中国队无论是身体素质还是个人技术都不如对手，尤其在和美国队比赛中，补防配合运用要比美国队多10次。美国球员个人能力出众，能够很轻松地摆脱防守人突破到内线，内线球员不得不进行补防来阻止对手的进攻。另外，中国队在防掩护配合的时候经常抢前延误，回防不及时往往内线无人防守，其他球员就不得不补。

　　随着运动员的投射能力越来越强，投篮的距离越来越远，三分的投射比例越来越高，中锋球员在一支球队中的进攻地位开始下降，在球队中更多承担的是防守任务。本届奥运会篮球比赛，在围守中锋配合的运用方面，中国队除与委内瑞拉队比赛中有明显差距外，与其他四支球队差距都在3次以内。中国队内线球员超过2.10米的有5名，真正在内线有背身单打威胁的只有易建联一个人。相比较而言，五支队伍只有委内瑞拉队内线高度不够。委内瑞拉队在与中国队比赛中，当中国队内线球员拿球时，委内瑞拉队往往多人围夹持球中锋。委内瑞拉队中锋身高不足，持球时多数时间躲着中国内线打，很少有强攻，中国队内线球员个人防守足以遏制对手，所以围守中锋比对手少8次。由于其他四支球队都有内线高大中锋球员，且个人防守能力相对不错，所以围守中锋的运用没有什么差别。

图 1-12

图 1-13

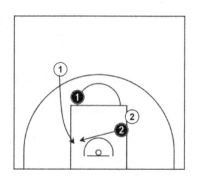

图 1-14

图1-12至图1-14所示是中国队在与美国队的比赛中，中国队补防配合运用的成功案例。美国球员①格林突破中国队❶李慕豪的防守，❶已经完全失去了防守位置，这时防守②小乔丹的❷易建联回收篮下，选择了合适的防守位置并与自己所防守的人保持合适的距离，当①起跳投篮时，❷果断起跳将球封盖出底线。

综上所述，从防守战术基础配合的运用情况来看，中国队运用挤过配合、抢前延误回防配合和补防配合次数明显高于其他配合方式。其中在防守对手的掩护配合时，抢前延误回防配合运用次数过多，很容易回防不及时导致漏人。中国队大个球员较多，脚步移动不够灵活，延误时应注意不要抢得太靠上，要观察对手的位置灵活使用抢前延误战术。中国队外线球员防守能力不强，对手多次突破到中国队内线，导致中国队补防配合的运用较多。中国队应在加强个人防守能力的同时提高防守战术配合的意识，尤其是临近突破的防守人，应该随时观察对手的行动，及时运用补防配合封堵对手的突破路线。

（二）中国男篮及与赛队运用防守战术基础配合的区域分析

1. 中国男篮防守掩护配合运用的区域

配合发生区域指在比赛中，防守战术基础配合发生在划定的6个区域中，如果在交叉区域发生，主要统计在配合进行方向的。通过对防守战术基础配合在不同区域发生的次数统计，可以清楚地了解相同的防守配合在不用区域的运用情况。为了统计方便，根据专家的意见和建议，将区域划分为如图1-15所示6个区域。

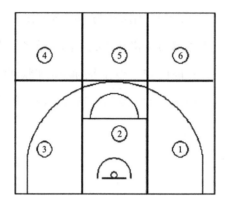

图 1-15   配合发生区域划分

表 1-6   第 31 届奥运会中国队防守掩护配合运用区域分布情况

配合方式	1区	2区	3区	4区	5区	6区
挤过配合	13	2	15	7	6	8
绕过配合	0	0	0	0	0	0
穿过配合	0	0	2	3	0	4
交换防守配合	9	3	6	2	6	1
抢前延误回防配合	9	2	6	13	16	11

由表 1-6 可以看出，不同的防守战术基础配合在不同的区域运用比例是不一样的。挤过配合主要发生在 1 区和 3 区，原因是发起进攻主要在两侧的 45°，在这两个区域中挤过配合运用的次数较多。4、5、6 区挤过配合运用的次数分别是 7 次、6 次、8 次，而 2 区挤过配合只运用过 2 次，说明挤过配合大多发生在距离篮筐较远的位置。5 场比赛中，中国队绕过配

合运用的次数为0，原因是中国队强调对持球人的压迫，要求对手掩护时尽量采用挤过或者抢前延误回防的配合方式控制持球人。绕过配合不能很好地控制持球人的行动。尤其是各个球队的投射能力越来越强，绕过配合就更不适合于防守掩护后的投篮。中国队运用抢前延误回防配合较多，主要发生在4区、5区和6区，说明中国队尽量让球远离篮筐，远离威胁区域。虽然中国队的防守范围在不断扩大，但是中国队在运用抢前延误回防配合时应该注意对手的位置。在对手距离篮筐较远，又没有进攻威胁的时候，内线球员尽量不要去延误。

图 1-16

图 1-17

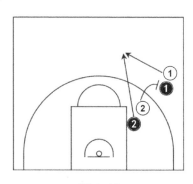
图 1-18

图1-16至图1-18所示是在与塞尔维亚队的比赛中，中国队抢前延误

回防配合运用的战例。当对手运用掩护配合时，中国队❶球员被掩护住，防掩护人的❷王哲林选择抢前延误回防，对手运球受到压迫，将球运到远离三分线，❷的抢前延误回防阻止了对手的投篮。

2. 中国男篮及与赛队防守掩护配合区域的对比

挤过、绕过、穿过、交换防守、抢前延误回防这五种防守基础配合发生的位置是由对手发起掩护的位置和行进的路线决定的，在不同位置选择何种防守方式则由防守球员决定，在不同位置是否选择合适的防守配合方式是决定防守效果好坏的关键。

表 1-7　第 31 届奥运会中国队及与赛队防守掩护配合运用区域分布情况

配合方式	1区		2区		3区		4区		5区		6区	
	中国队	与赛队	中国队	与赛队	中国队	与赛队	中国队	与赛队	中国队	与赛队	中国队	与赛队
挤过配合	13	6	2	0	15	8	7	7	6	9	8	4
绕过配合	0	0	0	0	0	0	0	3	0	2	0	2
穿过配合	0	5	0	0	2	3	3	3	0	4	4	2
交换防守配合	9	18	3	4	6	13	2	2	6	6	1	4
抢前延误回防配合	9	6	2	1	6	7	13	0	16	4	11	0
总数	31	35	7	5	29	31	25	15	28	25	24	12

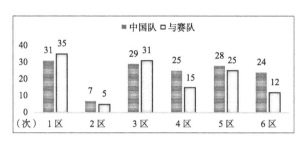

图 1-19 防守掩护配合运用区域对比

由表1-7和图1-19可以看出，1区、3区是防守战术基础配合运用的主要区域，4区、5区、6区防守配合运用的次数相当，2区防守配合运用的次数较少。原因在于：三分线两侧45°属于1区和3区，是掩护配合发起的最佳位置，在这两个区域发生的防守配合次数较多。2区为三分线以内，组织进攻的空间较小且容易失误，在该区域发起的掩护配合较少。挤过配合在1区和3区发生的频率最高，4区、5区、6区是距离篮筐较远的区域，这三个区域挤过配合的运用次之，说明各队的防守范围在不断扩大。绕过配合是运用较少的一种配合方法，中国队5场比赛运用0次，与赛队运用7次；运用的区域是4区、5区和6区，这三个区域距离篮筐较远，进攻的威胁较小，所以各队在此区域防守掩护配合时常运用绕过配合。交换防守配合的运用中国队少于与赛队，大多发生在1区和3区。抢前延误回防中国队运用的较多，大多发生在4区、5区、6区，远离篮筐的区域。

3. 中国男篮关门配合、夹击配合、补防配合、围守中锋配合运用的区域

合理地运用关门配合、夹击配合、补防配合、围守中锋配合是获取比赛胜利的关键，这四种防守战术基础配合具有主动性和攻击性，选择合适的位置运用恰当的配合是防守成功的关键。这四种防守配合运用的区域是在边角或者对手停球时，防守球员要把握上抢的时机，争取逼迫对方违例或者失误而获得球权。

表1-8　第31届奥运会中国队关门配合、夹击配合、补防配合、围守中锋配合运用
区域分布情况

区域	关门配合	夹击配合	补防配合	围守中锋配合	总数
1区	17	19	32	19	87
2区	28	9	61	16	114
3区	19	16	21	13	69
4区	1	3	0	0	4
5区	4	0	8	0	12
6区	2	2	1	0	5

　　如表1-8所示，关门配合、夹击配合、补防配合、围守中锋配合大多数发生在1区、2区和3区，2区最多。2区是最接近篮筐的区域，所以多数的补防配合发生在该区。2区也是对手试图突破的区域，在这1区域的关门配合运用也比较多。1区和3区是多数进攻发起的区域，也是中锋低位要球的区域，且边线和底线的夹角在这两个区域，因而在这两个区域的关门配合、夹击配合、补防配合、围守中锋防守战术配合运用的次数比较平均。4区、5区、6区距离篮筐较远，只有5区会出现少量的漏防需要队友的补防，4区和6区中线和边线的夹角偶尔会出现包夹的机会。

图1-20

图1-21

图 1-22　　　　　　　　　　　　　　图 1-23

图1-20至图1-23所示是中国队与澳大利亚比赛时的一次夹击配合情况。❶丁彦雨航全场领防对手持球人①，对手刚过中线时❷李根主动放弃自己的防守人②上前夹击对手，此时持球人①的位置并不是在边角的位置且❶丁彦雨航没能意识到队友上前夹击，距离防守人较远，此时对方持球人有两条较好的传球路线，一条是弧顶❸周鹏的防守人③，另一条是同侧底角的位置④，最终对手将球传到底角位置，中国队这次夹击失败。

4.中国男篮及与赛队关门配合、夹击配合、补防配合、围守中锋配合运用区域的对比

由表1-9可见，2区是防守配合运用最多的区域，1区、3区运用的次数接近，4区和6区运用得较少。

表 1-9　第 31 届奥运会中国队及与赛队关门配合、夹击配合、补防配合、围守中锋配合运用区域分布情况

	1区		2区		3区		4区		5区		6区	
	中国队	与赛队	中国队	与赛队	中国队	与赛队	中国队	与赛队	中国队	与赛队	中国队	与赛队
关门配合	17	16	28	21	19	23	1	2	4	4	2	1

续表

	1区		2区		3区		4区		5区		6区	
	中国队	与赛队	中国队	与赛队	中国队	与赛队	中国队	与赛队	中国队	与赛队	中国队	与赛队
夹击配合	19	9	9	11	16	13	3	6	0	2	2	9
补防配合	32	23	61	43	21	26	0	3	8	7	1	1
围守中锋配合	19	17	16	24	13	10	0	0	0	0	0	0
总数	87	65	114	99	69	72	4	11	12	13	5	11

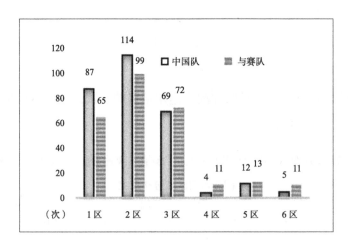

图 1-24　防守基础配合运用区域对比

如表1-9和图1-24所示，关门配合在1区和3区的运用中国队及与赛队差别不大；在2区的运用中国队28次，与赛队是21次，中国队多于对手7次，说明中国队对中路的突破控制比较严密。夹击配合的运用中国队在1区高于对手10次，表明中国队在1区防守的侵略性较强。中国队在2区补防配合的运用为61次，与赛队为43次，中国队高于与赛队18次，说明中国队对外线防守强度不够，让对手多次突破到内线。防守基础配合大多数运用于内线，主要集中在1区、2区和3区，与赛队在2区的围守中锋运用次数比中国队多8次。这一方面是由于中国队有多位内线球员，进攻主要以内线为主；另一方面，说明与赛队重视篮下的防守。

综上所述，从防守战术基础配合运用的区域来看，挤过配合在六个区域内均有运用，其中在1区和3区运用的次数最多；抢前延误回防配合多发生在4区、5区和6区；关门配合和夹击配合在1区和3区运用的次数较多；补防配合在2区运用的次数最多。说明1区和3区是防守战术基础配合发生频率最高的两个区域。中国队及与赛队防守战术基础配合运用的区域有所不同，1区和2区中国队防守战术基础配合运用的次数高于对手，其他区域均少于对手。

（三）中国男篮及与赛队防守战术基础配合运用效果的分析

1. 中国男篮防守掩护配合的运用效果

防守的最根本目的就是尽可能地降低对手的进攻效率，防守效率越高表明对手的进攻效率越低，所以在一次防守中防守的质量是提高防守效率的关键。

表 1-10　第 31 届奥运会中国队防守掩护配合的运用效果

	挤过配合	绕过配合	穿过配合	交换防守配合	抢前延误回防配合
总次数	51	0	9	27	57

续表

	挤过配合	绕过配合	穿过配合	交换防守配合	抢前延误回防配合
成功次数	26	——	7	14	24
成功率	51.0%	——	77.8%	51.9%	42.1%

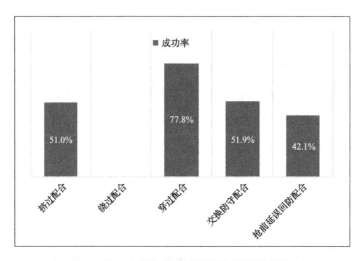

图 1-25　中国队防守掩护配合的运用效果

由表1-10和图1-25可以看出，中国队在防守掩护配合时，穿过配合运用得少，但是成功率很高，高达77.8%，说明掩护配合发生时，队友之间配合默契，能主动提醒队友，并主动后撤一步选好位置，留出让同伴穿过的通路。挤过配合在运用51次的情况下，成功率还能达到五成以上，说明当掩护发生时，外线的防守球员能够准确地判断并选择合理的位置，为自己的侧身挤过留出位置。交换防守配合相对于挤过配合是运用较少的配合方法，有51.9%的防守成功率，说明中国内线球员在面对与赛队的后卫球员时，能够很好地利用身高优势和控制面积限制对手的投篮和突破。抢前延误回防配合是运用最多的防守方式，但防守的效果并不理想，成功率只有42.1%。从比赛中可以看出，在面对对手的掩护配合时，大多数时间中国队内线球员都会上抢延误或者有上抢的意图，但由于内线球员的移动速度比较慢，上抢后很难快速及时地回防，会造成漏防的情况，需要其他位置的球员进行补防。所以中国球员在抢前延误回防时，要注意上抢的时机和位置，既要有快速回防的意识，又要在保证限制持球人的同时，很好地限制被掩护的进攻球员下顺或外线投篮。

图 1-26

图 1-27

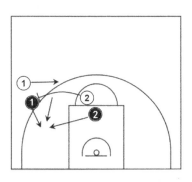

图 1-28

图1-26至图1-28所示是中国队与委内瑞拉队比赛时，中国队出现防守掩护配合不默契情况。对方中锋②给持球人①掩护时，❶周鹏防的持球人①运球到45°，与从另一侧过来的掩护人进行挡拆配合；中国队两名球员周鹏和易建联沟通不及时，导致两人同时回防下顺的掩护人，这时持球人获得很好的空位投篮机会并命中三分。

2. 中国男篮及与赛队防守掩护运用效果的对比

由表1-11可知，防守掩护时中国队配合运用总数虽然比对手高出21次，防守效果却比对手低10百分点。究其原因，一方面，中国球员相比欧美球员来说身体素质差，横移速度不如对手，在遇到掩护配合时很难靠身体挤出位置跟防住对手，另一方面，中国球员防守意识差，队友之间的配合不默契，掩护发生时不能及时提醒队友，其他位置的球员没有协防和补防的准备。

表 1-11 第 31 届奥运会中国队及与赛队防守掩护配合运用效果

	挤过配合	绕过配合	穿过配合	交换防守配合	抢前延误回防配合	总数
中 vs 委	11：5	0：4	0：2	2：15	16：1	29：27
中 vs 美	6：9	0：1	1：3	7：8	2：1	16：22
中 vs 塞	12：6	0：0	4：0	7：9	9：8	32：23
中 vs 澳	13：10	0：0	3：8	5：6	9：4	30：28
中 vs 法	9：4	0：2	1：4	6：9	21：4	37：23
总数	51：34	0：7	9：17	27：47	57：18	144：123
成功次数	26：22	0：6	7：11	14：24	24：10	71：73
成功率	51.0%：64.7%	0：85.7%	77.8%：64.7%	51.9%：51.1%	42.1%：55.6%	49.3%：59.3%

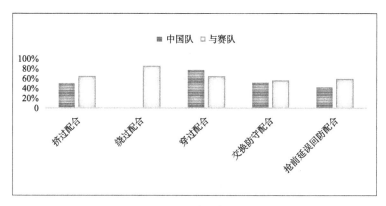

图 1-29　防守掩护配合的效果对比

中国队挤过配合成功率为51.0%，与赛队成功率为64.7%，比中国队高13.7百分点。从比赛过程来看，与赛队发生掩护时，持球人能够很好地利用队友的掩护"肩并肩"通过，中国球员很难找到挤过的空间，掩护人提上掩护的时机合适并且能够很好地卡住防掩护人的路线，掩护面积大，掩护质量很高。反观中国队的掩护，内线球员提上掩护行动明显，防守人容易判断掩护的方向，提前卡抢位置，封堵持球人的移动路线。

绕过配合是运用最少的配合方式，中国队没有运用此配合，与赛队也只有7次。现代篮球比赛中对持球人的防守压迫性越来越强，与赛队7次绕过配合中成功次数为6次，成功率高达85.7%，表明与赛队能够很好地做出判断选择合理的防守方式；另一方面说明中国队外线投篮能力欠缺，没有稳定的投篮，不能对对方造成威胁。

穿过配合中国队运用9次，成功7次，成功率高达77.8%；与赛队运用17次，成功次数为11次，成功率64.7%。中国队比与赛队高出13.1百分点。穿过配合多用于距离篮筐较远的位置且没有投篮威胁时，中国球员能够很好地判断掩护发生的位置并做出合理的选择，有效地破坏对手的掩护配合。

中国队运用交换防守配合的次数比与赛队少20次，但成功率和与赛队均为51%左右。交换防守配合往往会造成错位优势，要么是在外线后卫球员面对内线球员有速度优势，要么是在内线大个球员面对后卫，可以依靠身高体重优势强打内线。中国队交换防守配合运用得少是正确的选择，因为中国队内线球员移动速度较慢，在面对对方外线球员时，很难形成有效的防守，只能通过身高和臂展来干扰对手，所以在与赛队运用掩护配合时，中国队尽量少地运用交换防守配合，以免让对手造成错位上的优势。

中国队运用抢前延误回防共57次，与赛队运用了18次，高出对手39次；但是中国队的成功率只有42.1%，对手为55.6%，低于对手13.5百分点。通过比赛录像可以观察到，中国队在防守掩护配合时，内线球员经常上提延误或者有上提的动机，抢前延误时上抢过大，导致身体重心靠外，很难及时回防自己的防守人。很多时候是在远离三分线一米以外没有进攻威胁的位置，中国队内线移动慢这一弱点充分暴露出来。中国队在防守掩护配合时尽量不要使用抢前延误回防配合，即使使用也要把握合理的时机，保持重心稳定，能够快速启动回防自己的防守人。

3. 中国男篮关门配合、夹击配合、补防配合、围守中锋配合运用的效果

关门配合、夹击配合、补防配合和围守中锋配合是攻击性很强的防守配合方式，运用效果的好坏决定比赛的走势。防守配合默契的球队在关键时候往往会通过压迫性防守迫使对手失误获得球权，防守配合不默契的球队在运用关门配合、夹击配合、补防配合和围守中锋配合时往往承担一定的风险，如果防守的质量不高，让对手轻易将球传出，就会造成局部的多打少。所以，合理地运用防守战术基础配合往往能获得更多的进攻机会。

表 1-12　第 31 届奥运会中国队关门配合、夹击配合、补防配合、围守中锋配合运用
　　　　效果统计

	关门配合	夹击配合	补防配合	围守中锋配合
总次数	71	49	123	48
成功次数	18	18	53	20
成功率	25.4%	36.7%	43.1%	41.7%

由表 1-12 可以看出，中国队运用关门配合、夹击配合、补防配合和围守中锋配合的成功率均未超过 50%，围守中锋也仅为 41.7%。从比赛过程来看，中国队在围守中锋时，大多数情况是对手拿球后，对外线和内线连接的路线控制不到位，中锋拿球后上前围守的球员上抢不坚决，造成围守中锋的质量下降。关门配合是限制对手突破最有效的配合方法，而中国队运用关门配合的成功率只有 25.4%。究其原因，一方面是对手突破时，防守球员不能很好地判断对手突破路线，通过向侧后方滑步卡住对手的路线；另一方面是邻近的球员不能及时靠拢形成"关门"。夹击配合是最容易形成抢断球反击机会的一种防守配合方法，中国队的成功率仅为 36.7%。从整个比赛过程来看，中国队对夹击对手时的位置选择不够好，上前夹击的球员不够坚决，既要夹击还要兼顾自己的防守人，顾此失彼，导致夹击质量降低。由于关门配合的质量不高，对手多次突破到内线，致使中国队的补防高达 123 次，但是只成功 53 次，成功率只有 43.1%。中国队虽然有 5 名 2.1 米以上的球员，场上一般保持着两名内线球员，但当有对手突破到内线时，中国的内线球员补防的意识较差，往往会出现"慢半拍"现象。内线球员经常被对手的假动作欺骗而轻易起跳，补防的成功率很低。

图 1-30

图 1-31

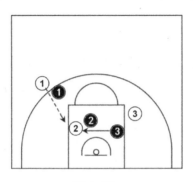
图 1-32

图 1-30 至图 1-32 所示是中国队在与委内瑞拉队的比赛中，中国队运用围守中锋配合的战例。对方中锋②在低位要球，接球后准备单打❷王哲林，利用出色的脚步技术挤到篮下；此时❸易建联及时移动过来正好封堵住对手的进攻空间，同时外线的❶丁彦雨航也积极回收篮下，形成三人围守中锋局面，迫使对手进攻失败。

4.中国男篮及与赛队关门配合、夹击配合、补防配合、围守中锋配合运用效果的对比

在本次奥运会的 5 场比赛中，中国队除了与委内瑞拉队的比赛中关门、夹击、补防和围守中锋配合的运用具有优势以外，与其他四队的比赛均处于明显的劣势。

表 1-13　第 31 届奥运会中国队及与赛队关门配合、夹击配合、补防配合、围守中锋
配合运用效果

		关门配合		夹击配合		补防配合		围守中锋配合	
		成功次数/总次数	成功率	成功次数/总次数	成功率	成功次数/总次数	成功率	成功次数/总次数	成功率
中委	中国队	5/13	38.5%	6/12	50.0%	11/21	52.3%	5/7	71.4%
	委内瑞拉队	6/18	33.3%	4/9	44.4%	7/19	36.8%	7/15	46.7%
中美	中国队	4/14	28.6%	3/13	23.1%	11/21	52.3%	2/9	22.2%
	美国队	7/11	63.6%	3/8	37.5%	14/21	66.7%	4/7	57.1%
中塞	中国队	4/11	36.4%	2/6	33.3%	8/20	40.0%	5/11	45.5%
	塞尔维亚队	6/14	42.9%	3/10	30.0%	10/24	41.7%	6/9	66.7%
中澳	中国队	3/9	33.3%	3/9	33.3%	9/26	34.6%	4/9	44.5%
	澳大利亚队	5/12	41.7%	5/12	41.7%	8/20	40.0%	6/11	54.5%
中法	中国队	2/12	16.7%	4/9	44.4%	12/25	48.0%	4/12	33.3%
	法国队	5/12	41.7%	5/11	45.5%	12/23	52.1%	5/9	55.6%

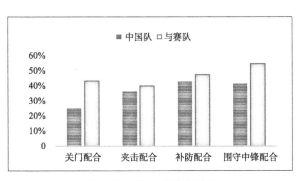

图 1-33　防守成功率对比

　　由表1-13和图1-33可以看出，中国队在与委内瑞拉队的比赛中防守战术基础配合的运用成功率是最高的，本场比赛也是比分最接近，最后一个回合才分出胜负的。其中，围守中锋的成功率高达71.4%，比对手高了近25百分点；补防配合中国队高出对手15.5百分点，一方面是中国队占尽身高优势，另一方面是委内瑞拉队内线球员个人能力相对弱，没有绝对优势的点；关门和夹击配合委内瑞拉队落后中国队约5百分点。通过比赛可以发现，委内瑞拉队拼抢更积极、主动。

　　中国队与美国队的比赛是实力悬殊最大的，虽然中国队在防守配合的次数上高于对手，但是在成功率上比对手低很多。中国队在面对身体素质好、移动速快、技战术打法成熟的球队时显得束手无策；在面对对手的夹击逼抢时比较慌乱，会出现很多失误，防守时经常出现漏防或者补防不及时现象。

　　塞尔维亚、法国、澳大利亚这三支球队水平相近。在面对这三支球队时中国队的防守战术配合的运用成功率虽然低于对手，但是从比赛场面来看，中国队可以通过积极的防守获得一些进攻反击的机会。这三支球队内线和外线都有NBA球员，如此情况下中国队的防守效率接近对手，说明中国队的防守配合效果在不断提高。

图1-34

图1-35

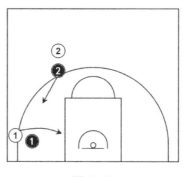

图 1-36

图1-34至图1-36所示是中国队在与委内瑞拉队比赛中，中国队关门配合运用的战例。❶周琦防守底角持球人①，邻近防守球员❷李根随时准备协防并做出防守动作。由于对对手突破速度估计不足，李根没能及时利用滑步技术，封堵对手的突破路线，致使关门不及时，对方突破了周琦的防守，关门配合失败。

综上所述，从防守战术基础配合运用的效果来看，中国队穿过配合运用的次数虽然少但是成功率很高。与与赛队相比，防守掩护配合只有交换防守配合的质量比对手好，其他配合运用的效果均不如对手。中国队在关门配合的运用成功率上明显低于对手，夹击配合、补防配合和围守中锋配合的成功率略低于对手。

（四）影响中国男篮防守战术基础配合运用效果的因素

1. 中国男篮球员身体素质落后于世界强队

中国男篮球员是从CBA中选拔的，CBA的最高水平基本代表中国男篮的水平。相较于欧洲联赛球员，CBA球员缺乏激烈的对抗；相较于NBA球员，CBA球员移动速度慢，缺乏爆发力和灵活性。中国队球员的技术并不逊于欧美球员多少，但是由于身体素质的差距，在比赛中难以发挥技术特点，尤其是在身体对抗中，很大程度上限制了中国球员的技术发挥。在今后的训练和比赛中一定要强调运动员的身体素质训练，并不断加强CBA的比赛对抗性，多和欧美球队打比赛，不断地适应对手的风格和打法。

本届奥运会比赛中，中国男篮球员的平均身高为2.04米，身高方面相比其他比赛队有优势。但在比赛中，无论是美洲队还是欧洲队，球员的身体都很强壮，他们在强对抗中依然能完成各种防守技术。相比之下，中国男篮球员明显缺乏力量，比如上肢的推举力量，很多球员只能推举100千克的重量。前中国队教练尤纳斯曾经说过，立陶宛的球员平均卧推在130千克以上，最重在140千克，如果上肢力量不行，比赛中的卡位能力就差，防守时就无法堵截冲向禁区的进攻球员。

2. 中国男篮球员在篮球意识方面存在不足

现代心理学对意识的理解分为广义和狭义两种。广义意识概念认为，意识是赋予现实的心理现象的总体，是个人直接经验的主观现象，表现为知、情、意三者的统一。狭义意识概念则指人们对外界和自身的觉察和关注程度。篮球意识指篮球运动员在从事篮球实践活动中，经过大脑积极思维过程而产生的一种正确反映篮球运动规律性的特殊机能和能力。它是运动员在长期篮球实践活动的认识过程中，提炼积累起来的一种正确心理和生理机能的反射性行动。它被认为是篮球运动员最宝贵的精髓，是比赛中指导正确行动的"活的灵魂"。篮球比赛的特点是素质、技术、战术、智慧、心理、意志的全面较量。篮球比赛场上每一名运动员在激烈的攻守对抗中都会遇到各种各样的复杂情况。场上的变化要求运动员在瞬间做出应答，这就要求运动员有精湛、全面的技术，更有应付各种复杂情况的应变能力。这种应变能力由意识和技术能力组合而成。运动员如果具备了良好的篮球意识，又掌握了完善的技战术，就能在比赛中合理支配自己的行动，运用自如，配合默契，更好地发挥集体力量。中国队的球员在防守中明显表现出意识较差，对场上瞬息万变的情况很难做出快速的应变，且防守的目的性不强，经常被对方的进攻假动作所欺骗；而在进行防守基础战术配合时，球员之间经常出现误会，直接导致防守失败。

规则是篮球比赛的依据，所有的进攻和防守行动都要在规则范围内进行。在平时教学训练工作中，防守技术和战术的发展会受到篮球规则制约。因此，中国男篮在提高个人防守能力的同时，必须培养球员的规则意识，在规则界定的范围内，有意识地提高防守技战术的应变能力，使个人防守能力在比赛中运用更加合理、更加有效。规则的制定是为了更好地约束球员运用更合理的动作参与比赛，能够很好地提高CBA水平。CBA裁判对于比赛的判罚应与国际篮联的尺度接轨。只有这样，CBA球员才能更好地适应比赛，避免在国际比赛中不适应规则的情况，自如地发挥自身技战术水平。

3. 中国男篮球员在比赛经验、心理素质和思想作风方面存在不足

CBA在质量上不如欧洲联赛和NBA，所以CBA应尽可能地与高水平的联赛看齐，只有如此，运动员的体能才会慢慢适应比赛强度，才能使运动员在高水平的比赛中增长见识，积累经验。同时，CBA还要更多地加强与国外高水平球队的比赛和交流，在比赛中学习别人的长处，锻炼队伍。在本次比赛场上，尤其在比赛最后关头小分差领先的情况下，中国队球员往往不知道如何处理，没有球员站出来承担进攻任务。这说明关键时刻我们的球员输在了心态上，比赛中没有承担责任的自信心，情绪不稳定，总处于高度紧张状态。因而，应当在平时多注意加强球员心理方面的训练，采用有效的心理训练手段，提高球员的心理素质，以适应国际大赛

的紧张气氛。

最值得注意的是，要将顽强的拼搏作风和意志品质的培养融入平时的训练和比赛中。良好的意志品质是运动员在比赛中稳定发挥的强大支撑和重要保证。具有顽强的作风和对比赛的投入是职业球员职业精神的重要体现。本次奥运会上，应该说中国队球员在宫鲁鸣指导教练的带领下，学会了永不放弃的精神，特别是在与强队的对抗中，积极主动，敢打敢拼。但冷静思考后，会发现中国队还缺少一种勇猛顽强的气势和永不服输的精神，还需要在平时的训练和比赛中严格训练，严格管理，融思想教育、情感教育、集体主义教育、爱国主义教育于训练的全过程，树立良好的作风，为比赛的胜利做好保障。现代篮球比赛攻防转换速度越来越快，这就要求球员除了具有良好的防守技术，还要有灵活变通的思维随时应对场上出现的任何情况，要有防住对手的信心和咄咄逼人的气势，要使进攻者感到精神的压力，望而生畏。

三、结论与建议

（一）结论

1.从本届奥运会中国男篮5场小组赛的比赛来看，中国队防守战术基础配合运用的次数要高于对手，但不同防守基础配合方法的运用有较大差异：挤过配合、抢前延误回防配合运用较多，绕过配合、穿过配合运用非常少。中国队的防守攻击性明显，防守的范围不断扩大，但是队友之间的默契、防守时机的选择、应对不同进攻方式的能力较与赛队还有差距。

2.中国队防守战术基础配合运用最多的区域是在1区和3区。挤过配合、围守中锋配合、夹击配合和关门配合在1区和3区发生的频率是最高的；抢前延误回防配合多发生在4区、5区和6区；补防配合在2区发生频率最高；4区和6区内有一定数量的夹击配合；5区很少有防守战术基础配合的发生。

3.中国队防守战术基础配合运用的次数要高于对手，但是运用的质量不一。其中，夹击配合、挤过配合质量明显不如对手；围守中锋配合的质量相对高；抢前延误回防配合运用次数较多，但运用的效果较差，往往出现回防不及时导致漏人；中国队防守对方突破时的关门配合效果不好，经常出现关门不及时导致阻挡犯规，或者关门后下手抢球打手犯规。

4.中国球员与世界强队相比身体对抗能力较差，尤其是持球对抗中不能很好地保护好球；中国球员防守意识不强，主要表现在补防、协防意识不足，由攻转守时不能及时调整；中国球员在处理关键球时不够果断，主要表现在身体紧张，动作不够放松，自信心不足。

（二）建议

1.中国篮球运动发展要从基层抓起，重视中小学校园篮球运动的开展，灌输正确的理念和竞争意识，为中国篮球的发展营造一个良好的教育环境。

2.本研究只是对中国队在第31届奥运会比赛中的防守战术基础配合做出了研究，建议对CBA不同球队的防守战术基础配合运用情况进行研究，分析我国球员在联赛和国家队比赛中不同表现的特点及存在的问题，为国家队人才选拔提供依据。

第 二 章

篮球比赛中进攻战术基础配合的运用

　　自2011年姚明退役后，中国男篮进入了"后姚明时代"。在"姚明时代"，除众所周知的"中国移动长城"姚明、巴特尔、王治郅及内线外线兼修的杜峰，还有已经崭露头角的易建联。他们的不俗表现造就了"姚明时代"中国男篮的辉煌，在2004年的第28届奥运会和2008年的第29届奥运会上都达到了奥运会历史最好成绩第八名，并在姚明参加的1999年、2001年、2003年、2005年连续4届亚锦赛上全部获得冠军。而在"后姚明时代"中国男篮的成绩并不乐观，2013年亚锦赛排名第五，更是以78比96负于中华台北队，无缘四强，创造了中国男篮自1975年首次参加亚锦赛以来38年的历史最差战绩，并失去了参加2014年男篮世锦赛的资格。

　　通过观看中国男篮的比赛及对比赛后的数据整理，发现中国男篮内线运动员的技战术水平及得分能力与亚洲球队相比有着自己的优势，但是与世界强队进行比较，则会发现诸多问题。这些问题既体现在防守上，也体现在进攻中。本研究通过对中国男篮与世界强队内线球员进攻能力及进攻战术基础配合运用现状的数据统计，分析中国男篮在运用进攻战术基础配合方面的特点、不足及产生原因，研究世界强队内线球员进攻战术基础配合运用的特征，分析当代世界男篮内线球员在打法和技术方面发展的趋势，为中国男篮的日常训练及比赛提供参考，丰富我国篮球战术教学与训练理论。

一、主要研究方法

（一）问卷调查法

本研究针对内线球员进攻战术基础配合运用的相关概念及统计指标体系设计了专家问卷，并通过三轮专家问卷，逐步筛选、修改、调整相关统计指标，最后确定了用于内线球员进攻战术基础配合运用现状的数据统计指标体系。

（二）录像观察法

本研究通过观看比赛视频进行数据统计和搜集。在统计过程中对比赛录像以正常播放、慢速播放、暂停观察、片段反复的方法进行反复观察。统计场次及调查对象如表2-1、表2-2所示。

表 2-1　内线球员进攻战术基础配合调查场次

编号	对阵双方	比分	获胜方
1	中国 vs 美国	62：119	美国
2	中国 vs 法国	60：88	法国
3	中国 vs 澳大利亚	68：93	澳大利亚
4	中国 vs 塞尔维亚	60：94	塞尔维亚
5	中国 vs 委内瑞拉	68：72	委内瑞拉
6	美国 vs 委内瑞拉	113：69	美国

续表

编号	对阵双方	比分	获胜方
7	美国 vs 澳大利亚	98：88	美国
8	美国 vs 塞尔维亚	94：91	美国
9	美国 vs 法国	100：97	美国
10	塞尔维亚 vs 法国	75：76	法国
11	塞尔维亚 vs 澳大利亚	80：95	澳大利亚
12	塞尔维亚 vs 委内瑞拉	86：62	塞尔维亚
13	澳大利亚 vs 法国	87：66	澳大利亚
14	澳大利亚 vs 委内瑞拉	81：56	澳大利亚
15	法国 vs 委内瑞拉	96：56	法国

表 2-2　内线球员进攻战术基础配合调查对象名单

国家	姓名
中国	周琦（中锋）、王哲林（中锋）、李慕豪（大前锋）、易建联（大前锋）、邹雨宸（大前锋）
美国	德安德鲁·乔丹（中锋）、考辛斯（中锋）、安东尼（大前锋）、德雷蒙德·格林（大前锋）
塞尔维亚	米罗斯拉夫·拉杜利察（中锋）、弗拉蒂米尔·斯蒂玛克（中锋）、尼古拉·约基奇（大前锋）、斯特凡·博赛维奇（大前锋）、米兰·马克万（大前锋）
澳大利亚	大卫·安德森（中锋）、安德鲁·博古特（中锋）、卡梅隆·巴尔斯托（大前锋）、帕蒂·米尔斯（大前锋）、布洛克·莫图姆（大前锋）

续表

国家	姓名
法国	弗洛伦特·皮特鲁斯（小前锋）、金·泰利（中锋）、鲁迪·戈贝尔（中锋）、鲍里斯·迪奥（大前锋）、杰弗瑞·洛文吉（大前锋）、弗洛伦特·皮特鲁斯（大前锋）
委内瑞拉	格雷戈里·埃切尼克（中锋）、米格尔·马力亚加（中锋）、米格尔·路易斯（大前锋）、温迪·格拉特罗（大前锋）、内斯托·科梅纳雷斯（大前锋）

（三）数理统计法

本研究通过 EXCEL、SPSS 分别对内线球员传切配合、策应配合、掩护配合和突分配合运用的数据进行了求和、相关性等方面的分析，并将有关数据制成统计表，直观地反映数据之间的差异性。

二、研究结果与讨论

本研究主要是对比研究中国队及与赛队内线球员进攻战术基础配合的运用情况，主要包括掩护配合、突分配合、策应配合和传切配合。为便于对内线球员参与的进攻战术基础配合进行统计，将内线球员参与的掩护配合、策应配合、突分配合进行位置上的区分，以罚球线及其延长线为界线，分为高位区和低位区，如图2-1所示。

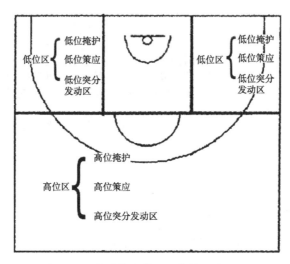

图 2-1　进攻战术基础配合的区域划分

（一）中国男篮及与赛队内线球员掩护配合运用情况的分析

掩护配合是掩护球员采用合理的行动，用自己的身体挡住同伴防守者的移动路线，使同伴借以摆脱防守；或利用同伴的身体和位置使自己摆脱防守的一种配合方式。掩护配合是内线球员参与最多的一种进攻基础配合方式。内线球员由于身体条件优势，在掩护配合中常常扮演掩护者的角色。本研究所涉及的内线球员掩护配合指内线球员主动参与的有球掩护和无球掩护。而在比赛中常常出现内线球员的被动掩护。由于内线球员的被动掩护不是由内线球员决定的，因此不作为本研究的范围。可以根据内线球员掩护的次数、掩护的种类、掩护的质量来衡量内线球员的掩护水平。

1.掩护配合统计指标的界定

掩护配合有多种分类形式：按掩护位置可分为高位掩护、低位掩护，按掩护配合参与人数可分为两人之间的掩护、多人之间的掩护，按有无持球可分为有球掩护、无球掩护，等等。此处主要研究内线球员主动掩护的运用情况，包括有球的主动掩护和无球的主动掩护。根据掩护配合的效果分为有效掩护和无效掩护。有效掩护指在一次掩护配合发生后，被掩护者或掩护者至少有一人的防守球员失位或前面一步内没有严密防守的球员为一次有效的掩护配合；无效掩护指在一次掩护配合发生后，被掩护者或掩护者没有一人的防守球员失位或前面一步内没有防守球员。

2.内线球员参与掩护配合的总体情况

表2-3 中国队及对手内线球员主动掩护情况

	有球掩护	无球掩护	掩护总数
美国	166	79	245
塞尔维亚	207	91	298
澳大利亚	182	84	266
法国	201	88	289
委内瑞拉	172	74	246
中国	186	93	279

由表2-3可以看出，中国男篮内线球员的主动掩护总次数为279次，位于小组6个队伍的第三位；高于美国、塞尔维亚、澳大利亚、法国、委内瑞拉内线球员掩护总数的平均值（268次），仅落后于塞尔维亚队和法国队。中国队有球掩护186次，同样位于第三位，与小组其他各队平均值（185次）基本持平。中国队无球掩护93次，排名第一，高于其他队无球掩护平均值（83次）。图2-2直观地反映了中国男篮及与赛队内线球员掩护配合运用情况的对比。

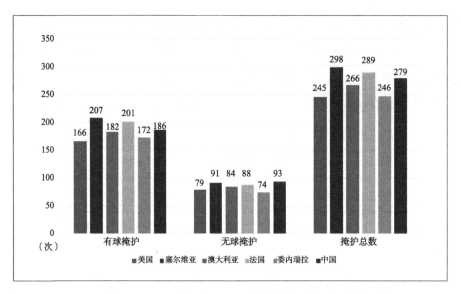

图2-2　中国队及对手内线球员进攻战术基础配合中主动掩护情况

掩护配合运用的总次数在一定程度上反映球队对于掩护的重视程度，以及球员是否具有良好的掩护配合意识。从掩护配合总数上来看，中国男篮在本届奥运会对于内线球员的掩护配合的重视程度是足够的，与对手并没有差异，甚至超过了对手的次数，特别是中国男篮在无球掩护总数上位居第一。但运用掩护次数的多少并不能表示掩护的效果和掩护质量的好坏。

内线球员掩护总数排在中国之前的是塞尔维亚队和法国队。欧洲球队注重配合和团队作战，运用掩护配合次数较多，尤其运用双掩护及连续多次掩护创造出进攻机会，配合细腻，善于抓住掩护后出现的瞬间机会进攻。法国队的帕克与大前锋迪奥之间的掩护配合，常常可以给自己和全队创造有利的进攻机会；塞尔维亚队的拉杜利察在三分弧顶高位挡拆后迅速插入内线的有球掩护配合非常实用而有效。而小组中最强的美国队，掩护总次数是最少的。究其原因，是美国球员身体素质优秀，不管中锋德安德鲁·乔丹、考辛斯，还是杜兰特这样的全能位置球员，为外线球员挡拆后利用速度优势就可以获得良好的进攻机会，不需要反复掩护来创造进攻机会；甚至后卫保罗·乔治、欧文拥有超强的突破能力，并不需要内线球员的掩护就能获得良好的进攻机会。

3. 内线球员参与的有球掩护配合的情况

（1）内线球员参与有球掩护配合的总体情况

表2-4　中国队及对手内线球员参与有球掩护的情况

	有球有效掩护		有球无效掩护次数及占比	有球掩护次数及占比
	进攻次数及占比	未进攻次数及占比		
美国	107（64.52）	27（16.13）	32（19.35）	166（100.00）
塞尔维亚	115（55.76）	39（18.89）	53（25.35）	207（100.00）
澳大利亚	113（62.30）	31（17.28）	38（20.42）	182（100.00）
法国	134（66.82）	41（20.38）	26（12.80）	201（100.00）
委内瑞拉	94（54.65）	33（19.19）	45（26.16）	172（100.00）
中国	86（46.24）	43（23.12）	57（30.64）	186（100.00）

由表2-4可知，中国男篮内线球员参与有球掩护的总次数位居第三，高于小组其他队伍的平均次数。但从掩护效果上看，法国队有效掩护175次，名列第一；塞尔维亚有效掩护154次，名列第二；澳大利亚有效掩护144次，位居第三；美国有效掩护134次，位居第四；中国队有效掩护129次，位居第五；委内瑞拉有效掩护127次，位居最后。虽然中国队有球掩

护总次数排在小组第三位，但有效的掩护次数排在第五位。

有效有球掩护未进攻指内线球员进行有球掩护后，当空位出现时，掩护者或被掩护者面对出现的机会都没用采取及时的进攻手段，而对方采用补防、换防、延误等导致机会丧失。中国队内线球员有效有球掩护未进攻占23%，其他球队都控制在20%以内。通过观看录像发现，中国男篮内线球员为后卫做高位掩护后，当空位出现时，外线球员突破不果断甚至没有及时突破，防守球员补防到位，导致掩护配合创造出来的进攻机会丧失。

（2）内线球员参与有球有效掩护情况的对比

如图2-3所示，法国队内线球员有球有效掩护百分比为87.20%，美国队为80.65%，澳大利亚队为79.58%，塞尔维亚队为74.65%，委内瑞拉队为73.84%，中国队为69.35%。中国队内线球员有球有效掩护百分比最低，大多数的有球掩护并没有产生良好的掩护效果。

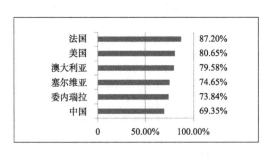

图2-3　内线球员有球有效掩护百分比

中国男篮内线球员的掩护效果不理想，原因是掩护时机不好、掩护选择的位置不合理，其中较为突出的问题是掩护位置选择不合理。中国男篮有球掩护的位置过高，往往在三分线外一步距离。由于掩护的位置过高，掩护后没有及时切入摆脱防守人，造成掩护后防守球员很容易通过换防、绕过、挤过回到正确的防守位置，破坏了中国队的掩护配合。而掩护成功率比较高的法国队、美国队及澳大利亚队，高位掩护往往都是在三分线上进行的，甚至有些掩护是在三分线内。当内线球员上提做掩护后，外线球员抓住机会突破到内线，如果防守球员跟防被掩护球员，做完掩护的内线球员及时转身向内线下顺接应进攻。其次是掩护时机不好。中国男篮内线球员往往过早地站在掩护位置上，当被掩护者持球通过掩护者时，防守球员通过调整路线绕过掩护者继续盯防住了被掩护者。良好的有球掩护要求掩护者与被掩护者高度协同、配合默契，当掩护发生时被掩护者及时利用掩护者进行突破。例如，澳大利亚的安德鲁·博古特、美国的考辛斯、法国的鲍里斯·迪奥，他们在进行有球掩护时与外线球员能够形成高度协同，通过掩护创造出良好的进攻机会。图2-4、图2-5所示是法国队的一次掩护配合战例。

图 2-4

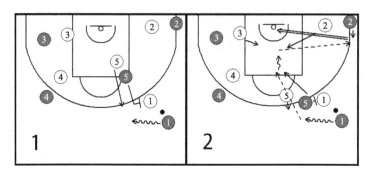

图 2-5

　　法国队内线球员迪奥在高位为外线球员帕克或是托马斯·厄泰尔进行掩护后，接回传球突进篮下形成进攻威胁，当对手进行包夹时，则将球分给空位的同伴投篮进攻。这种内线球员的先掩护接突分的配合运用效果非常好。美国队虽然掩护数量并不多，有效掩护百分比却排在第二位。美国队内线球员的掩护追求的是"少而精"，注重掩护的实际效果，讲究的是高效率。过多的掩护不仅不能给同伴或者自己创造良好的进攻机会，反而浪费了宝贵的进攻时间，消耗了掩护者和被掩护者的体能，并导致最后进攻仓促出手而没有成效。

　　（3）内线球员参与有球掩护配合后进攻情况的对比

　　内线球员为外线球员进行有效掩护后，进攻方式主要有被掩护者的突破、投篮、传球和掩护者的突破、投篮、传球。

表 2-5　中国队及对手内线球员为外线球员进行有球有效掩护后的进攻方式

	被掩护者进攻				掩护者进攻				总数
	投篮		突破	传球	投篮		突破	传球	
	投进	未投进			投进	未投进			
美国	16	6	34	4	11	5	26	5	107
塞尔维亚	17	15	29	5	10	11	22	6	115
澳大利亚	17	14	31	3	13	11	20	4	113
法国	15	13	41	7	14	11	23	10	134
委内瑞拉	6	11	32	3	10	13	16	3	94
中国	10	13	28	2	9	6	16	2	86

　　由表2-5可以看出，当内线球员为持球人形成有效掩护后，大多数情况下会选择空位投篮或者持球继续推进，也有少数情况是传球给其他队友进行进攻，中国男篮及与赛对手均是如此。内线球员常常为外线球员做掩护，内线与内线球员之间的有球掩护也时有发生，但这种情况不多。

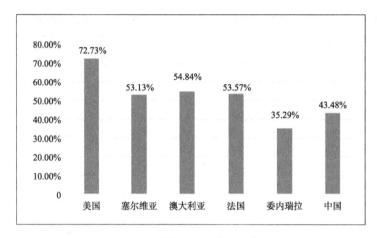

图2-6　成功掩护后外线球员投篮命中率

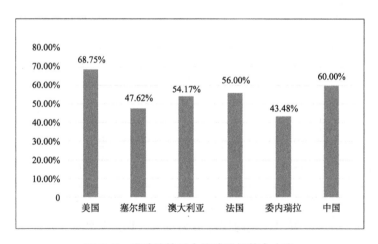

图2-7　成功掩护后内线球员投篮命中率

由图2-6、图2-7可以看出，通过有效掩护后内线球员投篮的命中率整体水平较高，这得益于有效掩护后同伴摆脱防守球员的干扰而获得良好的空位投篮机会。中国男篮在有效掩护后，外线球员的投篮命中率没有内线球员投篮命中率高；内线球员成功掩护后的投篮命中率排在第二位，仅次于美国队。这主要归功于易建联的外线投篮能力，说明个人技术对战术配合效果至关重要。当形成有效的掩护配合后，投篮命中率不高而导致未能得分是非常可惜的。美国队、塞尔维亚队、澳大利亚队和法国队外线投篮命中率都在50%以上，保证了得分的稳定性。

（4）内线球员参与无球掩护配合的情况

内线球员在场上不仅要为有球球员进行有球掩护，对无球球员也要主动进行无球掩护。内线球员有目的的无球掩护往往为队友创造出良好的空位进攻机会。

表2-6　中国队及对手内线球员参与无球掩护的情况

	无球有效掩护		无球无效掩护次数及占比	无球掩护次数及占比
	空位得球次数及占比	空位未得球次数及占比		
美国	44（56）	13（17）	21（27）	78（100）
塞尔维亚	44（48）	17（19）	30（33）	91（100）
澳大利亚	40（48）	18（21）	26（31）	84（100）
法国	47（53）	16（18）	26（29）	89（100）
委内瑞拉	38（52）	12（16）	24（32）	74（100）
中国	43（46）	16（17）	34（37）	93（100）

由表2-6可以看出，中国男篮内线球员参与的无球掩护次数最多，但形成的有效掩护不理想，主要是内线球员在进行无球掩护过程中的无效掩护偏多。中国队内线球员无效的无球掩护占37%，是6支球队中最高的。

一般情况下的无球掩护，是掩护者对被掩护者进行掩护后，被掩护者向有球的一侧进行移动，被掩护者获得的空位距离持球者较近，持球者能迅速将球传给空位的被掩护者进攻。向球移动的无球掩护效果较好。美国队、塞尔维亚队、法国队善于运用这样的无球掩护配合。中国队内线球员的无球掩护，多数是为被掩护者远离持球者方向进行的掩护配合，一方面持球者不易观察到掩护后空位的出现，另一方面由于传球距离太远，即使球传到了空位的被掩护者手里，防守球员也早已补防到位，很难形成进攻威胁。中国队应该学习美国队、法国队、塞尔维亚队为同伴向有球方切入的掩护，从而提高中国男篮的无球掩护水平。

（二）中国男篮及与赛队内线球员突分配合运用情况的分析

突分配合指有球球员持球突破后，主动地或应变地利用传球与同伴配合的方法。在篮球比赛中内线球员参与突分配合很常见，是内线球员重要的进攻手段，主要是内线球员接外线球员突破分球后的进攻。中锋参与的突分配合多是外线突破后将球传给插入或跟进的中锋进行进攻；大前锋则是既能突破分球，又可接队友分球进攻。

1. 突分配合统计指标的界定

内线球员突分配合的统计指标，主要涉及内线球员参与突破分球配合的次数、突破发动的位置、突破后传球的质量、接到突破传球后进攻的命中率。内线球员突破发动的位置分为高位突破分球和低位突破分球。高位突破分球指罚球线及其延长线以上发动的突破；低位突破分球指罚球线及其延长线以下发动的突破。突破后传球的质量分为高质量突破传球和低质量突破传球。高质量突破传球指突破后将球传给其他队友，接球队友身边没有严密防守的球员；低质量突破传球指突破后将球传给其他球员，接球球员身边有严密防守的球员。

2. 内线球员参与突分配合的总体情况

表 2-7　中国队及与赛队内线球员参与突分配合总体情况

	突破后分球数	接外线球员突分球数	参与突分配合总数
美国	26	45	71
塞尔维亚	16	30	46
澳大利亚	20	38	58
法国	18	34	52
委内瑞拉	18	21	39
中国	21	20	41

由表2-7可知，从内线球员参与的突分配合总数来看，中国队排在第五位，和委内瑞拉队差不多。中国队内线球员参与突分配合次数不多的主要原因是接到外线球员突分球不多。而从内线球员主动进行的突分配合来看，中国队内线球员的次数为21次，仅低于美国队。突分配合总数较多的美国队、澳大利亚队、法国队，内线球员接外线球员突分球的次数占了很大比重。

3. 内线球员参与突破分球的情况

突破和突破投篮次数一定程度上反映着内线球员突破的能力，只有具有良好的突破能力才能进一步提高突破分球配合能力。当今世界优秀的内线球员都具有良好的突破能力，从而能够吸引更多的防守注意，当突破吸引到对方多个防守球员时，突然进行分球则能够形成良好的进攻机会。可以根据内线球员的突破次数来衡量该队内线球员的突破能力。

表2-8　中国队及对手内线球员突破情况

	内线球员突破后投篮	内线球员突破后分球		突破总数
		高质量分球	低质量分球	
美国	47	18	8	73
塞尔维亚	31	10	6	47
澳大利亚	40	14	6	60
法国	31	12	6	49
委内瑞拉	28	11	7	46
中国	37	15	6	58

由表2-8可以看出，中国队内线球员的突破总次数排在第三位。易建联、王哲林和周琦都具有持球突破的能力，特别是易建联左右路突破技术成熟，给对手造成巨大威胁。内线球员突破次数最多的是美国队，格林、安东尼、杜兰特持球突破能力都非常出色。美国队是本届奥运会内线球员移动进攻能力最强的一支球队。委内瑞拉队内线球员突破能力最弱，虽然委内瑞拉队内线球员突破投篮次数不多，但是突破分球数相对多。内线球员突破进去更多的是为将球传出来，为队友创造进攻得分机会。

（1）内线球员突破后分球情况的对比

可以用突破分球比来分析内线球员突破分球的情况。突破分球数除以突破总数即可得到突破分球比。

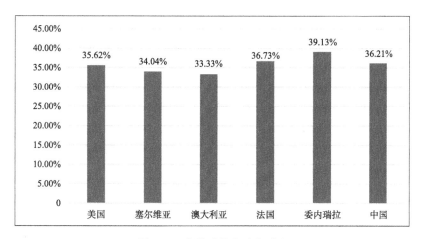

图 2-8　内线球员突破分球比

由图2-8可以看出，委内瑞拉队的内线球员突破分球比相对高，而中国队、法国队和美国队的内线球员突破分球比差不多，澳大利亚的内线球员突破分球比相对低。突破分球比反映了内线球员的突破习惯，可据此来选择在防守对方内线球员突破时的侧重面。委内瑞拉队突破分球比高，突破时要侧重无球球员的防守；而面对澳大利亚的内线球员突破时，则要着重对持球的内线球员进行防守。中国队内线球员突破后的分球比相对比较合理。

（2）内线球员突破后分球效果的对比

虽然内线球员都能进行突破分球，但传球质量和效果却有区别。突破后未将球及时传给空位的接应球员，而是传给了有防守的队友手中称为无效分球；突破后及时将球传给没有被严密防守的队友称为高质量分球。以此来衡量传切配合中传球的质量。

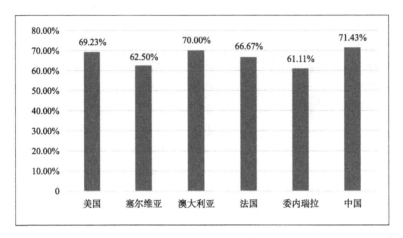

图 2-9　内线球员突破分球有效比

由图 2-9 可知，中国队内线球员突破分球的质量非常不错，分球有效比为 71.43%，排名第一；澳大利亚队和美国队与中国队相差不多，都在 70% 左右；塞尔维亚队和委内瑞拉队内线球员突破分球有效比相对较低，突破后更多的是将球传给了有严密防守的球员手中。

4. 内线球员接突破分球后的进攻情况

以上分析了内线球员突破的次数、突破后分球的次数及突破分球的质量，这都属于内线球员主动发起突分配合的情况。但在某些情况下，并不是内线球员主动发起突分配合，而是外线球员突破后将球传给内线球员，最后由内线球员结束进攻。

表 2-9　中国队及对手内线球员接外线球员突破分球后的进攻情况

	投中	被犯规	未投中	总数
美国	28	7	10	45
塞尔维亚	16	5	9	30

续表

	投中	被犯规	未投中	总数
澳大利亚	25	3	10	38
法国	17	6	11	34
委内瑞拉	12	3	6	21
中国	10	4	6	20

　　由表2-9可以看出，内线球员接到外线球员突破传球形成突分配合次数最多的是美国队，其次是澳大利亚队、法国队、塞尔维亚队、委内瑞拉队和中国队。美国队由于外线球员罗瑞、欧文持球突破能力强，能突破防守球员并逼近对方篮筐，当防守内线的球员进行补防时，则将球传给其他球员，形成很好的传切配合，这是美国队最擅长的移动进攻打法。塞尔维亚队、澳大利亚队和法国队的外线球员突破后传给内线球员形成突分配合的次数也不少，而委内瑞拉队和中国队的次数明显少很多。委内瑞拉控卫格雷戈里·巴尔加斯、大卫·库比兰突破能力相对弱，不能有效地突破或突破次数较少，自然形成的突分配合也不多。中国队外线球员突破能力很强，但是突分配合的意识不强，突破后不能及时有效地将球传出，与内线球员缺乏默契的配合。外线球员突破分球给内线球员的突分配合能否成功，除了内线球员要处在有利的得分位置外，还取决于外线球员是否具备突破能力和传球意识。

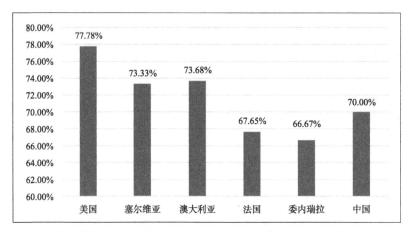

图 2-10　内线球员接外线球员突破分球后的进攻成功率

由图2-10可以看出，各队内线球员接到突破后的分球进攻成功率都很高。通过突破吸引防守的注意力，让队友在少干扰的情况下接球投篮，投篮命中率必然较高。美国队突破分球进攻成功率排在第一位。美国队内线球员接到突分球后，大多数情况下都是空中接球直接扣篮得分，这是美国队内线球员突破分球后进攻成功率高的重要原因。澳大利亚队和塞尔维亚队差不多，排在第二位和第三位；中国队以70%成功率排在第四位；法国队和委内瑞拉队相对低。从成功率来看，中国队内线球员在"外—内"突分配合上的表现还是不错的，与澳大利亚队和塞尔维亚队差不多。如果外线球员的突破分球意识能进一步增强，突分配合将会为中国队带来更多的进攻得分机会。

（三）中国男篮及与赛队内线球员策应配合运用情况的分析

策应配合是进攻球员背对或侧对篮筐接球，由他作枢纽，与同伴空切相互配合而形成的一种里应外合的配合方法。策应配合的核心是策应球员，他的视野、传球技术、位置、背身单打能力等直接影响策应配合的质量。策应球员往往是内线球员，在内线具有很强的牵制力，吸引对手以多防少后，再将球传给空切、包切、绕切的球员进行进攻。中国男篮内线有姚明时，通过姚明的高低策应进行的里应外合配合很常见，是当时中国男篮最为有效的进攻配合。

1. 策应配合统计指标的界定

根据策应配合的位置可分为高位策应和低位策应。高位策应指策应球员持球位置在罚球线及延长线以上；低位策应指策应球员持球位置在罚球线及延长线以下。内线球员策应配合的运用情况主要包括：策应配合次数，持球位置，内线球员背打但队友未空切、包切、绕切而没有形成策应配合的次数。

2. 内线球员参与策应配合的情况

（1）内线球员参与策应配合的总体情况

表 2-10 中国队及对手内线球员策应配合的情况

	高位策应数	高位策应所占百分比	低位策应数	低位策应所占百分比	策应配合总数
美国	6	26.09%	17	73.91%	23
塞尔维亚	8	27.59%	21	72.41%	29
澳大利亚	10	32.26%	21	67.74%	31
法国	9	34.62%	17	65.38%	26
委内瑞拉	5	27.78%	13	72.22%	18
中国	8	33.33%	16	66.67%	24

由表2-10可知，各队内线球员参与策应配合的总数都不多，究其原因：其一，各队都没有完全靠坐着打的传统中锋，即使像法国队的中锋安德森和大前锋贝恩斯这样身体强壮的内线球员，也不是完全依靠身体在篮下背打，而是具有极强的移动进攻能力；其二，当今世界篮球运动朝着快速移动、灵活多变的方向发展，防守的攻击性越来越强，对内线球员的移动能力要求越来越高，导致靠持球发动的策应配合次数有减少的趋势，由传切和突分配合取而代之。例如，中国队的周琦、王哲林等内线球员，就很少靠篮下强打来为自己和同伴创造进攻机会；冠军美国队内线球员的策应配合，往往也是背对篮筐持球球员瞬间将球传给切入球员，但从完成时间和牵制对方防守情况上来看更像是传切配合。传统的策应配合次数在减少。

（2）内线球员策应配合的位置分布情况

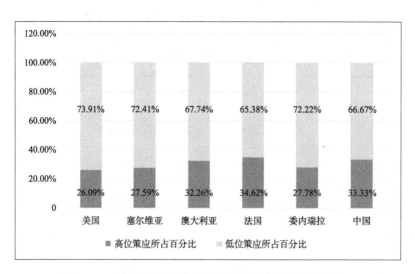

图2-11　中国队及对手内线球员策应配合位置的分布情况

如图 2-11 所示，从策应配合位置分布的情况可以看出，内线球员的策应配合更多分布在低位，因为内线球员在越靠近篮筐的位置进行策应，越容易吸引更多的防守注意力，为同伴创造出更多的进攻得分机会，达到良好的策应效果。中国队的策应配合有 33.33% 处于高位，有 66.67% 处于低位，而且策应配合的总数排在第四位。中国队内线球员策应配合总体来说表现不错。

（3）内线球员策应配合后进攻成功率的对比

表 2-11　内线球员策应配合后进攻情况

	投中	投中占比	被犯规	被犯规占比	未投中	未投中占比	总数
美国	12	54.54%	5	22.73%	5	22.73%	22
塞尔维亚	18	62.07%	3	10.34%	8	27.59%	29
澳大利亚	21	67.74%	4	12.90%	6	19.36%	31
法国	15	57.69%	5	19.23%	6	23.08%	26
委内瑞拉	8	44.44%	3	16.67%	7	38.89%	18
中国	15	62.50%	4	16.67%	5	20.83%	24

由表 2-11 可以看出，内线球员策应配合后的进攻效果。将投中和被犯规都算为一次成功的策应配合，则美国队内线球员策应配合后进攻成功率为 77.27%，塞尔维亚队为 72.41%，澳大利亚队为 80.64%，法国队为 76.92%，委内瑞拉队为 61.11%，中国队为 79.17%。中国队内线球员策应配合的效果不错，与澳大利亚队和美国队比较接近，策应配合成功率最低的是委内瑞拉队。

（四）中国男篮及与赛队内线球员传切配合运用情况的分析

传切配合是进攻球员之间利用传球和切入技术所组成的简单配合，包括一传一切和空切。内线球员参与传切配合在以往的篮球比赛中并不多见，但是随着篮球运动向快速移动方向发展，内线球员参与传切配合的次数逐渐增加，传切配合已经不再是外线球员的专利。当今优秀的内线球员具有宽阔的视野，能通过观察场上不断变化的攻防情况，抓住转瞬即逝的战机送出精妙的传球。当代篮球内线球员朝着移动性、对抗性、灵活性方向发展，渐渐放弃"站桩式"打法，对内线球员快速移动切入篮下的进攻能力要求也越来越高。

1. 传切配合统计指标的界定

为了更好地研究内线球员参与传切配合的角色、次数、质量，将传切配合按照内线球员参与的环节分为：内线球员切入次数与内线球员传球次数，此为一级指标；切入轨迹、成功率、传球质量，此为二级指标。切入路线分为三种：横切、纵切、斜切。通过横切、纵切和斜切发生的次数和比例，分析内线球员的切入习惯及多角度切入能力。横切指在传切配合过程中切入路线与底线相对平行的切入方法；纵切指传切配合中切入路线与边线相对平行的切入方法；斜切指切入者的切入路线介于横切和纵切路线之间的切入方法。为全面了解内线球员切入的次数，将内线球员切入后无人防守但未得到外线传入球的情况归为切入未传。

2. 内线球员参与传切配合的总体情况

按照统计指标对中国男篮及对手在比赛中内线球员参与的传切配合进行相关统计，并根据参与传切配合的角色不同，将内线球员分为切入者和传球者，统计数据如表2-12所示。

表 2-12　中国队及对手内线球员参与传切配合的总体情况

	切入	切入占比	传球	传球占比	总数
美国	27	62.79%	16	37.21%	43
塞尔维亚	18	69.23%	8	30.77%	26
澳大利亚	19	65.52%	10	34.48%	29
法国	16	57.14%	12	42.86%	28
委内瑞拉	14	56.00%	11	44.00%	25
中国	12	46.15%	14	53.85%	26

由表2-12可以看出，除美国队内线球员的传切配合数据高出其他队不少以外，其他各队内线球员参与的传切配合总数都在25至30次，相互之间差异不大。值得注意的是，内线球员参与传切配合的角色，美国队、塞尔维亚队、澳大利亚队、法国队、委内瑞拉队内线球员参与的传切配合都是以切入为主，而中国队内线球员参与的传切配合切入的次数不多，但传球的比重相对高。一方面说明中国队内线球员在场上观察能力和传球能力强，但另一方面也反映出了中国队内线球员切入接球进攻能力上的欠缺。中国队内线球员易建联、周琦、王哲林的进攻特点都是持球进攻，很少接球直接进攻；除易建联外，其他人身体素质都不占优势，而接球直接进攻对抗要求较高。中国队内线球员在打法上没有内线球员应有的强硬态势，通过传接球直接进攻的技术有待进一步提高。而其他球队内线球员都有切入后接球直接进攻的能力。

比赛中也有一些情况是，内线球员切入后创造出了良好的空位，但是由于后卫未观察到或默契不够，并没用将球传给切入内线的内线球员。表2-13所示是内线球员切入到位后有无得到传球的情况。

表 2-13　中国队及对手内线球员传切配合的切入接球情况

	切入得球	切入得球比	切入未得球	切入未得球比	总数
美国	27	49%	28	51%	55
塞尔维亚	18	38%	29	62%	47
澳大利亚	20	42%	28	58%	48
法国	16	36%	29	64%	45
委内瑞拉	19	46%	22	54%	41
中国	12	35%	22	65%	34

　　虽然内线球员的切入不全都为了得到传球而进攻，可能只是为了牵制和吸引防守的注意力，但切入未获得球的比例在一定程度上可以反映浪费掉的进攻机会。由表 2-13 可知，各队切入未得球比分别为：中国队 65%、法国队 64%，塞尔维亚队 62%，澳大利亚队 58%，委内瑞拉队 54%，美国队 51%。中国队排在第一位，与法国队和塞尔维亚队一样都在 60% 以上。中国队内线球员中多数都是第一次参加奥运会，与后卫郭艾伦没有形成良好的默契，没有赢得后卫的充分信任，多数传球没有传到他们手中，而是给了高位的易建联，一定程度上丧失了许多内线球员的切入配合。内线球员切入未得球比控制最好的是美国队。美国队注重整个球队的移动进攻，后卫持球时把更多的注意力放在了内线球员身上，一旦内线球员进行有威胁的切入，外线球员就可以送出质量很高的传球。委内瑞拉队和澳大利亚队也表现不错，特别是澳大利亚队的两名 NBA 内线球员 —— 活塞队的阿隆·贝恩斯和小牛队的安德鲁·博古特，与外线球员有着高度的传切配合的默契，进攻效果很好。

3. 内线球员参与传切配合切入路线的情况

传切配合切入路线的选择反映了球员的个人习惯。每名球员都有习惯的切入角度，技术全面的球员选择的路线更为多样，可给防守球员制造更多的麻烦。

表 2-14　中国队及对手内线球员切入路线的情况

	切入			总数
	纵切	横切	斜切	
美国	9	8	10	27
塞尔维亚	6	5	7	18
澳大利亚	9	5	6	20
法国	7	4	5	16
委内瑞拉	9	4	6	19
中国	5	3	4	12

由表2-14可知，从内线球员选择切入的路线上看，大多都是以横切和斜切为主，这是由内线球员的位置及防守位置决定的。由于内线球员大多数情况要兼顾拼抢前场篮板的任务，从一侧或是底角的切入往往可以为拼抢篮板球创造有利的位置。而纵向切入时，一方面，篮筐的正前方防守较为密集；另一方面，切入时对方防守球员容易将他卡在身后，不利于前场篮板的拼抢。纵切往往是内线球员在高位给外线球员掩护后下顺接回传球。所以说，内线球员如果选择切入配合，横切或斜切是理想的切入路线，而纵切一定要与掩护相结合才能更加有效地向内切入。中国队内线球员切入路线的选择分布相对合理，3次纵向切入都是由易建联在高位掩护

后形成机会进行的；美国队、塞尔维亚队、澳大利亚队、法国队、委内瑞拉队的切入路线分布也是如此。

4. 内线球员参与传切配合的进攻情况

内线球员切入接球后往往运用多种投篮方式进攻得分，包括正手上篮、反手上篮、扣篮、空接等。内线球员切入接球后能否进攻得分，一方面反映了运动员的进攻能力，另一方面也反映了运动员掌握技术的全面性。内线球员切入后的进攻情况包括内线切入后成功得分、造成对手防守犯规和切入后没有得分三种情况，具体数据如表2-15所示。

表2-15   中国队及对手内线球员参与传切配合的进攻情况

	得分	得分比	被犯规	被犯规比	未得分	未得分比	总数
美国	12	44.44%	8	29.63%	7	25.93%	27
塞尔维亚	10	55.55%	3	16.67%	5	27.78%	18
澳大利亚	12	60.00%	4	20.00%	4	20.00%	20
法国	8	50.00%	4	25.00%	4	25.00%	16
委内瑞拉	10	52.63%	3	15.79%	6	31.58%	19
中国	6	50.00%	3	25.00%	3	25.00%	12

内线球员通过传切配合切入接球进攻，由于距离篮筐近，加上内线球员身高、臂长的优势，往往可以达到不错的进攻效果；即使不能将球送入篮筐，也可以造成对手防守犯规。所造成的犯规大多数又是投篮犯规，既获得了得分机会，又给对手增加了犯规次数。

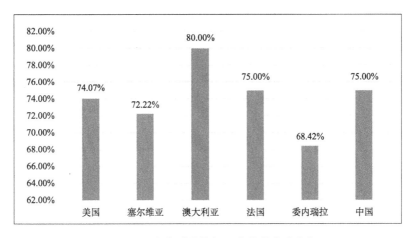

图 2-12　内线球员传切配合的进攻成功率

由图 2-12 可以看出，澳大利亚队内线球员传切配合成功率最高，达到了 80.00%；其次是中国队和法国队，成功率均为 75.00%，美国队为 74.07%，塞尔维亚队为 72.22%，委内瑞拉队为 68.42%。澳大利亚内线球员大卫·安德森、安德鲁·博古特、阿隆·贝恩斯的移动速度很快，通过积极的无球跑动摆脱防守球员，当出现空挡时则迅速切入；而后卫马修·德拉维多瓦总能及时将球传给切入的内线球员。内线球员摆脱后切入篮下进攻，防守球员很难进行干扰。中国队内线球员由于切入次数不多，大多都是易建联的切入，切入成功率也相当高。美国队内线球员切入的特点：不像中国队那样集中在一个人身上，而是多点开花，德安德鲁·乔丹、大前锋德雷蒙德·格林、安东尼都能够参与切入配合；美国队内线中锋移动空间很大，往往拉出来为其他内线球员切入留出足够的空间。委内瑞拉内线球员切入成功率相对低，一方面由于委内瑞拉队内线球员身高不占优势，另一方面是进攻投篮技术和命中率都有欠缺。内线球员切入接球进攻得分，首先要有全面的技术保证，例如易建联的左右侧进攻的能力；

其次是积极的跑动，在跑动中不断地去寻找切入机会，如像美国队内线球员那样不停地移动；再次是要和外线持球者有良好的默契，做到球到人到；最后是拥有良好的身体条件，在内线对抗情况下能够保证进攻动作的完成。

三、结论与建议

（一）结论

1. 世界优秀球队内线球员参与进攻战术基础配合人员广、进攻点多，外线与内线球员之间配合默契、流畅。中国男篮内线球员参与进攻战术基础配合的进攻点单一，过于依赖易建联进攻，年轻的内线球员与外线球员之间默契不够，配合不流畅。

2. 中国男篮内线球员参与进攻战术基础配合的意识较强，内线球员在突破分球及策应配合进攻效果上与对手相比占有优势；中国男篮内线球员在有球掩护时机的选择、位置的选择和无球掩护方向的选择方面存在不足，传切配合中切入后直接进攻能力不强。

3. 当今世界男篮内线球员在进攻战术基础配合运用的整体发展趋势是：掩护配合、突分配合和传切配合运用的次数及比重增多，各种配合之间相互组合，特别是其他配合与掩护配合相结合；策应配合次数有所减少，但节奏加快，形式上趋同于传切配合。

（二）建议

1. 加强内线球员传切配合训练，提高内线球员的切入意识，以及内线球员切入后接球直接进攻的能力，以适应当今内线球员快速、移动打法的新特征。

2.着力培养年轻内线球员的进攻能力，形成相对均衡的多个内线进攻点，减少对易建联的过度依赖。加强内线球员的基础力量训练，并结合内线球员的专项技术进行专项力量训练，强调在对抗情况下的技术动作练习，并增加大强度、强对抗的实战比赛训练。

第 三 章

三人制篮球比赛中进攻技战术的运用

　　三人制篮球运动起源于美国街头篮球。Hall Koa Behrokh建立了世界上第一个街头篮球场地，迅速吸引了许多在街上的年轻人。许多年轻人都在这里找回了自信。美国当地政府为了表彰他的贡献，将这块场地取名为"洛克公园"，这里于是成为街头篮球的圣地。众多篮球巨星都曾来到这里同年轻人同场竞技，如艾佛森、科比、卡特及效力于北京队的马布里。这里是见证街头篮球起源、发展到兴旺的神圣之地。

　　近年来，三人制篮球运动发展迅速。三人制篮球世锦赛、世青赛、世界大学生三人制篮球比赛、国际篮联三人制篮球大师赛等各种大型赛事，在世界各地如火如荼地开展，并且三人制篮球比赛已成为奥运会的正式比赛项目，三人制篮球比赛的形式逐渐为人们所接受和关注。篮球运动是一种以技能为主导的球类运动项目，攻防双方都最大限度地利用自身进攻的优势，去限制对手防守技术、战术的运用和实施。目前关于三人制进攻技战术运用研究多针对三人制篮球发展现状及其健身价值，对于三人制篮球比赛进攻技战术运用的研究很少。了解世界三人制篮球比赛进攻技战术运用现状和发展规律，对三人制篮球训练指导思想的制定、技战术打法的创新和教学训练具有重要意义。本研究通过对第一届世界大学生男子三人制篮球比赛的录像进行数据统计，对进攻技战术运用的方式和运用效果进行分析，探索三人制篮球比赛中进攻技战术运用的特点和规律，以丰富篮球技战术理论，为三人制篮球教学和训练提供参考。

一、主要研究方法

（一）问卷调查法

以问卷、电子邮件的方式向篮球专家进行调查，统计后用于确定指标体系。共发放三轮问卷：前期通过专家访谈和观看比赛录像，设计整理统计指标体系作为第一轮问卷发放给专家；根据专家反馈的意见归纳整理，修改后作为第二轮问卷；根据专家第二轮问卷的反馈，进一步筛选调整相关指标，并作为第三轮问卷下发，最后对第三轮问卷结果进行整理，确定三人制篮球进攻技战术的统计指标体系。

（二）录像观察法

反复观察小组赛的18场比赛和淘汰赛的6场比赛，利用快速、暂停、回放等手段，手工统计、搜集相关数据，并分析与本研究有关的指标。

表 3-1　第一届世界大学生男子三人制篮球比赛录像分析场次

对阵球队比赛结果	
小组赛阶段	
A组	
乌干达（天主教大学）vs英国（诺森比亚大学）	13：15

续表

对阵球队比赛结果	
小组赛阶段	
A组	
巴西（UNOESC大学)vs中国（明道大学）	12：16
中国（明道大学）vs乌干达（天主教大学）	19：17
英国（诺森比亚大学）vs巴西（UNOESC大学）	9：12
乌干达（天主教大学）vs巴西（UNOESC大学）	11：18
中国（明道大学）vs英国（诺森比亚大学）	13：10
B组	
塞内加尔（UCAO大学）vs澳大利亚（南十字星大学）	8：21
澳大利亚（南十字星大学）vs俄罗斯（圣彼得堡国立设计工业大学）	11：21
中国（北京大学）vs塞内加尔（UCAO大学）	17：6
俄罗斯（圣彼得堡国立设计工业大学）vs中国（北京大学）	10：16
塞内加尔（UCAO大学）vs俄罗斯（圣彼得堡国立设计工业大学）	9：17
中国（北京大学）vs澳大利亚（南十字星大学）	13：22
C组	
法国（波尔多大学）vs中国（华侨大学）	17：18
瑞士（巴塞尔大学）vs加拿大（魁北克大学）	3：17
加拿大（魁北克大学）vs法国（波尔多大学）	14：19
中国（华侨大学）vs瑞士（巴塞尔大学）	10：18
瑞士（巴塞尔大学）vs法国（波尔多大学）	8：21

续表

对阵球队比赛结果	
小组赛阶段	
中国（华侨大学）vs加拿大（魁北克大学）	9：15
淘汰赛阶段	
四分之一决赛	
中国（明道大学）vs中国（北京大学）	11：18
俄罗斯（圣彼得堡国立设计工业大学）vs加拿大（魁北克大学）	17：21
澳大利亚（南十字星大学）vs英国（诺森比亚大学）	8：19
法国（波尔多大学）vs巴西（UNOESC大学）	17：8
二分之一决赛	
中国（北京大学）vs加拿大（魁北克大学）	8：16
英国（诺森比亚大学）vs法国（波尔多大学）	8：18
三、四名决赛	
中国（北京大学）vs英国（诺森比亚大学）	14：12
决赛	
加拿大（魁北克大学）vs法国（波尔多大学）	17：16

（三）逻辑分析法

采用归纳、演绎、对比和综合分析等逻辑方法对采集的数据进行分析，归纳总结出第一届世界大学生男子三人制篮球比赛进攻技战术的运用特点和规律。

二、研究结果与讨论

（一）第一届世界大学生男子三人制篮球比赛进攻技术的运用情况分析

1. 进攻得分构成情况

篮球比赛的得分构成是进攻球员通过运用各种进攻技战术获得不同得分的形式。根据最新三人制篮球规则规定，三人制篮球比赛的得分由两分球（圆弧线外投篮命中）、一分球（圆弧线内投篮命中）和罚球构成。

（1）总得分

由表3-2可知，12支球队总得分平均为41.2分，场均得分13.7分；在10分钟的比赛时间内平均每分钟得分1.4分，加之12秒的进攻时间限制，可见三人制篮球比赛攻防转换之快，对抗强度之大。在前三强队伍中，魁北克大学、波尔多大学和北京大学场均分别取得15.3分、15.7分和15.2分，均在15分以上，明显高于12支球队的场均得分。可见只有不断地进攻得分，才能赢得比赛。场均得分低于10分的是巴塞尔大学和UCAO大学。通过对比赛录像的观看，发现两支球队的进攻方式单一，投篮命中率很低，这导致了得分较低，最终输掉比赛。

表3-2　第一届世界大学生男子三人制篮球比赛小组赛各球队得分构成统计

	总得分	场均得分	两分球总得分	两分球场均得分	占总分（%）	一分球总得分	一分球场均得分	占总分（%）	罚球总得分	罚球场均得分	占总分（%）
天主教大学	41	13.7	18	6.0	44.0	20	6.7	48.8	3	1.0	7.3
诺森比亚大学	34	11.3	4	1.3	11.8	26	8.7	76.4	4	1.3	11.8

	总得分	场均得分	两分球总得分	两分球场均得分	占总分（%）	一分球总得分	一分球场均得分	占总分（%）	罚球总得分	罚球场均得分	占总分（%）
UNOESC 大学	42	14.0	24	8.0	57.1	14	4.7	33.3	4	1.3	9.5
明道大学	47	15.7	14	4.7	29.8	31	10.3	66.0	3	1.0	6.4
UCAO 大学	23	7.7	4	1.3	17.4	14	4.7	60.9	5	1.7	21.7
南十字星大学	54	18.0	28	9.3	51.9	17	5.7	31.5	10	3.3	18.5
圣彼得堡国立设计工业大学	48	16.0	28	9.3	58.3	11	3.7	23.0	9	3.0	18.8
北京大学	46	15.2	2	0.7	4.3	31	10.3	67.4	14	4.7	30.4
波尔多大学	47	15.7	20	6.7	42.6	21	7.0	44.6	16	5.3	34.0
华侨大学	37	12.3	6	2.0	16.2	22	7.3	59.5	9	3.0	24.3
巴塞尔大学	29	9.7	8	2.7	27.6	14	4.7	48.3	7	2.3	24.1
魁北克大学	46	15.3	6	2.0	13.0	33	11.0	71.7	11	3.7	24.0
平均值	41.2	13.7	14.3	4.8	35.4	20.8	6.9	50.5	7.9	2.6	14.1

（2）两分球得分

由表3-2可知，两分球得分构成在12支球队中极为不平衡，南十字星大学和圣彼得堡国立设计工业大学两分球总得分高达28分，场均9.3

分，分别占总得分的51.9%和58.3%；两分球总得分最低的是来自中国的北京大学，总得分只有2分，场均只有0.7分，占总得分的4.3%。通过观看比赛录像发现，北京大学场上三名球员中，大部分时间保持两名高大的中锋，并且中锋球员不具备三分线外投射能力，后卫球员更多的进攻选择是传球给内线，发挥内线优势，造成内线杀伤。从表3-2中北京大学一分球和罚球所占得分比例及在12支球队中的排名即可明显看出。

表3-3　第一届世界大学生男子三人制篮球比赛小组赛各球队得分构成统计

	两分球			一分球			罚球		
	总投中数	总投篮数	命中率（%）	总投中数	总投篮数	命中率（%）	总投中数	总投篮数	命中率（%）
天主教大学	9	46	19.6	20	62	32.3	3	8	37.5
诺森比亚大学	2	31	6.4	26	75	34.7	4	5	80.0
UNOESC大学	12	43	27.9	14	46	30.4	4	8	50.0
明道大学	7	35	20.0	31	54	57.4	3	6	50.0
UCAO大学	2	28	7.1	14	72	19.4	5	13	38.5
南十字星大学	14	27	51.9	17	46	37.0	10	12	83.3
圣彼得堡国立设计工业大学	14	61	23.0	11	34	32.4	9	16	56.2
北京大学	1	16	6.2	31	101	30.7	14	20	70.0
波尔多大学	10	40	25.0	21	49	42.9	16	25	64.0
华侨大学	3	21	14.2	22	52	42.3	9	18	50.0
巴塞尔大学	4	33	12.1	14	50	28.0	7	12	58.3
魁北克大学	3	19	15.8	33	98	33.7	11	16	68.8
单场平均值	2.3	11.1	20.3	6.9	20.5	33.8	2.6	4.4	59.0

由表3-3可知，各球队圆弧线外（两分）总投篮次数平均33.3次，场均两分投篮11.1次，相比五人制篮球单节12分钟比赛时间的三分投篮次数，三人制篮球在10分钟的比赛时间内场均11.1次的圆弧线外投篮次数是非常高的。究其原因，本次比赛所依据的2015年FIBA三人制篮球规则规定：圆弧线外投篮命中得两分，圆弧线内投篮命中得1分，罚球命中得1分。由此不难看出，三人制比赛的得分规则提高了圆弧线外投篮的得分价值，圆弧线外得分所占比重相比五人制篮球得分规则有大幅提高，所以各个球队提高了对圆弧线外投篮的重视，两分投篮次数占总投篮次数的比例明显提高，试图通过两分球快速建立领先优势或扳回劣势。从命中率方面来看，各支球队两分球场均命中率仅为20.3%，并且命中率在各支球队的分布悬殊较大；两分球命中率最高的是南十字星大学，为51.9%；诺森比亚大学的两分球命中率仅有6.4%，为12支球队中最低。由此可见，三人制比赛中大学生球员的两分球投篮能力有待提高，加之三人制比赛攻守对抗转换迅速，比赛节奏快，使球员的远投水平不能很好地发挥。

（3）一分球得分

由表3-2可知，一分球的得分构成在12支球队中比较均衡，场均得分6.9分。一分球场均得分最高的是魁北克大学，为11分，来自俄罗斯的圣彼得堡国立设计工业大学一分球场均得分最低，为3.7分。一分球得分占总得分的统计中，12支球队一分球场均得分占总得分的50.5%，可见一分球在总得分中占有很大比重。由于三人制篮球场地相比五人制篮球阵地进攻，人均占有面积较大，三分线内投篮空间较大，球员可以有很多很好的一分球投篮和突破内线造成杀伤的机会，所以大部分的得分机会都会发生在一分投篮区。球员更趋向于以近距离投篮完成进攻，从而保证稳定的投篮命中率。

从表3-3中一分球投篮数及命中率方面统计来看，各支球队一分球总投篮次数平均值为61.6次，场均一分球投篮次数20.5次，平均每分钟完成2.1次一分投篮。其中，北京大学一分球投篮总次数达到了101次，场均一分球投篮33.7次，主要原因在于他们的进攻选择倾向于内线强攻。综合两分球和一分球统计指标可以明显看出，他们的两分投篮次数极低，后卫球员更多地起到了给两名高大内线球员喂球的作用，加上前场篮板球的优势，使北京大学的一分球投篮次数达到了最高的场均33.7次。各支球队一分球平均命中率为33.8%，并且分布平均，大部分球队的命中率保持在30%—40%。一分球投篮命中率有待提高，应加强球员在快速攻防转换中提高一分球投篮的稳定性。

（4）罚球得分

由表3-2可以看出，各支球队的罚球平均得分为2.6分，占总得分的14.1%。其中，对前三强队伍的罚球数据统计得知，魁北克大学、波尔多大学和北京大学的场均罚球得分分别是3.7分、5.3分和4.7分，均高于各支球队的罚球平均得分，并且他们的罚球得分占总得分比例分别是24.0%、34.0%和30.4%，也都明显高于各支球队14.1%的平均比例。由此可知，强队的罚球次数较高，球员更多靠突破内线或者内线强攻对防守球员造成杀伤，从而获得罚球机会。三人制篮球中关于得分规则的界定，将五人制篮球规则中的三分球改为两分球，两分球改为一分球，而罚球得分依然沿袭了五人制得分规则的一次罚球命中得1分，这等于提高了罚球的得分比重。同两分球一样，罚球大幅度提高了得分价值，关键时刻的命中加罚有时能改变场上局势，从而转败为胜。

从表3-3中关于罚球数与罚球命中率的数据统计分析来看，各支球队平均的罚球数为13.3次。前三强球队中魁北克大学、波尔多大学和北京大学的总罚球次数分别是16次、25次和20次，均高于各支球队的罚球数平均值。并且命中率方面，这三支球队罚球命中率分别为68.8%、64.0%和70.0%，明显高于各支球队的罚球命中率平均值和一分球投篮命中率，甚至是一分球投篮命中率的2倍之多。在C组法国波尔多大学对阵中国华侨大学的比赛最后阶段，两队比分16∶17。华侨大学落后，关键时刻华侨大学投篮被犯规，最后凭借关键的两次罚球反超比分，锁定了比赛的胜局。综上，罚球在三人制篮球比赛中发挥着至关重要的作用，不容忽视。

2. 投篮技术运用情况

（1）投篮区域

图3-1是根据NBA投篮区域分析图，结合国际篮联规定的三人制篮球场地规格进行划分的，旨在对三人制篮球比赛进攻投篮选择的区域进行分析，总结三人制篮球的投篮位置特点。1至5区是两分投篮区域，6至16区是一分投篮区域。其中，15区代表突破上篮得分区域，16区代表扣篮区域，1区和5区代表0°—15°两分投篮区，2区和4区代表15°—60°两分投篮区，3区代表弧顶两分投篮区，即60°—90°两分投篮区，6至10区代表了圆弧线内限制区外的一分投篮区域，6区和7区代表左半区，9区和10区代表了右半区，8区代表限制区外正面一分投篮区，11至16区即为限制区内一分投篮区域，其中11区和12区是高位投篮区，13区和14区是低位投篮区。

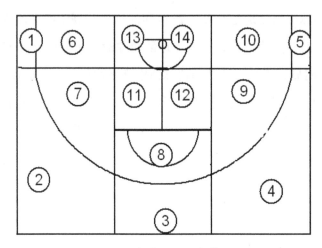

15：突破；16：扣篮

图 3-1   投篮区域划分

由表3-4可知，来自世界五大洲的世界大学生男子三人制篮球的12支球队在投篮区域上表现出一些共同的特征。首先在外线投篮方面，1至5区代表了5个两分球投篮区域，分别占总投篮次数的0.6%、8.9%、14.6%、10.1%和0.3%，表现出2区、3区和4区投篮次数占了绝大部分，而1区和5区的投篮次数极少。原因在于：1区和5区在底线和边线的夹角处，投篮空间小，不宜于掩护配合的使用，对防守球员极为有利；加上三人制篮球比赛人均占有面积大，在2区、3区和4区中，投篮空间大，战术配合使用方便，防守难度大，所以这三个区域的两分投篮次数极多。在一分投篮区域中分为4部分，分别是代表限制区外的6区、7区、8区、9区和10区，代表限制区的11区、12区、13区、14区，以及15区的突破投篮区和16区的扣篮区。其中，限制区外的5个区域中，主要是利用个人能力或者队友的掩护突破急停跳投。6区和10区有较少的投篮选择，它们分别位于左右两侧底线，靠近端线，不利于突破急停投篮；7区和9区的投篮选择比较多样化，可以从左右两侧突破，并且突破内线后可以选择分球给该区的队友，所以该区域的投篮数相对多；8区位于弧顶位置、篮筐正前方，该区投篮数最多，更多的是利用队友的高位掩护配合进行投篮。限制区内，13区和14区内发生的投篮最多，分别占总投篮次数的12.0%和13.3%。显而易见它们的位置最靠近篮筐，而离篮筐越近，命中率越高。内线攻击能力体现一个队的实力，内线强攻的能力是比赛胜负的决定性因素。并且前场篮板球的争抢多发生在这个位置。特别是像北京大学和魁北克大学这样拥有高大强壮内线的球队，外线持球球员多会选择喂球给内线，以充分发挥内线优势。15区代表了突破上篮，它占了全部投篮总数的三分之一。由于三人制比赛全部采用人盯人的防守方式，进攻球员只有突破防守球员才能有更好的投篮选择，球员总是以不断的突破创造得分机会，所以突破上篮区是出手次数最多的区域。而代表扣篮区的16区仅仅占到总投篮次数的0.6%，人盯人防守的方式加上防守收缩内线的现象使扣篮变得难上加难。

表3-4　投篮区域统计

投篮区域	投篮次数	占总投篮比例（%）
1区	0.2	0.55
2区	2.8	7.73
3区	4.6	12.71
4区	3.4	9.39
5区	0.1	0.27
6区	0.4	1.10

投篮区域	投篮次数	占总投篮比例（%）
7区	0.7	1.93
8区	1.2	3.31
9区	1.0	2.76
10区	0.3	0.83
11区	1.6	4.42
12区	1.2	3.31
13区	3.8	10.49
14区	4.2	11.60
15区	10.5	29.00
16区	0.2	0.55

投篮区域还可以这样划分，即将除15区和16区外的14个区分为左区（1区、2区、6区、7区）、中区（3区、8区、11区、12区、13区、14区）和右区（4区、5区、9区、10区）。从表3-4中我们计算可得左区投篮数是4.1次，中区投篮数是16.6次，右区投篮数是4.8次，由此可以做成如图3-2所示的扇形图。

图 3-2　投篮区域分布

由图3-2中可以明显看出，左区、中区、右区的投篮数分别占到投篮总数的11%、46%和13%，左右两区的投篮数相差无几，说明进攻球员的进攻选择比较均衡，中区的投篮数约占全部投篮的一半。从前面分析已知，进攻球员遵循离篮筐越近，命中率越高的篮球规律，大部分的投篮都发生在了离篮筐较近的11区、12区、13区和14区。突破和扣篮占据了将近总投篮数的三分之一，可见进攻球员对突破技术运用的重视。

（2）投篮距离

根据图3-1的投篮区域划分，为了便于分析三人制篮球比赛投篮距离特点，将三人制篮球场地划分为三部分，1至5区为远距离投篮区，即两分投篮区；6至10区为中距离投篮区；11至14区为近距离投篮区。最后通过对表3-4的数据归类综合得到图3-3。

图 3-3　不同距离的投篮分布

由图3-3可知，远距离投篮占到了35%，占投篮总数的三分之一，这充分说明了三人制篮球比赛投篮空间较大、外线出手压力较小的特点。突破分球配合的运用，加之外线得分价值高的得分规则，使得外线投篮成为快速建立得分优势或者落后时缩小比分差距的重要方式。中距离投篮占到11%，所占比例最少。原因在于，进攻球员更多地选择外线两分试投、突破到内线和内线强攻造成杀伤，人盯人防守的对抗强度很大，大部分时间是在防守球员贴身防守的情况下，进攻球员较难形成较好的中距离投篮机会。相反，近距离投篮占20%，是一分投篮中除了突破得分外，投篮数第二高的得分方式。近距离投篮位于11至14区限制区内，是最靠近篮筐的区域，前场篮板球的拼抢多发生在这个区域。比赛开始时，进攻球员首先看是否有内线队友卡位要球，然后喂球给内线，所以内线球员持球进攻的机会明显多于外线球员，内线低位单打、二次进攻、内线强攻勾手投篮、抛投成为限制区内的主要得分方式。

3. 助攻情况

助攻指持球球员带有强烈攻击性的传球，即通过某一次传球使同伴直接得分的传球，是一种带有明确战术意图的攻击性传球，助攻成功次数的多少是反映球队进攻能力的重要指标。

由表3-5可知，12支球队场均助攻总数仅为8.9次，且助攻成功率不到50%。这是因为三人制篮球比赛以个人突破和内线强攻为主，场上球员更多地选择持球进攻冲击篮筐，在遇到防守球员夹击时很难将球传出，从而勉强出手投篮。从助攻方式上看，使用最多的是内传外的传球助攻方式，主要以外线球员利用掩护摆脱防守后往内线突破，在吸引协防又未进入内线时，及时地将球传给处于空位的队友，从而完成投篮得分；外传内的助攻形式是使用最少但成功率最高的助攻形式，内线球员卡位要球强攻篮下是其主要进攻方式，因为防守球员收缩篮下，接球直接投篮的机会较少，一旦利用空切或无球掩护在篮下获得空位接球的机会，进攻球员往往能抓住机会将球打进；助攻次数较多，成功率最低的是外传外的助攻形式，因为三人制篮球比赛人均占有面积较大，进攻时外线空当较大，加上外线投篮命中的得分价值增加，所以进攻球员会较多地选择传球给空位的外线球员，但球员的外线投射能力较差，这也就导致了外传外的助攻成功率很低。三人制篮球比赛防守球员对内线持球员多采取夹击补防的形式，这就导致了内传内的助攻形式运用极少，但是一旦将球传出，便对篮筐构成极大的威胁。

表 3-5　助攻场均指标统计

	助攻次数	助攻成功次数	助攻成功率
内传外	3.4	1.6	47%
内传内	0.4	0.2	50%
外传外	3.2	1.3	41%
外传内	1.9	1.1	58%
总数	8.9	4.2	47%

4. 抢前场篮板球情况

前场篮板球即进攻篮板球，指篮球比赛中进攻球员争抢己方球员投篮未中从篮筐或者篮板反弹下来的球。进攻方在投篮不中的情况下，进攻篮板球的拼抢是继续控制球权和重新组织进攻的最佳机会。一支球队获得的进攻篮板球越多，组织进攻机会越多，进而得分的概率越高。经常可以在NBA比赛中看到，一支球队在进攻中连续获得前场篮板球后，进攻球员士气大振，增加了投篮球员的信心，提高了投篮命中率的同时，还沉重打击了对手球员的防守信心。三人制篮球比赛攻防转换节奏快速，进攻时间只有12秒，很多投篮出手都是在很仓促的情况下发生的，投篮命中率较低，球权稍纵即逝，进攻方对前场篮板球的拼抢就显得尤为重要。

从表3-6中对前场篮板球获得方式的统计来看，三人制前场篮板球的获得方式主要由高度优势抢夺、点拨、冲抢、自由落点、卡位五种形式构成。在大学生三人制篮球比赛中，自由落点的争抢方式占到了总篮板数的44%，接近总数的一半，成为前场篮板球最主要的获得方式。究其原因：首先，三人制篮球比赛外线投篮，即二分投篮比例较高，占投篮数的三分之一以上，两分球距离篮筐较远，投篮未中后反弹距离较大，被外线进攻球员抢得的概率较大；其次，从三人制篮球比赛防守特点考虑，三人制比赛中以人盯人防守为主，对持球人紧逼防守，而对非持球人则选择较大的防守距离而收缩内线，随时准备后场篮板球的争抢，这样就导致了限制区被防守球员所占据，进攻球员拥有限制区外较大的空间，相比限制区内的篮板球，对于反弹距离较大的篮板球的获得就显得比较容易，这也是冲抢和卡位获得前场篮板球数只占到全部前场篮板球数7%和6%的原因所在。高度优势抢夺和点拨获得前场篮板球数位列前场篮板球获得总数的第二位、第三位，高个球员身高臂长的优势在篮板球拼抢中极为明显。从整体上来看，场均篮板球7.1次，明显低于2011年和2013年世青赛三人制比赛的场均前场篮板球获得数。这也说明高水平比赛的球队都十分重视对前场篮板球的拼抢，而大学生三人制比赛水平较低，拼抢前场篮板球意识较差，能力有待提高。

表 3-6　前场篮板球争抢方式

	场均抢得数（次）	占比（％）
高度优势抢夺	2.2	31
点拨	0.9	13
冲抢	0.5	7
自由落点	3.1	44

续表

	场均抢得数（次）	占比（%）
卡位	0.4	5
总数	7.1	100

（二）第一届世界大学生男子三人制篮球比赛进攻战术的运用分析

1. 阵容配备

传统五人制篮球根据位置特点及技术特点的不同，将位置分为中锋、前锋（又细分为小前锋和大前锋）和后卫，也可以根据位置和任务的不同分为1号位、2号位、3号位、4号位和5号位。这是由五人制篮球关于人数限制的规则决定的，而三人制篮球规则只允许三人在场上，并且允许有一名替补球员，如果还继续沿用五人制篮球位置分工的方法，将球员分为中锋、前锋和后卫，就显得不太合理。三人制篮球作为一种新兴篮球运动项目，在世界各地已经广泛开展，FIBA也组织了许多国际三人制篮球赛事。但是，通过阅读大量关于三人制篮球的文献只发现一篇文献是对三人制篮球的阵容配备做出的相关研究，加之三人制篮球各个位置趋于模糊化，技战术运用更加全面的特点，所以本研究将三人制篮球的位置划分为外线球员和内线球员。

三人制篮球的合理位置划分是对三人制篮球阵容配备分析与研究的前提。通过观看比赛录像总结得出：各参赛球队阵容配备的主要形式有"两内线一外线"和"两外线一内线"。

2. 进攻落位形式及配合方法

（1）进攻落位形式

《篮球大辞典》将"落位"解释为，落位队形亦称落位阵式，指在篮球比赛中，球队根据战术的要求，球员按规定的组织结构排列的布局形式。三人制篮球进攻是以半场进攻的形式，相当于五人制篮球的阵地进攻。其落位形式的布置与战术配合方法的运用方式相匹配。落位的本质目的就是有组织的进攻。综合前面对三人制篮球阵容配备的划分，同时根据内外线球员不同落位组合，将三人制篮球比赛的落位阵型分为以下形式：

① "两外线一内线" 阵容的落位形式

"两外线一内线" 阵容的落位形式主要适用于外线投射能力较强的球队。一般内线球员比较高大、强壮，传球和策应意识较强，技术全面，对防守球员形成较大的牵制，并且能够吸引夹击和补防，从而为外线球员创造绝佳的投篮机会。在本届世界大学生男子三人制篮球比赛中，来自澳大利亚的南十字星大学在小组赛的两分球命中率高达51.9%，远远领先于其他球队，就是依靠两名外线球员的出色发挥而排名小组前列。

A. "三名球员在场地一侧" 的落位

当两名外线球员和一名内线球员的组合落位时，可以将其落位阵型分为内线球员（②号球员）在低位和高位两种。当内线球员在高位时，如图3-4所示，这种落位形式主要以高位内线球员上提，制造内线突破空间，给外线球员做高位掩护，外线球员突破内线选择直接得分或分球给跟进的内线球员或者顺下的外线球员。

当内线球员在低位时，如图3-5所示，进攻主要以内线球员个人单打为主，战术配合则主要是内外线球员的策应配合，以及外线球员间的无球掩护和空切跑动。

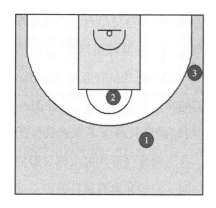

图 3-4　落位阵型 1

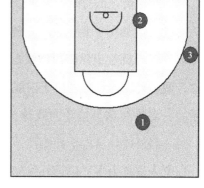

图 3-5　落位阵型 2

B. "三名球员在场地两侧" 的落位

当两名外线球员和一名内线球员的组合落位时，可以将其落位阵型分为内线球员（②号球员）在低位和高位两种。当内线球员在高位时又可以将外线球员的落位分为两种，即外线球员分别站于弧顶两侧时和当外线球员一个在弧顶，一个在罚球线延长线以下靠近低位的位置时，如图3-6、图3-7所示，主要以外线球员进攻为主，以突分配合和交叉掩护配合为主要战术形式。

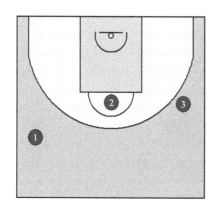

图 3-6　落位阵型 3

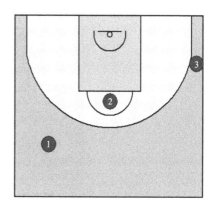

图 3-7　落位阵型 4

当内线球员在低位时，又可以根据外线球员的落位组合，将落位阵型分为三种：①如图3-8所示，一名外线球员位于内线球员同侧弧顶位置，另一名外线球员位于异侧罚球线延长线以下靠近低位的位置；②如图3-9所示，两名外线球员分别位于内线球员同侧和异侧弧顶位置；③如图3-10所示，一名外线球员位于内线球员同侧罚球线延长线以下靠近低位的位置，另一名外线球员位于异侧弧顶位置。这三种落位形式进攻球员距离较远，以个人进攻为主，包括外线球员的一对一突破和内线球员强打，战术上，内、外线球员的策应配合运用较多，掩护和突分配合在图3-10落位的运用中也较为常见。

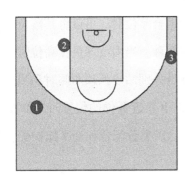

图3-8　落位阵型5

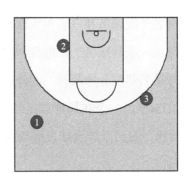

图3-9　落位阵型6

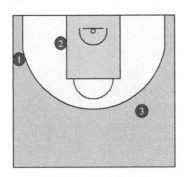

图3-10　落位阵型7

② "两内线一外线" 阵容的落位形式

"两内线一外线" 是本届三人制篮球比赛中最为常见、运用最多的一种阵容配备形式。该阵容配备的技战术运用都是围绕两名内线球员来展开的。使用这种阵容的球队大多拥有身体强壮、进攻技术全面的内线球员，他们往往作风硬朗，敢打敢拼，敢于并善于身体对抗。来自北京大学的两名内线球员（其中包括在2016年CBA大学生球员选秀大会上被佛山龙狮俱乐部第一顺位选中的郭凯），他们在比赛中作风强硬，积极拼抢，顽强挺进前三，给观众留下了深刻的印象。

A. "三名球员在场地一侧" 的落位

如图3-11所示是三名球员在一侧的落位形式，即两名内线球员中的一名球员在限制区外低位，另一名球员则在罚球线附近高位，外线球员位于同侧弧顶位置。该种落位阵型的进攻主要是位于高位的内线球员与外线球员利用掩护配合杀伤内线，以及外线球员突入内线后与低位内线球员利用突分配合完成进攻；或两名内线球员间无球掩护后绕切篮下，接外线球员传球攻击篮筐。

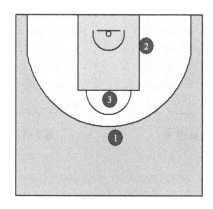

图 3-11 落位阵型 8

B."三名球员在场地两侧"的落位

三名球员在场地两侧的落位主要分为常见的三种：如图3-12所示，两名内线球员一名球员在限制区外低位，另一名球员则在罚球线附近高位，外线球员位于异侧弧顶位置；如图3-13所示，两名内线球员双低位，分别位于限制区两侧，外线球员在两分线外弧顶位置；如图3-14所示，两名内线球员双高位，分别位于罚球线两侧，外线球员在两分线外弧顶位置。

如图3-12所示的落位形式，即两名内线球员高低落位，其进攻特点和配合方法与图3-11基本相同。当两名内线球员双低位时，进攻以外线球员个人一打一为主，或者内线球员低位单打。战术配合上，外线球员的突破分球和内线球员间的无球掩护成为主要的进攻战术形式。而当两名内线球员双高位时，高位内线球员更多地利用交叉掩护制造投篮空间。

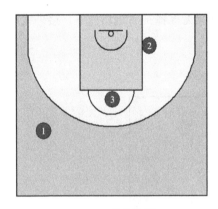

图 3-12 落位阵型 9

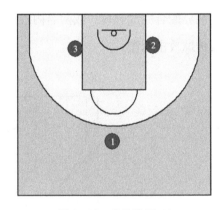

图 3-13 落位阵型 10

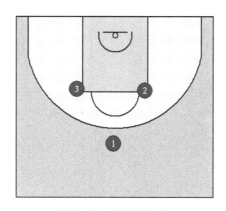

图 3-14　落位阵型 11

（2）不同落位形式的主要进攻配合方法

研究当今世界三人制篮球比赛落位的形式和特点，分析不同落位形式的主要进攻配合方法，有助于把握三人制比赛不同于传统篮球比赛的一般规律，对于指导三人制篮球教学和训练具有重要的现实意义。通过反复观看比赛录像，总结了在本届比赛中运用较多、成功率较高的进攻战术配合方法，为三人制篮球的教学和训练提供参考。

①"两外线一内线"的主要进攻配合方法

战术配合方法1：如图3-15所示，三名球员位于场地一侧，高位内线球员③上提给外线球员②做侧掩护，②号球员顺势运球突破篮下，遇到补防球员后将球分给横切的外线球员①，或者传球给顺下跟进的③号球员。

战术配合方法2：如图3-16所示，三名球员位于场地两侧，②号球员在外线持球，①号球员无球跑动横切篮下，内线③号球员为切入的①号球员做定位掩护，①号球员利用掩护切入限制区接②号球员的传球攻击篮筐，与此同时，③号球员掩护后拆入篮下，保护前场篮板或接②号球员的高吊球后投篮。

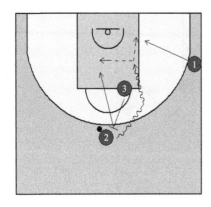

图 3-15　战术配合 1

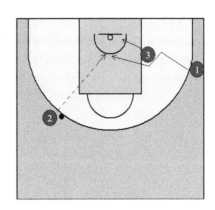

图 3-16　战术配合 2

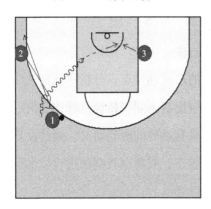

图 3-17　战术配合 3

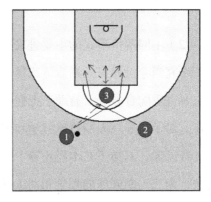

图 3-18　战术配合 4

战术配合方法 3：如图 3-17 所示，两名外线球员位于低位内线球员的另一侧，外线②号球员为①号外线球员做后掩护，①号球员利用掩护突破篮下，遇到防守内线③号球员的防守球员后分球给切入篮下的③号内线球员完成投篮，①号球员的第二选择是分球给掩护后下顺到 0°角的②号球员，完成两分投篮。

战术配合方法 4：如图 3-18 所示，内线球员位于罚球线位置，①号持球球员传球给内线③号球员，然后与②号外线球员同时利用交叉掩护切入篮下，③号球员根据场上形势选择将球传给①号或②号球员完成进攻，然后切入篮下准备冲抢前场篮板球。

②"两内线一外线"的主要进攻配合方法

战术配合方法5：如图3-19所示，三名球员位于场地的一侧，高位③号内线球员上提为①号球员做高位掩护，①号球员利用掩护运球至左侧高位，③号球员完成高位掩护后接着给内线低位②号球员做无球掩护，②号球员利用掩护绕切至篮下腹地，接①号球员的传球进行投篮。

战术配合方法6：如图3-20所示，三名球员分别位于场地的两侧，两名内线球员位于低位限制区外两侧。②号球员溜到弱侧底线给③号球员做无球掩护，③号球员利用掩护绕到篮下腹地接外线①号球员的传球投篮。

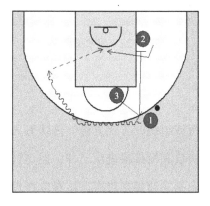

图3-19　战术配合5

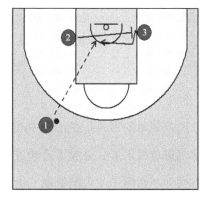

图3-20　战术配合6

战术配合方法7：如图3-21所示，两名内线球员落位在双低位，外线球员持球于弧顶，①号球员依靠个人能力突破进入内线，如果遇到内线球员补防，可以将球分给限制区两侧顺下的②号和③号球员，如果没有补防或补防不到位，①号球员可以选择直接急停跳投或抛投完成进攻。

战术配合方法8：如图3-22所示，两名内线球员分别位于高位罚球线两侧，进攻发起时，③号球员上提至两分线位置给①号球员做定位掩护，①号球员利用掩护突入篮下，与此同时，③号球员去给②号球员做侧掩护，②号球员纵切篮下接①号球员的传球完成投篮。

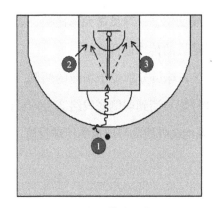 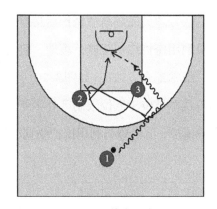

图3-21　战术配合7　　　　　　　　图3-22　战术配合8

3.进攻战术的形式

进攻战术的形式指在比赛中战术执行或组织的方式方法。传统五人制篮球将进攻战术形式分成了阵地进攻、快攻和衔接段进攻三种，但这种分类方法并不适用于三人制篮球。由于三人制篮球规则规定，比赛应在拥有一个球篮、场地面积为15米（宽）×11米（长）的区域内进行，这相当于五人制篮球场地的一个半场。比赛中没有快攻和衔接段的进攻，阵地进攻是三人制篮球进攻战术的主要表现形式。五人制篮球的阵地进攻战术形式多样化，这是基于五人制篮球可以允许五名进攻球员同时在场上。而三人制篮球规则关于人员限制的规定中指出，每支球队应由4名球员组成，其中包括3名场上球员和1名替补球员。这就决定了三人制篮球比赛的战术只能围绕两三个人来展开，五人制篮球比赛的全队进攻战术不能适用于三人制篮球，因此，对于三人制篮球比赛进攻战术形式的研究很有必要。通过观看比赛录像发现，三人制篮球比赛基本上是以个人进攻、进攻基础配合及组合为主要进攻形式，进攻基础配合包括了掩护配合、传切配合、突分配合和策应配合四种基本战术形式。

（1）突分配合的运用情况

突分是突破分球的简称，由突破和传球组成。突分配合指持球球员在突破过程中，遇到防守球员的协防、补防时，主动或应变地将球传给无人防守或离防守较远的进攻球员，为同伴创造投篮机会的一种配合方法。根据突破分球后接球球员的位置，分为突破传球给内线和突破传球给外线；根据突破分球后接球球员的进攻选择，分为突分后突破上篮、突分后接球投篮、突分后接球传球和突分后传球失误。

由表3-7可知，魁北克大学、波尔多大学、北京大学和诺森比亚大学在各自的6场比赛中突分配合总数分别是29次、34次、24次和27次，场均突分配合次数分别有4.8次、5.7次、4次和4.5次。总体突分配合次数较少，但从录像中我们可以很明显地看到比赛中进攻球员运用突破技术的次数较多，突分配合次数却很少。其原因在于，三人制篮球比赛均采用人盯人防守，每一名进攻球员，特别是持球球员，都在防守球员的严防死守下，要想获得进攻空间，进攻球员必须不断地突破摆脱防守，制造投篮机会。但进攻球员突破内线后，防守球员大多采用压缩防守的形式，这必然导致持球突破球员的进攻视野缩小，加上进攻球员突入内线较深，使突破分球的难度增加，持球突破球员被迫选择强攻篮下，这就导致突破次数多，但突分配合使用较少。

由表3-7中对突破分球后接球球员位置的统计可知，四强球队突分传外的次数明显高于突分传内的次数，特别是波尔多大学突分传外比突分传内的次数多了10次。这与该队的进攻特点密切相关。该队是外线得分能力较强的球队，技战术的运用都是围绕外线投篮进行的。进攻球员出于对防守球员防守特点的考虑，突破至离合理冲撞区一定距离时，吸引防守球员收缩内线，拉大外线投篮空间，外线进攻球员的进攻压力大大减小，这时进攻球员更多地选择将球传出两分线外。

突破分球后接球球员有三种进攻选择：第一，突破分球后，接球球员接到球仍然面对扑出的防守球员，进攻球员往往趁防守球员防守位置落位未稳选择继续突破到内线，但由于突破分球球员在内线已经吸引了防守球员，这必然使二次突破到内线仍然面对内线高大球员的封盖。这就是四强队伍的二次突破次数分别为8次、9次、5次、6次，而未命中次数高达6次、5次、3次、3次的原因。第二，进攻球员突破后，其余球员拉到外线或者靠近两分线的位置，突破球员及时分球给外线球员，接球球员直接选择投篮，四强队伍中突分后接球投篮次数分别为11次、8次、6次、11次，命中数分别为5次、5次、3次、4次，可以看到其命中率明显高于突分后突破的命中率。这是因为突分传外时，防守球员压缩内线，不能迅速扑到外线干扰投篮。因此，突分后接球投篮是突破分球技术中运用最多、成功率最高的。第三，突破分球后，接球球员仍然面对贴身的防守，并且选择传球给空位队友，寻找更好的进攻机会。这种传球多属于转移性传球，所以成功率较高。

表3-7   第一届世界大学生男子三人制篮球比赛四强球队突分配合统计

	魁北克大学	波尔多大学	北京大学	诺森比亚大学
突分配合总数	29	34	24	27

续表

		魁北克大学	波尔多大学	北京大学	诺森比亚大学
突分传内		13	12	8	10
突分传外		16	22	16	17
突分后突破上篮	总数	8	9	5	6
	命中	2	4	2	3
	未中	6	5	3	3
突分后接球投篮	总数	11	8	6	11
	命中	5	5	3	4
	未中	6	3	3	7
突分后接球传球	总数	6	11	8	8
	传出	5	9	6	7
	失误	1	2	2	1
突分后传球失误		6	4	5	2

综上，运用突分配合时，分球给外线的次数高于分球给内线；突分配合发生后，运用较多且成功率较高的方式是接球球员接球直接投篮。接球球员二次突破的成功率较低，接球球员转移性传球是最稳定和保守的进攻选择。

（2）策应配合的运用情况

策应配合是进攻球员在某一固定位置上侧对或背对篮筐接到队友的传球后，以他为进攻枢纽或进攻发起点，队友通过各种空切、绕切所形成的里应外合的进攻配合方法。策应配合根据接球策应球员的位置不同分为高位策应（策应球员位于罚球线至弧顶位置）和低位策应（策应球员位于低位限制区两侧）。

表 3-8　第一届世界大学生男子三人制篮球比赛四强球队策应配合统计

策应配合方式	魁北克大学		波尔多大学		北京大学		诺森比亚大学	
	配合次数	比率（%）	配合次数	比率（%）	配合次数	比率（%）	配合次数	比率（%）
高位策应	11	64.8	16	69.6	10	66.7	16	80.0
低位策应	6	35.2	7	30.4	5	33.3	4	20.0

由表3-8中四强队伍策应配合运用的情况可知，四强队伍运用高位策应的次数分别为11次、16次、10次、16次，运用低位策应的次数分别为6次、7次、5次、4次，运用高位策应的次数明显高于低位策应的次数。从高、低位策应运用的比率上来看，高位策应运用比率均高于低位策应运用比率，甚至诺森比亚大学高位策应的次数是低位策应次数的4倍。通过比赛录像可以明显看出，当内线高大球员在低位背向篮筐或侧向篮筐接到球后，自身位置靠近篮筐，所以大多选择个人强攻。特别是像魁北克大学和北京大学拥有进攻能力较强的内线球员，内线个人进攻是其主要进攻选择。当内线球员提到高位接球，拉大了内线空间，外线球员可以利用策应球员交叉掩护切入内线或拉到外线接球直接投篮。内线球员在高位一般不具有远投能力，更多的是起到策应和转移球的作用，所以高位策应运用比较多。

（3）传切配合的运用情况

传切配合指持球球员传球给队友之后，利用速度优势或假动作摆脱防守人，切入篮下接队友传球完成进攻的一种配合方法。传切配合包括了一传一切和空切两种形式，其中一传一切的配合方法又可以根据切入球员跑动路线，分为横切和纵切两种。

表3-9　第一届世界大学生男子三人制篮球比赛四强球队传切配合统计

		魁北克大学	波尔多大学	北京大学	诺森比亚大学
传切配合	总数	8	12	9	11
	空切	6	9	6	7
	横切	0	2	1	1
	纵切	2	1	2	3
传切后投篮	总数	6	8	6	8
	命中	4	5	4	4
传切后分球		1	3	1	2
传切配合失误		1	1	2	1

由表3-9可知，魁北克大学、波尔多大学、北京大学、诺森比亚大学的传切配合总数分别是8次、12次、9次、11次，是所有进攻基础配合中运用最少的配合方式，但他们的传切配合的失误次数仅为1次、1次、2次、1次。三人制篮球比赛采用人盯人防守的形式，每一名进攻球员都在防守球员的严密防守下，很难趁其不备摆脱切入内线；但是传切配合一旦发生，进攻球员往往能够抓住机会完成得分。从传切配合发生后的选择来

看，传切后投篮在四强球队的传切后选择中分别占75%、66.7%、66.7%、72.7%，而传切后传球分别占12.5%、25%、11.1%、18.3%，这说明传切配合发生后进攻球员更多地选择直接投篮。传切配合发生时，切入球员往往会获得比较大的进攻空间，综合对12秒进攻时间的考虑，直接投篮成为他们的不二选择。从传切配合方式上来看，四强队伍在传切总数中空切次数分别高达6次、9次、6次、7次，而横切和纵切的次数极少。三人制比赛中对持球人均采用紧逼压迫防守，而对无球人的防守距离较大，当持球球员传球给队友选择切入内线时，防守球员对其防守注意力集中，防守球员会立即切断其切入路线，所以横切和纵切的配合运用极少；而空切配合运用时，防守无球球员的对手球员注意力会向持球人转移，此时无球球员可以趁机切入内线接传球投篮。空切配合还多发生在防守球员调整防守策略时，如换防、补防时容易出现漏人现象，这时被漏防的球员就可以趁其不备空切篮下完成接球投篮。

综上，传切配合在比赛中运用机会较少，但成功率很高。在传切配合的运用中，空切配合运用最多，一传一切的配合方式运用机会较少。从传切配合发生后进攻球员的选择来看，传切配合后直接投篮或上篮是最有效的进攻选择。

（4）掩护配合的运用情况

掩护配合是球员采用合理的行动，用自己的身体封堵同伴防守人的移动线路，使同伴得以摆脱防守人，或利用同伴的身体和位置使自己摆脱防守的一种配合方法。掩护配合的方法多种多样，根据掩护参与人数的不同，将掩护配合分为单人掩护和多人掩护；根据掩护者掩护位置的不同，将掩护配合分为前掩护、侧掩护、后掩护；根据掩护者和被掩护者的有无球状态，将掩护配合分为无球人给无球人掩护、无球人给有球人掩护、有球人给无球人掩护；根据掩护者运动状态，将掩护配合分为定位掩护和行进间掩护。

表 3-10　第一届世界大学生男子三人制比赛四强球队掩护配合统计

配合方式（有无球）	魁北克大学		波尔多大学		北京大学		诺森比亚大学	
	场均	比率（%）	场均	比率（%）	场均	比率（%）	场均	比率（%）
无球给有球	6.6	72.5	7.1	67.6	6.7	77.9	8.5	84.2
无球给无球	2.3	25.3	2.8	26.7	1.8	20.9	1.3	12.9
有球给无球	0.2	2.2	0.6	5.7	0.2	1.2	0.3	2.9

通过反复观看比赛录像发现，四强队伍运用掩护配合的方式比较单一，主要以单人掩护、侧掩护、无球人给有球人掩护、定位掩护为主，这是由三人制篮球的比赛形式和特点决定的。三人制篮球上场人数为三人，不可能组织多人的连续掩护；三人制篮球是在一个相当于篮球半场的区域内，相比五人制篮球没有运球推进过前场，而行进间掩护主要是在后卫球员由后场向前场推进时运用，所以定位掩护成为其主要的掩护形式；在五人制篮球比赛中，无球人之间掩护的次数和比率最高，其次无球人给有球人做掩护，有球人为无球人做掩护最少。例如，在第29届奥运会男子20场比赛中，无球人之间掩护、无球人为有球人掩护和有球人为无球人掩护的比率分别为71.6%、24.0%和4.3%。而表3-10显示，四强队伍无球人给有球人掩护的比率分别为72.5%、67.6%、77.9%、84.2%，无球人为无球人的掩护比率分别为25.3%、25.9%、20.9%、12.9%，有球人为无球人的掩护比率分别为2.1%、5.7%、1.2%、2.9%。大学生三人制篮球比赛技战术运用主要以个人进攻为主，由于比赛单次进攻时间仅有12秒，全队都

在围绕持球球员组织进攻，无球球员给有球球员的掩护成为运用频繁且简便快捷的掩护方式，无球球员给无球球员的掩护次之，有球球员给无球球员的掩护则运用得极少。这是三人制篮球区别于五人制篮球掩护配合运用的最主要特点。

表 3-11　第一届世界大学生男子三人制篮球比赛四强球队挡拆配合统计

挡拆配合方式	魁北克大学		波尔多大学		北京大学		诺森比亚大学	
	场均	比率（%）	场均	比率（%）	场均	比率（%）	场均	比率（%）
侧掩护	5.2	86.7	7.8	88.7	4.7	83.9	9.0	90.0
后掩护	0.5	8.3	0.6	2.3	0.4	7.1	0.3	3.0
前掩护	0.3	5.0	0.4	4.5	0.5	8.9	0.7	7.0

世界大学生男子三人制篮球比赛中，挡拆配合是四强队伍运用最多、得分效率最高的一种掩护形式，它属于无球球员为有球球员掩护的一种。挡拆不仅是世界强队破解人盯人防守主要的进攻配合方式和得分手段，也是大多数阵地进攻战术的发起点。"挡拆"一词来自英文的"pick and roll"。在进攻中，无球进攻球员利用身体，预堵控球队友防守球员的防守路线（挡），然后利用移动卡位到该防守球员的身后（切），顺势跑位准备接球进攻的一种战术配合。挡拆的重点表现在无球进攻球员的占位、无球球员掩护后的跟进、控球球员的处理及时机的把握四个方面。根据掩护发生位置的变化，将挡拆配合分为前掩护、侧掩护、后掩护。由表3-11可知，侧掩护的运用次数远远多于后掩护和前掩护的次数。这是因为，在比赛中，前掩护有利于进攻球员的投篮，后掩护有利于进攻球员的

突破，而高质量的侧掩护则综合了两者的特点，利于突破和投篮。进攻球员的进攻选择变得多样化，从而增大了防守球员的防守难度，因而侧掩护成为挡拆配合中使用最多的一种掩护形式。

（三）最新FIBA三人制篮球规则对三人制篮球进攻技战术运用的影响

篮球规则与篮球比赛同时产生，相辅相成，互相促进，随着篮球运动的发展不断完善。篮球作为一项同场对抗性比分争夺球类项目，比赛必须在一定规则的限制下，以维持比赛正常合理地进行。因此，在对篮球比赛技战术层面做出相关研究的同时，也要综合篮球规则的演变，把握篮球发展规律，更好地促进篮球技战术的发展。在2015年FIBA制定的三人制篮球比赛规则，分别在空间规则和球员限制、时间规则和攻防转换方式、得分机制和犯规机制这几个层面做出了不同于传统五人制篮球规则的改动。对这些改动进行分析和研究，能够更好地把握三人制篮球区别于传统篮球的运动规律，为三人制篮球的教学和训练实践服务。

1. 三人制篮球空间规则和球员限制对三人制篮球进攻技战术特点的影响

空间规则指篮球比赛中与大小、距离、长度、宽度、高度等计量单位相关的篮球规则。2015年FIBA最新三人制篮球规则规定，比赛应在拥有一个球篮、场地面积为15m（宽）×11m（长）的区域内进行。这相当于五人制篮球场地的一个半场。场地内包括篮筐篮板规格、罚球线、两分线、限制区及无撞人区都沿袭五人制篮球的标准。三人制篮球规则关于人员限制的规定中指出，每支球队应由四名球员组成，其中包括三名场上球员和一名替补球员。

表 3-12　三人制篮球与五人制篮球空间规则和球员限制的对比

空间规则和球员限制	五人制篮球比赛	三人制篮球比赛
场地规格	28m×15m	15m×11m
攻守区域	全场或半场	半场
人均攻守面积	21m²（半场）/42m²（全场）	27.5m²
上场人数	5人	3人
替补人数	7人	1人
技术运用	位置技术、基本技术	全面技术、基本技术
战术形式	快攻、阵地进攻	阵地进攻

由表3-12可以看出，三人制篮球比赛场地面积相比于五人制篮球比赛的全场来说缩减了一半还多，人均场地面积由42m²缩减到27.5m²。相对于五人制比赛的全场攻防，三人制篮球比赛显得更加紧凑。五人制篮球比赛中阵地进攻是运用最多，也是赢得比赛最为关键的战术形式。三人制篮球比赛只在半场范围内进行攻防转换，没有五人制篮球中的快攻形式，并且其篮球比赛场地的人均27.5m²高于五人制篮球比赛场地的人均21m²，攻防面积增加，降低了进攻难度，便于技战术配合的组织和运用。相反地，防守变得更加困难。三人制篮球比赛没有位置技术，但要求球员技术全面，能够应对各种状况的发生。因为三人制篮球比赛的替补球员只有1名，远远少于五人制篮球比赛的7名，这对替补球员提出了较高的要求。三人制篮球比赛人数限制也决定了其进攻战术形式简单，主要由基础配合及各种组合构成。

2. 三人制篮球时间规则和攻防转换方式对三人制篮球进攻技战术特点的影响

时间规则指篮球比赛中与分、秒等时间单位相关的篮球规则。2015年FIBA制定的最新三人制篮球规则规定，三人制篮球比赛的时间为10分钟，如果出现一队在10分钟内抢先得到21分，则比赛结束；如果在10分钟结束时两队比分相等，则进行加时赛，加时赛阶段以任一球队先得到2分而赢得比赛。三人制篮球比赛完成一次进攻的时间为12秒，抢获前场篮板球后仍然有12秒的时间重新组织进攻。

表3-13　三人制篮球与五人制篮球时间规则的对比

	三人制篮球	五人制篮球
比赛时长	10分钟	48分钟
单次进攻时间	12秒	24秒
二次进攻时间	12秒	14秒
胜负判定（无加时赛）	得分多或先得21分的获胜	得分多的队伍获胜
加时赛时长	不计时长	5分钟
加时赛胜负判定	先得2分的队伍获胜	得分多的队伍获胜

由表3-13可知，三人制篮球比赛在时间上相比五人制篮球缩减了75%左右，并且比赛只有一节。这使得比分差距变得很小，想在短短10分钟内建立较大的比分优势变得难上加难，进攻方必须不断地投篮，在快速的攻防转换下争取获得更高的得分。三人制篮球比赛一次进攻必须在12秒内完成，是五人制篮球进攻时间限制的一半。虽然三人制篮球没有了五人制篮球从后场带球到全场的过程，但是也会明显增加进攻的节奏，

很多情况下都是仓促出手，投篮命中率极低。在二次进攻方面，五人制篮球时间限制大大缩水，而三人制篮球规则并未对它进行说明，依然按照单次进攻12秒的规定；相比来说，三人制比赛进攻方获得二次进攻机会后，可以重新组织进攻，而不是仓促出手。三人制篮球允许在10分钟内先得到21分的球队获得比赛的胜利，这就避免了领先的球队故意拖延比赛，增加了比赛的观赏性。加时赛阶段，三人制篮球规定，先得2分的球队率先获得比赛的胜利，这就会出现某支球队"突然死亡"。关键期的对抗更加强烈，这是对球员体能的一大考验，也是对球员心态的巨大考验。

三人制篮球比赛的攻防转换方式不同于五人制篮球，在进攻方投篮命中或最后一次罚球命中后，防守方应通过运球或传球方式将球从篮筐正下方的位置转移至两分线外，此时由攻转守的球队不得在篮筐下的"无撞人半圆区"内抢断球；在每一次投篮没有命中或最后一次罚球没有命中后，如果进攻队抢到前场篮板球，可以直接组织进攻，不需要将球转移至两分线以外；如果防守队抢到篮板球，则必须将球转移至两分线以外。任何死球情况后给予任一球队的球权，应在弧顶外侧靠近边线的位置开球，进攻方须与防守方完成一次传递球后，比赛计时从进攻方接到防守方的传递球开始。如果球员双脚均在圆弧线以外且未触及圆弧线，可以判定"处于圆弧线以外"。出现跳球情况时，球权判给防守方。

三人制篮球比赛得分后的发球方式与五人制篮球不同。三人制篮球由防守球员在篮下拿到球通过运球或传球将球导出两分线的方式，没有了五人制篮球攻防转换需要大范围的跑动和转移球，攻防转换次数及转换速度明显加快。这给防守方增加了难度，进攻方需要迅速由进攻转换为防守，及时落位布阵，在由防转攻向外线传导球时在防守球队的干扰下，容易被抢断直接造成失分。但一次有效向外线的传导球可快速组织新一轮进攻，趁防守球队布局未稳，获得较大进攻空间，快速建立得分。

3. 三人制篮球得分机制和犯规机制对三人制篮球进攻技战术特点的影响

表 3-14　三人制篮球与五人制篮球得分规则的对比

得分规则	三人制篮球比赛	五人制篮球比赛
圆弧线内得分	1分	2分
圆弧线外得分	2分	3分
罚球得分	1分	1分

由表3-14可以看出，三人制篮球比赛不同位置或方式的得分机制相比传统的五人制篮球比赛发生了较大的变化，三人制篮球比赛圆弧线外得分是圆弧线内得分的2倍，高于五人制篮球比赛的1.5倍。圆弧线外投篮得分比重增加，主要是出于球员囤积内线，比赛不具有观赏性的考虑，鼓励外线进攻，更好地利用场地空间，从而进攻形式变得多样化。罚球得分中，其得分比重与圆弧线内投篮得分相同，而传统五人制篮球罚球得分只占到圆弧线内得分的二分之一。罚球得分的价值增加，鼓励内线球员的篮下强攻，外线球员的突破也变得更加坚决。"造犯规"技术的运用增多，一些有经验的内线球员会合理利用此规则更多地制造得分加罚的机会，内线进攻变得更加激烈。

表 3-15　三人制篮球与五人制篮球犯规规则的对比

犯规规则	三人制篮球比赛	五人制篮球比赛
圆弧线内投篮犯规	1次	2次

续表

犯规规则	三人制篮球比赛	五人制篮球比赛
圆弧线外投篮犯规	2次	3次
犯满离场	无	5次
全队犯规处罚状态	6次（整场）	4次（单节）
处于全队犯规处罚状态的处罚	第7次、第8次、第9次处以2次罚球，大于9次处以2罚1掷	2次
处于全队犯规处罚状态投篮犯规的处罚	同上（依据全队犯规处罚状态判罚标准）	圆弧线内投篮犯规处以2次罚球，圆弧线外投篮犯规处以3次罚球

由表3-15可知，对于非处于全队犯规处罚状态的犯规处罚，罚球次数与投篮得分的分值保持一致，但三人制篮球比赛罚球得分的价值要高于五人制篮球比赛，所以实际上增加了罚球的得分比重，通过不断进攻造成罚球机会成为三人制比赛技战术运用的重要方式。三人制篮球比赛只有4名参赛球员，明显少于五人制篮球的12人，对于三人制比赛中没有犯满离场的规定，可以保证场上3名球员正常地参与比赛，不会导致1名球员犯满离场后，对方球队会根据他们无替补球员的情况，以犯规较多的球员作为突破口，从而导致球队处于被动状态，比赛攻防失衡而缺乏观赏性。关于处于全队犯规处罚状态的处罚规定，三人制篮球比赛与五人制篮球比赛有很大区别，全队累计第7次、第8次和第9次犯规总是判给对方2次罚球，第10次及随后的全队犯规同技术犯规和违反体育道德犯规，总是判给对方2次罚球和球权。这条规则同样适用于投篮犯规的处罚。可以很明显看到，随着犯规次数的累积，罚则变得越来越重，这对防守提出了很高

的要求，要在限制对方得分的同时尽量避免犯规。进攻端制造防守犯规，获得更多罚球机会成为三人制比赛进攻技战术运用的一大特点。

三、结论与建议

（一）结论

1. 在大学生三人制男子篮球比赛中进攻技术运用的特点：得分方面，场均总得分较低，两分球在总得分中占有一定的比重；一分球是三人制篮球比赛中最主要的得分方式，以个人强行突破和内线低位单打为主，运动战中球队场均一分球得分占到总得分的一半；罚球在三人制篮球比赛中发挥着至关重要的作用。投篮方面，突破是最主要的进攻形式；中距离投篮和远距离投篮在投篮区域和投篮距离统计中居于首要位置。助攻方面，外传内的助攻传球形式是使用次数最少但成功率最高的助攻形式；内传外的助攻传球运用最多但成功率较低。前场篮板球方面，球员拼抢前场篮板球意识较差，前场篮板球更多的是以高度优势和自由落点的方式获得。

2. 大学生三人制男子篮球比赛球队阵容配备的主要形式有"两内线一外线"和"两外线一内线"，不同的阵容配备，进攻落位形式多种多样，决定了进攻战术配合的多样化。三人制篮球比赛的进攻战术形式以进攻战术基础配合为主：突分配合中，分球给外线的次数高于分球给内线，接球球员接球直接投篮的方式运用最多且成功率最高；策应配合中，高位策应使用次数高于低位策应；传切配合运用机会较少，但成功率很高；掩护配合的运用方式比较单一，主要以单人掩护、侧掩护、无球人给有球人掩护、定位掩护的形式为主，挡拆配合是运用最多、得分效率最高的掩护形式。

3. 三人制篮球空间规则和球员限制决定了球员拥有全面的攻防能力，场上位置趋于模糊，能够胜任不同的比赛任务；时间规则和攻防转换方式的改变使得得分差距变得更小，比赛节奏紧凑，攻防转换迅速，攻防对抗变得更加激烈；得分机制和犯规机制中，两分球得分和罚球得分比重的提高，促进了外线投射技术的提高，鼓励内线进攻制造杀伤从而获得罚球。随着犯规次数的累积，罚则变得越来越重，防守方要在限制对手得分的同时尽量避免犯规。进攻端制造防守犯规以获得更多罚球机会成为三人制篮球比赛进攻技战术运用的一大特点。

（二）建议

1. 要把握三人制篮球比赛进攻技战术运用的规律，合理利用三人制篮球规则，科学组织训练和比赛，探索属于自己的三人制篮球风格。

2. 本研究只是针对大学生三人制篮球比赛，从三人制篮球不同于五人制篮球进攻技战术特点的角度进行了研究，建议对FIBA组织的具有代表性的大型三人制比赛进行统计分析，就世界高水平球队进攻技战术运用特点进行深层次的剖析。

第 四 章

三人制篮球比赛中防守技战术的运用

　　三人制篮球起源于美国的街头篮球，在世界范围内拥有广泛的群众基础，但近几年来，FIBA敏锐觉察到三人制篮球的群众基础和优势，通过一系列赛事（3×3世界巡回赛，世界赛U18、U19，世界杯）及FISU举办的世界大学生三人制篮球联赛，通过不同层次的组织来培养三人制篮球职业运动员以此来推广这项赛事，从而满足大众的观赏欲、消费欲。经过不懈努力，三制人篮球正式成为2020年奥运会比赛项目。人们更加地关注三人制篮球运动，世界各地都在快速推广发展三人制篮球赛事，对三人制篮球运动理论的研究也应运而生。三人制篮球与五人制篮球同属于篮球运动项目，二者基本技战术存在着必然联系，但是三人制篮球运动又有自身的特点。本研究通过对第二届世界大学生男篮3×3联赛各国参赛队伍防守技战术的运用情况进行数据统计，分析防守技战术的运用方式、运用效果，研究三人制篮球防守技战术的特点和规律，为三人制篮球教学训练提供参考，丰富篮球技战术理论体系。

一、主要研究方法

（一）问卷调查法

为保证录像数据统计能准确反映第二届世界大学生男篮3×3联赛防守技战术特点，对录像资料进行预统计，根据研究内容按照问卷设计的基本要求，在阅读大量文献和专家访谈的基础上设计出专家调查问卷。

以问卷、电子邮件的方式向10位篮球专家进行调查，用于统计指标体系的确定。共发放三轮问卷：前期通过专家访谈和观看比赛录像，设计整理统计指标体系作为第一轮问卷发放给专家；根据专家反馈的意见归纳整理，修改后作为第二轮问卷；根据专家第二轮问卷的反馈，进一步筛选调整相关指标，并作为第三轮问卷下发，最后对第三轮问卷结果进行整理，确定三人制篮球防守技战术的统计指标体系。

（二）录像观察法

对第二届世界大学生男篮3×3联赛32场录像视频进行仔细观看，从小组赛、淘汰赛、半决赛和决赛分别去观察、统计、分析与本研究相关的统计指标数据。

表4-1　第二届世界大学生男篮3×3联赛参赛队伍

	比赛队伍	比分
A组	波尔多大学 vs 兴吴科技大学	21：8
	澳门大学 vs 马凯雷雷大学	21：7
	澳门大学 vs 兴吴科技大学	21：13
	波尔多大学 vs 澳门大学	19：13

续表

	比赛队伍	比分
A组	马凯雷雷大学 vs 兴吴科技大学	16：15
	波尔多大学 vs 马凯雷雷大学	21：3
B组	克拉古耶瓦茨大学 vs 印第安纳大学	21：14
	帕亚莫努尔大学 vs 约翰内斯堡大学	16：9
	帕亚莫努尔大学 vs 印第安纳大学	21：12
	帕亚莫努尔大学 vs 克拉古耶瓦茨大学	16：15
	印第安纳大学 vs 约翰内斯堡大学	16：11
	克拉古耶瓦茨大学 vs 约翰内斯堡大学	21：10
C组	苏黎世联邦理工大学 vs 斯普利特大学	20：19
	奥克兰理工大学 vs 悉尼大学	15：13
	斯普利特大学 vs 奥克兰理工大学	18：14
	苏黎世联邦理工大学 vs 奥克兰理工大学	21：15
	苏黎世联邦理工大学 vs 悉尼大学	21：12
	斯普利特大学 vs 悉尼大学	22：11
D组	麦吉尔大学 vs 拉马坦萨国立大学	16：11
	华侨大学 vs 清华大学	21：7
	麦吉尔大学 vs 华侨大学	13：7
	拉马坦萨国立大学 vs 华侨大学	22：20
	麦吉尔大学 vs 清华大学	15：3
	清华大学 vs 拉马坦萨国立大学	17：15

续表

	比赛队伍	比分
	比赛队伍	比分
1/4淘汰赛	波尔多大学 vs 拉马坦萨国立大学	21：14
	克拉古耶瓦茨大学 vs 苏黎世联邦理工大学	18：12
	斯普利特大学 vs 帕亚莫努尔大学	21：11
	麦吉尔大学 vs 澳门大学	20：18
半决赛	波尔多大学 vs 克拉古耶瓦茨大学	13：11
	麦吉尔大学 vs 斯普利特大学	15：11
季军争夺赛	克拉古耶瓦茨大学 vs 斯普利特大学	21：13
冠军争夺赛	麦吉尔大学 vs 波尔多大学	17：9

（三）数理统计法

把录像观察获取的数据，通过Excel软件生成相关表格、图表，把数据定量，然后进行整理、分析，并用概率知识做出合理的估计、推断、预测，其目的是认识被研究对象的概率特征。

（四）个案分析法

在研究部分技战术时，以四强队伍的数据分析代替总体概况，便于从部分研究总体，以分析三人制篮球比赛防守技战术的特点，使研究结果更为可靠。

二、研究结果与讨论

（一）相关指标的界定

本研究将防守划分为三个阶段，每个阶段的界定如下：

第一阶段：进攻方控球开始到准备投篮阶段；

第二阶段：进攻方投篮阶段；

第三阶段：进攻方投篮结束后，双方争夺篮板球阶段。

将三人制篮球场地划分为3个区域，如图4-1所示。1区 —— 限制区区域，2区 —— 限制区以外至圆弧线以内区域，3区 —— 圆弧线以外的区域。

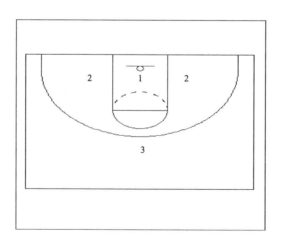

图 4-1　三人制篮球场地区域划分

防守对抗状态指防守球员与进攻球员之间距离的远近及对进攻球员采取的干扰行动，例如投篮时的封盖、突破时的移动等状态。本研究将防守状态分为强干扰防守、次强干扰防守、弱干扰防守、无干扰防守，具体界定如下：

1.强干扰防守：进攻球员运用各种技术时，防守者在进攻者半臂距离之内主动做出贴、抢、顶、堵、封、盖等攻击性防守动作。

2.次强干扰防守：进攻球员运用各种技术时，防守者在进攻者半臂距离以外一臂距离以内占据防守位置，只对投篮做出干扰。

3.弱干扰防守：进攻球员运用各种技术时，防守者在进攻者一臂距离以外，对投篮干扰很小。

4.无干扰防守：进攻球员运用各种技术时，防守者在进攻者一臂距离以外或甚至更远，无任何干扰。

（二）三人制篮球比赛规则对防守技战术的影响

三人制篮球比赛规则提倡合理的技术运用，允许正当的身体接触，确保和促进篮球技战术的全面发展。

1.空间因素与时间因素对三人制篮球比赛防守技战术的影响

表 4-2　三人制篮球与五人制篮球时空特征的比较

	五人制篮球	三人制篮球
场地面积	28m×15m	15m×11m
比赛区域	全场	半场
人均攻守面积	42m²（全场）/21m²（半场）	27.5m²
比赛净时	40分钟	10分钟
攻防时间（单次）	24秒	12秒

通过表4-2对三人制篮球和五人制篮球在时间、空间方面进行的比较可知，三人制篮球相当于五人制篮球场地的半场，但人均场地面积大于五

人制篮球，比赛时间短，单次攻防时间仅为12秒。单从规则异同可以看出：三人制篮球以阵地进攻为主，没有快攻，人均场地面积大会加大防守难度和技战术的要求，竞赛时间和攻防时间短将会使比赛角逐更加激烈。

2. 人员限制与得分限制对三人制篮球比赛防守技战术的影响

表4-3　三人制篮球与五人制篮球人员 / 得分限制的比较

	五人制篮球	三人制篮球
参赛球员	5人	3人
替补球员	7人	1人
三分线以外得分	3分	2分
三分线以内得分	2分	1分
罚篮得分（单次）	1分	1分
上线得分（决胜期除外）	无	21分

通过表4-3对三人制篮球和五人制篮球在人员和得分方面的比较可知：三人制篮球参赛球员、替补球员都要少于五人制篮球，从而造成三人制篮球技战术的选择必定相对简单、高效；除了区域分值的界定，三人制篮球还有得分上线的规定（21分），这些因素将会对三人制篮球球员在比赛节奏、局势判断方面提出更高的要求。

3. 犯规与暂停／替换对三人制篮球比赛防守技战术的影响

表 4-4　三人制篮球与五人制篮球犯规与暂停／替换的特征比较

	五人制篮球	三人制篮球
三分线以外犯规罚球（投篮）	3次	2次
三分线以内犯规罚球（投篮）	2次	1次
犯规离场	5次	无离场
犯规全队处罚	4次	6次
犯规全队处罚罚篮次数	2次	2次（7至9次之间犯规）＋球权（10次以上犯规）
换人次数	无限制	无限制
暂停次数	5次（除决胜期）	1次（整场）
教练人数	1人（主）	无

　　通过表4-4对三人制篮球和五人制篮球在比赛停顿方面进行比较可知：除去犯规停顿因素外，三人制篮球停顿次数相对少，一方面是为了保证比赛的流畅性，另一方面是为了在相对短时间内保障比赛的强度，以体现三人制篮球竞技性，以及日后推广和普及。

　　综上所述，三人制篮球比赛规则一定程度上有利于进攻，而对防守技术和战术提出了相对高的要求，人员的限制、人均场地相对大、比赛停顿相对少、罚球分值效率相对高、施加防守压力相对小等因素，对防守技术的要求会注重防守人员的效率及技术的全面性，而全队防守战术、基础配合需要灵活、简单和高效。

（三）三人制篮球比赛防守技术运用的特点

防守技术指篮球比赛中进攻球员从无球状态到有球状态，或从有球状态到无球状态直至对手进攻结束的全过程中，防守球员合理运用的具有防御和攻击效果的动作及组合的统称。个人防守技术是防守战术的基础，个人防守技术的强弱直接影响到全队的防守效果。

本研究从对持球球员和无球球员的防守两个方面，对第二届世界大学生男篮3×3联赛防守技术特点进行分析。

表 4-5　第二届世界大学生男篮 3×3 联赛常规防守数据统计表

参赛大学	抢断球	场均抢断球	盖帽	场均盖帽	防守篮板球	场均防守篮板球
麦吉尔	20	3.20	10	1.70	79	13.20
波尔多	13	2.20	8	1.30	55	9.20
克拉古耶瓦茨	16	2.70	4	0.70	74	12.30
斯普利特	14	2.30	7	1.20	54	9.00
澳门	13	3.30	7	1.80	26	6.50
帕亚莫努尔	11	2.75	1	0.25	43	10.75
苏黎世联邦理工	9	2.25	9	2.25	37	9.25
拉马坦萨国立	14	3.50	7	1.75	33	8.25
清华	7	2.33	3	1.00	35	11.66
华侨	6	2.00	8	2.66	40	13.33
悉尼	16	5.33	2	0.66	33	8.25
奥兰克理工	9	3.00	2	0.66	32	10.66

续表

参赛大学	抢断球	场均抢断球	盖帽	场均盖帽	防守篮板球	场均防守篮板球
约翰内斯堡	7	2.33	3	1.00	25	8.33
印第安纳	2	0.66	2	0.66	23	7.66
马凯雷雷	6	2.00	0	0	22	7.33
兴吴科技	4	1.33	1	0.33	27	9.00

表4-5是2016年第二届世界大学生男篮3×3联赛防守的常规数据，其中麦吉尔大学以场均抢断球3.2个、盖帽1.7个、防守篮板球13.2个六战全胜的成绩夺得本届男篮冠军。在篮球界盛行一句话"赢球靠防守"，也说明三人制篮球与五人制篮球一样非常重视防守，通过防守带动进攻。

表 4-6　第一届世界大学生男篮 3×3 联赛四强常规防守数据统计表

参赛大学	抢断球	场均抢断球	盖帽	场均盖帽	防守篮板球	场均防守篮板球
波尔多	18	3.0	9	1.5	75	12.5
魁北克	15	2.5	7	1.2	51	8.5
北京	11	1.7	5	0.8	71	11.8
诺森比亚	8	1.3	4	0.7	50	6.3

第二届和第一届世界大学生男篮3×3联赛四强常规防守数据如表4-5、表4-6所示。第二届场均抢断球2.6个、场均盖帽1.2个、场均防守篮板球10.9个，第一届场均抢断球、场均盖帽、场均防守篮板球分别是2.1个、1.1个、9.8个，通过比较不难发现，第二届的各项指标要略高于

第一届。通过观察比赛录像看出，第二届防守较第一届防守更具有攻击性，比赛中一对一攻防形式较多，防守球员能主动做出贴、逼、掏等攻击性动作，个人防守效果显著，进攻球员需借助同伴的帮助才能获得较好的进攻机会。

1. 第一阶段防守

进攻方从控球开始到准备投篮为防守的第一阶段。第一阶段防守的主要任务是：通过合理的防守技术对持球者施加压力，延误他向篮下推进，干扰他的传球线路等；对无球球员的防守要保持适当的距离，始终处于观察的范围内，防止他们切入、反跑等。

（1）对有球球员的防守

第一阶段防守有球球员主要是防守运球和突破。

①防运球

三人制篮球规则对于开球方式的限定，使得在防守持球球员运球时会根据不同情况采用不同的防守策略和强度。不论是三人制篮球还是五人制篮球比赛，其防运球的目的都是通过降低运球速度改变运球方向，尽量不让持球者向篮运球。

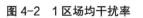

图4-2　1区场均干扰率　　图4-3　2区场均干扰率　　图4-4　3区场均干扰率

通过图4-2、图4-3、图4-4可知，1区强干扰率、次强干扰率、弱干扰率、无干扰率分别为76%、12%、5%、7%；2区强干扰率、次强干扰率、弱干扰率、无干扰率分别为58%、34%、5%、3%；3区强干扰率、次强干扰率、弱干扰率、无干扰率分别为29%、53%、12%、6%。说明防运球强度以强干扰和次强干扰防守为主，弱干扰和无干扰发生在运球突破到篮下无人补防时或者在圆弧线外较远处。

1区为篮下区域，是对抗最为激烈的区域，运球强干扰率为76%；离篮越近，威胁性越大，同时受开球方式的影响较大（投篮或最后一次罚球命中后，要从篮筐正下方运球至圆弧线外任意位置控球方可处理球；如果未中，进攻方抢到篮板球后可继续进攻，防守方抢到篮板球后需经运球或传球到圆弧线外方可转化为进攻），攻守转换运球出圆弧线的过程中，防守球员会紧贴防守人去尽力抢断球，造成1区强干扰率和次强干扰率占比最大。

2区理论上运球中距离投篮、突破较多，但通过录像观察发现，中距离投篮较少，多为圆弧线内一步距离内运球寻求传球、突破的机会。中距离运球准备投篮时防守人都能及时到位并进行干扰，以强干扰和次强干扰为主，重点防守此区域的运球突破。

3区是圆弧线以外的区域，规则规定任何死球状态下进攻球员需在弧顶与防守球员传递一次球方可开球。开球的一瞬间，防守方要么上前紧逼防守，要么保持半臂的防守距离，或强干扰防守、次强干扰防守运球，给进攻方防守压力，打乱进攻节奏，赢得先机；如果进攻球员突破能力特别强，保持适当的距离会有效遏制突破。3区也是进攻球员通过远离圆弧线调整进攻策略，寻找进攻时机的重要区域。防守球员多数位于半臂或一臂之间的距离，以免被突破撕破防线。

综上，三人制篮球比赛在防守运球方面以强干扰和次强干扰为主，强干扰防守主要集中在篮下区域。外围运球根据不同情况会采取强干扰防守或次强干扰防守。

②防传球

防守传球的重点是不让对手轻易地将球传向篮下有攻击性威胁的内线区域。传球是篮球比赛中联系进攻的纽带，防守传球的重要性不言而喻。

表 4-7　单次进攻传球统计表

单次进攻传球次数（次）	0	1	2	3	4	5
场均（次）	8.2	12.0	24.0	16.4	3.4	0.8
比率（%）	12.7	18.5	37.0	25.3	5.3	1.2

如表4-7所示，单次进攻传球次数在5次以内完成进攻，0次、1次、2次、3次分别占到12.7%、18.5%、37.0%、25.3%，以2次和3次传球完成进攻为主。在比赛中圆弧外开球后直接突破或投篮占12.7%，因三人制篮球比赛人均场地面积大，单次进攻时间少，常常不通过传球直接完成进攻。单次进攻传球次数相比五人制篮球比赛要少，主要通过突破、突分、传切基础配合完成进攻。

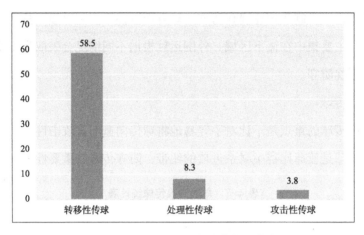

图 4-5　不同目的场均传球次数统计

转移性传球指带有一定战术目的的转移或过渡传球，为创造进攻时机做准备。处理性传球指不具有一定的战术目的，当球员处于紧逼、夹击等被动情况下如勉强传球给队友。攻击性传球指带有极强的目的性和攻击性的传球，使球员在限制区内接球直接完成进攻。由图4-5可知，转移性传球、处理性传球、攻击性传球场均分别为58.5次、8.3次、3.8次，最多的是转移性传球，处理性传球和攻击性传球次之。球员防守意识相对差，导致攻击性传球成功率较高，如在半决赛波尔多大学vs克拉古耶瓦茨大学对阵中，波尔多大学外线球员传给内线球员的切入和外线球员反跑成功在篮下接球4次，2次成功直接上篮得分。

表 4-8　不同方向转移性传球统计表

转移性传球方向	外传外	外传内	内传外	内传内
场均（次）	26.3	18.2	8.6	5.4
比率（%）	45.0	31.1	14.7	9.2

由表4-8可知，在转移性传球中，外传外的比率最高，为45.0%，外传外的传球主要是为了过渡，通过传球寻找时机外线投篮；外传内的比率为31.1%，主要通过外围的倒球传球给内线压缩防线；内传外比率为14.7%，内线球员持球后由于防线的压缩或遇到包夹，则传球给外线创造时机；内传内的比率最低，为9.2%。防守球员在防守传球时，采用随传球方向移动，预判、封堵其传球路线。外传内的传球是防守重点，因它最具威胁性并能创造好进攻的机会。防守球员积极干扰传球者，使他在防守压力下传不出高质量的球；绕前、挤抗不让内线球员接球，即使接到球也使他调整才能进攻。参赛队伍中不少配备有高大内线球员，如华侨大学80%的得分是由内线球员进攻获得，所以内线防守至关重要。

综上，三人制篮球比赛以2至3次传球为主，转移性传球居多，传球方式以外传外为主，防守球员按照"球动人动"的原则防守传球。

（2）对无球球员的防守

防守无球球员指进攻球员处于无球状态时，防守球员灵活地利用多种移动动作和手部的有效组合，最大限度地防止和破坏对手行动。篮球比赛中绝大部分时间是无球球员之间的攻守对抗，防守无球球员的重点是防他们摆脱接球，特别是在篮下或其他有攻击性的区域。防无球球员时要做到人球兼顾，并根据人、球、区、篮的位置不断调整防守位置。本研究从内外线无球球员的切入、接球、牵制和抢位等方面，分析三人制篮球比赛中防守无球球员的特点。

①防牵制和抢位

保持合理的防守位置是防守无球球员的关键。防守时应根据对手与持球人、篮筐的距离，对手进攻特点等来选择合理的防守位置和距离。在五人制篮球比赛中有强弱侧之分，无球进攻球员距球一个传球距离时，防守球员采用紧逼防守，两个传球距离时则收缩错位防守。

如图4-6至图4-11所示，五人制篮球比赛进攻配合一般在2至3人之间进行，其余进攻球员牵制防守人给队友创造空间，防守球员会选择性地放弃自己防守的球员去协助同伴防守。而三人制篮球比赛只有3名进攻球员，防守一般不会放弃自己所防守的球员，因为攻防球员较少，场地空间大，进攻球员视野限制小，一旦去协助防守，就会留出空位时机，增加了进攻方的得分机会。通过录像分析，在小组赛华侨大学vs麦吉尔大学、苏黎世联邦理工大学vs奥克兰理工大学，半决赛麦吉尔大学vs斯普利特大学中出现如图4-11所示的站位即底角持球进攻。此时，防守球员会果断放弃其对底角的防守球员，选择向篮下收缩准备争抢篮板球。

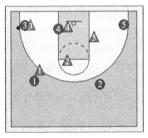
图4-6　3号位持球

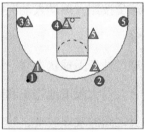
图4-7　1号位持球

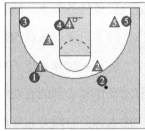
图4-8　2号位持球

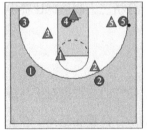
图4-9　5号位持球

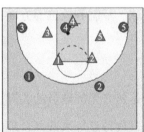
图4-10　4号位持球

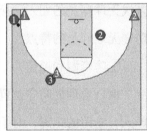
图4-11　1号或2号位持球

通过录像观察分析，三人制篮球比赛在防守内外线球员抢位时，通常采用绕前和半绕前的防守策略去限制内线球员的抢位，在抢位接球的过程中防守球员采用贴身紧逼防守，进攻球员接到球后，防守通过身体接触调整自己的防守位置。在防守内外线球员牵制时，始终将所防守的球员保持在自己的视线范围内，随时根据无球球员的移动调整防守位置。防守策略是：持球人紧逼防守，无球球员始终保持在防守视野范围内。

综上，由于三人制篮球比赛强弱侧区分不明显，在防守进攻球员牵制时，始终将进攻球员处于防守视野之内，放弃防守选择协防比较慎重；防守进攻球员抢位时都是采用绕前或半绕前防守。

②防切入

无球球员的跑动切入是比赛中常见的进攻方式，主要分为纵切和横切。无球球员的切入方向因场上的位置而有所不同。在五人制篮球比赛中，纵切发生的情况大致如下：一是后卫利用前锋的外线牵制，以及中锋或前锋的掩护从外线切入外线；二是前锋利用后卫或中锋在内外线的牵制从半高位纵切入篮下；三是中锋利用高位挡拆后切入篮下。而横切的发生情况大致如下：一是后卫或前锋在底线来回横切寻找进攻时机；二是后卫或前锋从半高位横切罚球线附近寻找接球中投的机会。

表 4-9　四强队伍无球球员场均切入情况

切入方式		波尔多大学	克拉古耶瓦茨大学	斯普利特大学	麦吉尔大学
空切	纵切	4	3	5	5
	横切	1	2	1	2
一传一切	纵切	2	1	1	2
	横切	0	1	0	1

由表4-9可知，一传一切的切入方式非常少，大多数的切入为空切；其切入方向从外到内的纵切较多，横切较少。纵切的情况与五人制篮球比赛大致相同，五人制篮球比赛中底线的穿插、切入较多，而三人制篮球比赛中底线穿插切入的情况少，主要原因是12秒的进攻时间导致战术简单。在防守切入时，防守球员都是跟、追防进攻球员，缺乏堵截切入路线的意识。

③防接球

篮球比赛中进攻威胁最大的区域无疑是限制区。本研究从限制区内线无球球员的接球来分析三人制篮球比赛防接球的特点。

由表4-10可知，四强队伍中在限制区内内线球员接球分别为13.5次、10.3次、11.3次、8.3次，外线球员为5.0次、3.5次、3.0次、4.5次；其中无球内线球员接球直接进攻比率分别为59.3%、63.1%、55.8%、54.2%，外线球员为30.0%、14.3%、10.0%、22.2%。限制区无球球员接球最多和接球后直接进攻比率高的是内线球员，而外线球员无论接球数还是接球后直接进攻的比率都远远低于内线球员。观察录像发现，当防守球员意识到无球球员准备接球时，防守球员通常采用攻击性的防守，如挤、抗、绕前、侧绕前阻止接球；不论内线球员还是外线球员在限制区接到球后，防守球员会有意识地收缩协防或夹击接球球员。综上，在防无球球员限制区接球时，三人制篮球比赛与五人制篮球比赛没有区别，采用压缩防线、协防或夹击限制接球人。

表 4-10 四强队伍不同位置无球球员限制区内接球场均次数

参赛大学	内线球员			外线球员		
	接球	直接进攻	比率（%）	接球	直接进攻	比率
麦吉尔大学	13.5	8.0	59.3	5.0	1.5	30.0%
波尔多大学	10.3	6.5	63.1	3.5	0.5	14.3%
克拉古耶瓦茨大学	11.3	6.3	55.8	3.0	0.3	10.0%
斯普利特大学	8.3	4.5	54.2	4.5	1.0	22.2%

（3）防守效果

通过对手失误、抢断球、造成对手进攻犯规、防守犯规四项防守效果指标对第一阶段防守效果进行分析。通过对运球、传球及无球球员的防守，达到延误对手进攻时间，干扰对手传接球，造成进攻方的主动失误和被动失误，进而达到争夺球权的目的。

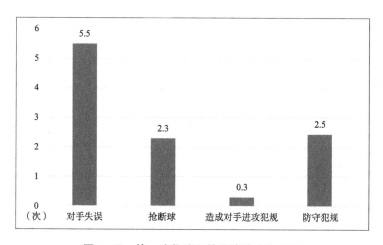

图 4-12 第一阶段防守效果统计（次/场）

如图4-12所示，对手失误、抢断球、造成对手进攻犯规、防守犯规场均分别为5.5次、2.3次、0.3次、2.5次，由此可见，强干扰和次强干扰防守效果明显。防守球员能抓住时机做出逼、抢等攻击性的防守运球动作，给进攻方带来很大的困扰。但需要注意的是，在采取高强度防守时，防守球员要防止动作过大造成犯规，因为罚球的效率值高，避免得不偿失。

2. 第二阶段防守

第二阶段是进攻方投篮阶段，这个阶段防守的主要任务是通过移动、干扰、封盖等技术降低对方的投篮次数和命中率。

（1）四强球队的投篮出手位置

三人制篮球比赛得分由两分球、一分球构成。获胜方式有两种：其一，以时间为界限，每队在10分钟比赛中，得分多的一方获胜；其二，以分值为界限，每队在10分钟比赛中先获得21分方为获胜方。竞赛特点使得竞赛队伍战术安排以在固定的比赛时间内尽可能多地得分。本研究将罚球出手位置除外来分析四强队伍小组赛、淘汰赛、决赛的出手位置，以此研究三人制篮球比赛防守投篮的特征。

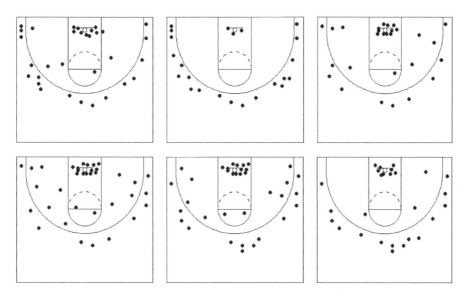

图 4-13 麦吉尔大学六场比赛投篮出手位置

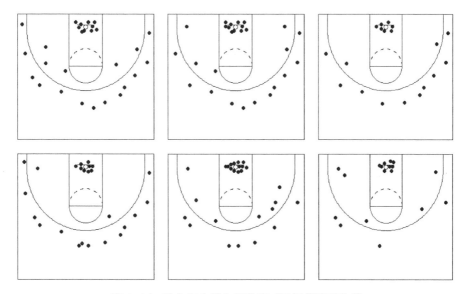

图 4-14 波尔多大学六场比赛对手投篮出手位置

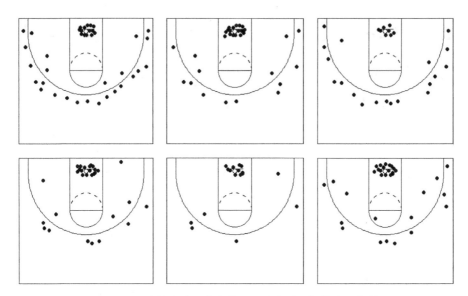

图 4-15 克拉古耶瓦茨大学六场比赛对手投篮出手位置

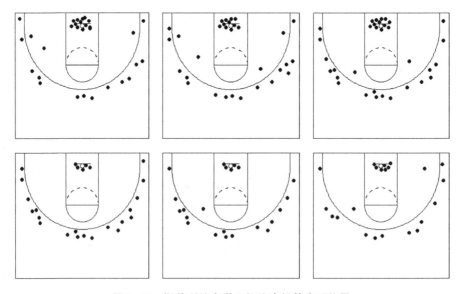

图 4-16 斯普利特大学六场比赛投篮出手位置

　　图4-13至图4-16是对四强队伍投篮出手位置的统计，不难发现篮下区域和圆弧线外出手次数最多，中距离的出手很少。篮下区域的出手都是突破后到篮下的投篮，比赛时间、比赛获胜方式使得突破上篮和圆弧外投篮成为三人制篮球比赛得分构成的主要部分。综上，投篮方式以外线投篮和运球突破上篮为主，中距离投篮较少。

　　（2）防守投篮区域

　　减少对手投篮出手次数、降低对手出手命中率是防守投篮最重要的两个方面。第一阶段的防守通过防守对手的运球、传球，无球球员的移动、接球是为了减少投篮出手的次数，第二阶段的防守主要通过对抗干扰让对手在出手时感受压力，从而降低对手的命中率。本研究从防守投篮有无封盖、对抗状态来研究三人制篮球比赛防守投篮的区域特征。

表 4-11　不同区域场均投篮封盖率

	1区	2区	3区	总和
出手次数	10.2	6.0	14.2	30.4
封盖次数	8.4	4.3	5.8	18.5
封盖率	82.4%	71.7%	40.8%	60.9%

　　通过表4-11可知，在防守投篮时，防守球员的封盖意识较强，场均30.4次出手，封盖率达到60.9%。鉴于图4-13至图4-16对出手位置的分析，3区位于圆弧线外，进攻球员空间大，可选择的进攻方式多，防守球员在选择防守距离时顾虑多，造成3区的封盖率仅为40.8%；2区虽然出手次数少，但封盖率为71.7%，说明防守球员对于中距离投篮都会做出不同程度的干扰；1区封盖率高达82.4%，越靠近篮筐命中率越高，防守球

员对于突破到篮下投篮球员会进行积极的干扰，以免轻松得分。

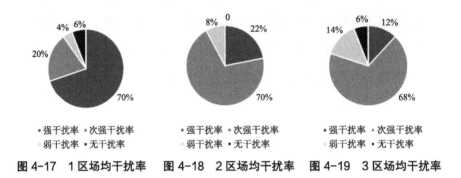

图 4-17　1 区场均干扰率　　图 4-18　2 区场均干扰率　　图 4-19　3 区场均干扰率

图 4-17 至图 4-19 是防守 1 至 3 区投篮的干扰情况。1 区强干扰防守率和次强干扰防守率高达 90%，以强干扰防守为主，在篮下区域防守球员积极封盖、对抗去干扰对手的出手，但也会出现进攻球员顺下、反跑等到篮下造成篮下空位机会，弱干扰率和无干扰率为 10%；2 区出手次数少，多为急停跳投，以次强干扰为主，占 70%；3 区投篮次数最多，防守的干扰以次强干扰为主，但空位出手时机较多，无干扰防守和弱干扰防守占 20%，空位发生情况多为进攻球员突破篮下后，由于防线的收缩外围接球后容易空位出手，这是造成无干扰率和弱干扰率较高的主要原因。

（3）第二阶段防守效果

第一阶段通过防守达到延误进攻，第二阶段通过防守投篮来影响对手的命中率。通过出手位置、投篮时的封盖情况、区域防守投篮干扰程度来分析第二阶段防守效果。

表 4-12　第二阶段防守效果

	两分球命中率	一分球命中率	盖帽（个）	防守对手投篮犯规次数
场均	29.2%	48.8%	1.1	2.3

三人制篮球比赛在防守投篮时以次强干扰和强干扰为主。通过表4-12可知，两分球命中率为29.2%，一分球命中率为48.8%，盖帽1.1个，防守对手投篮犯规2.3次，由此可见，总体防投篮效果一般，特别是对于一分球投篮的防守效果较差。通过对录像进行分析，造成一分球命中率较高的原因是进攻球员突破防守后处于有利位置，补防不及时直接得分的机会较大，补防后易防守犯规并使对手获得罚球，且罚球命中率较高。两分球命中率较低的原因：一方面是对投篮的干扰，另一方面是大学生球员急停投篮基本功相对差。三人制篮球防守投篮时以防守外线投篮及突破上篮为主，需进一步提高防守球员的协防和补防的意识，以及对防守时机的把握。综上，防投篮时，突破上篮以强干扰防守为主，但防守球员干扰稍晚，多为出手后的干扰；外线投篮多采取次强干扰防守强度，防守球员投篮时会主动上前干扰。

3. 第三阶段防守

第三阶段是双方争夺篮板球。该阶段的主要防守任务是通过积极的争抢防守篮板球获得球权，实现攻守转化。

（1）争夺防守篮板球

争抢篮板球是攻防转化的关键环节，尤其是抢好防守篮板球来获得球权，为本队发起进攻创造有利条件。如果防守篮板球占优势，那么在给进攻方压力的同时能增强防守球员的信心，以防守带动进攻。

表 4-13   防守篮板球争夺方式

	场均抢得次数	占比
高度优势获得	3.8	21.6%
点拨	1.5	8.5%
自由落点	7.5	42.6%
卡位	4.8	27.3%
总数	17.6	

由表4-13可知，三人制篮球防守篮板球以自由落点和卡位获得为主，场均分别为7.5次和4.8次，占比42.6%和27.3%。主要原因：一方面，参赛人员少、人均场地面积大、远距离投篮多，球很容易自由落到防守球员手中；另一方面，进攻球员出手后，三名球员收缩篮下球容易弹到防守球员手中，同时，在争夺防守篮板球时，防守球员积极背身卡位以保证篮板球的获得。高度优势获得和点拨获得防守篮板球相对少，场均分别为3.8次和1.5次，占比21.7%和8.6%。由此可见，在争夺篮板球时球员需具备积极卡位的意识。

表 4-14   争抢防守篮板球人数统计

争抢防守篮板球参与人数	场均获得次数	占比
1	8.2	46.9%
2	6.4	36.6%
3	2.9	16.5%

由表4-14可知，争抢防守篮板球参与人数为1人时，抢得率最高，为46.9%，其次是2人和3人时，分别为36.6%和16.5%。通过录像观察发现，圆弧线外出手次数最多，防守篮板球获得方式中自由落点获得率最高，因而造成1人获得篮板球最多。1区投篮以突破到篮下为主，在争夺篮板球时内线球员和被突破的防守球员协同争夺篮板球；3人参与争夺篮板球情况多发生在罚球不中时。

（2）第三阶段防守效果

除自由落点获得防守篮板球以外，其他方式获得防守篮板球效果依次为卡位、高度优势获得、点拨。由图4-20可知，场均防守篮板球获得个数、丢失个数、犯规次数和造成对手犯规次数分别为17.5个、8.4个、0.4次和0.1次，争抢篮板球的效果一般。原因是大学生球员经验不足，卡位不及时，起跳和点拨时机不恰当，需加强背身卡位连续起跳的能力。

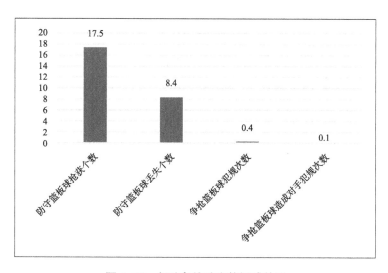

图4-20 场均争抢防守篮板球效果

综上，在三人制篮球比赛中抢获防守篮板球的方式以自由落点为主，其次是卡位；参与争抢防守篮板球人数以1人和2人为主，3人参与多在罚球时出现。从防守篮板球争夺效果来看，大学生球员比赛经验不足，背身挡人意识不强。

（四）三人制篮球比赛防守战术运用的特点

田麦久编著的《运动训练学》一书，对不同竞赛项目战术的重要程度进行等级判别，充分证明了篮球战术在篮球竞赛中的重要性。在此，先分析三人制篮球比赛攻防转换、人员配备的特点，因为影响比赛时防守战术的安排和选择。

1. 阵容配备

当今篮球运动位置技术相互融合、渗透并趋向于模糊化，三人制篮球的位置如果沿用五人制篮球的划分方法（分为中锋、前锋，后卫），显然不符合三人制篮球的比赛特点。三人制篮球只有阵地进攻，圆弧线外出手次数多，因此本研究将三人制篮球的位置划分为内线球员和外线球员。

由表4-15可知，在第二届世界大学生男篮3×3联赛四强人员配备中，外线球员多于内线球员，场上阵容以"两外一内"为主，其次是"三外"，"两内一外"最少；换人次数平均2次。外线球员和内线球员身高差距不大，外线球员也具备篮下进攻的能力，比赛中常出现外线球员在内线卡位要球背打。内线球员不仅具备篮下进攻能力，而且也具有远投、突破能力。为提高比赛节奏、追赶比分，比赛阵容常常安排3名外线球员。三人制篮球位置技术模糊化胜于五人制篮球，得分方式主要是以外线投篮和突破上篮为主，单次攻防转换时间快，整场比赛时间短，导致内外线球员技术高度融合，这是换人、阵容变化少的主要原因。

表 4-15 第二届世界大学男篮 3×3 联赛四强阵容配备

参赛大学	人员配备		场上阵容（次/场）			换人（次/场）
	内线	外线	两内一外	两外一内	三外	
波尔多大学	1	3	0	2	1	2
克拉古耶瓦茨大学	2	2	1	2	0	3
斯普利特大学	1	3	0	1	0	1
麦吉尔大学	1	3	0	1	2	2

综上，三人制篮球比赛在人员配备上以"两外线一内线"为主，其内外线的技术高度融合。场上阵容有时出现"两外线一内线""两内线一外线""三外线"的多种变化情况，但阵容变化频率低，甚至整场比赛无变化。

2. 攻防转换

攻守转换是篮球比赛中双方对控制球权得与失之间的转换，攻守转换的进攻 — 攻守转换 — 防守或防守 — 守攻转换 — 进攻，这三方面对立统一、密不可分。攻守转换的次数反映比赛的节奏。

表 4-16 第二届世界大学生男篮 3×3 联赛攻防转换次数

	攻防转换总次数	每分钟攻防转换次数	单次攻防转化时间（秒）
场均	59.2	5.9	10.1

由表4-16可知，在第二届世界大学生男篮3×3比赛中，场均攻防转换次数为59.2次，每分钟攻防转换次数为5.9次，单次攻防转化时间为10.1秒。《第29届奥运会中国男篮攻守转化研究》一文表明：五人制篮球比赛平均每分钟进行4次攻守转换，每20秒左右发生一次攻守转换，可见

三人制篮球比赛节奏要快于五人制篮球。由于三人制篮球比赛攻防转换节奏快，因此在战术策略和战术运用上更趋简单、灵活、高效。

表4-17   第二届世界大学生男篮3×3联赛攻防转换方式

	投中篮后的攻守转换次数	传球失误或抢断成功后的攻守转换次数	抢获篮板球的攻守转换	发生违例和犯规失去球权的攻守转换次数
场均	12.8	4.3	36.7	5.4

了解攻防转化方式有利于培养球员攻防转换的意识。通过表4-17可知，在4种攻防转换方式中，抢获篮板球的攻守转换次数最多，场均36.7次；其次是投中篮后的攻守转换，场均12.8次。因此，抢获篮板球或投中篮后球员要迅速进入转换状态，以免让对手抓住反击机会。综上，三人制篮球攻防转换快，单次攻防转换时间10秒左右，以抢获篮板球和投中篮后的攻防转换方式为主。

3.防守战术基础配合的运用情况

（1）四强队伍进攻战术基础配合运用的总体情况

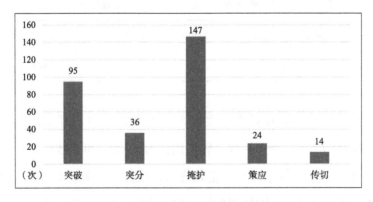

图4-21   进攻战术基础配合总体运用情况

由图4-21可知，四强队伍进攻战术基础配合运用最多的是掩护配合和突破分球配合，防守掩护和突破分球是防守的重点。掩护配合一般运用在进攻的发起阶段，高质量的掩护会为同伴创造良好的进攻机会；突破是一种攻击性极强的进攻方式。所以，防守掩护和突破的质量对防守效果起着关键性的作用。

（2）四强队伍防守战术基础配合运用的总体情况

防守战术基础配合指防守球员之间为了破坏对方进攻进行配合，或当同伴防守出现困难时，及时互相协作和帮助的行动方法。防守基础配合的运用效果直接反映全队防守配合的质量。

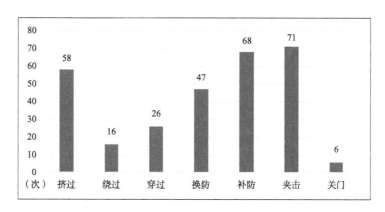

图4-22　四强队伍防守战术基础配合运用的总体情况

由图4-22可知，四强队伍在比赛中防守战术基础配合运用次数较多的是夹击配合和补防配合，分别为71次和68次。通过录像观察发现，夹击配合主要集中在篮下区域，当进攻球员突进篮下区域时，防守球员会选择夹击来增加防守强度，影响突破上篮的成功率。在破坏进攻球员掩护配合时，防守球员常常采用一个跨步挤过其掩护者，继续盯住自己的防守球员。

（3）防守掩护配合

①防守无球掩护

A. 挤过配合

a. 防守不同方向的无球掩护配合时挤过配合的运用

根据掩护无球球员掩护者的移动方向，将掩护方向分为纵向的自上而下和自下而上、横向的由内向外和由外向内。由表4-18可知，三人制篮球比赛中无球掩护多为横向的由内向外和由外向内，通过向两侧的跑动接弧顶的传球创造进攻得分机会；而纵向的无球掩护较少，原因在于弧顶位于开球位置，有球掩护发生情况较多。

表 4-18　四强队伍防守不同方向的无球掩护配合时挤过配合运用情况

	自下而上	自上而下	由内向外	由外向内
挤过	3	2	9	6
无球掩护	8	6	20	15
占比	37.5%	33.0%	45.0%	40.0%

针对四种不同方向的无球掩护，四强队伍运用挤过配合的比例：横向的由内向外占45.0%，由外向内占40.0%。挤过配合在所有掩护配合中攻击性、破坏性最强。当对手出现威胁篮筐的无球配合机会时，防守球员要尽力用挤过配合来破坏对方的掩护配合，如果无球球员摆脱接到球就会有直接威胁篮筐的机会，当这种情况出现时其他防守球员一定会去补防，防守部署则会被打乱。纵向的自上而下掩护时运用挤过配合的比例最少，为33.0%。究其原因：其一，圆弧顶端多为持球球员，受进攻时间限制，直

接进攻情况居多；其二，如果无球球员接到球后需要调整位置才有进攻机会，会使进攻的威胁性大大降低。

b.防守不同人员参与的无球掩护配合时挤过配合的运用

根据进攻球员场上位置的不同，将无球掩护分为：内线球员给内线球员掩护、内线球员给外线球员掩护、外线球员给内线球员掩护、外线球员给外线球员掩护四种。

表4-19　四强队伍防守不同人员参与的无球掩护配合时挤过配合运用情况

	内对内	内对外	外对外	外对内
挤过	1	12	5	9
无球掩护	3	17	15	14
占比	33%	71%	33%	64%

由表4-19可知，进攻球员进行无球掩护时，内对外、外对外、外对内的掩护次数几乎相同，内对内运用的次数最少。这是因为：其一，三人制篮球比赛场上人员配备以"两外线一内线"为主，两内线同时在场的情况较少；其二，内对外、外对内的掩护容易形成错位，进攻威胁性最大。当进攻方外对内、内对外掩护时，运用挤过配合的比例分别为64%和71%，错位情况下容易形成"以大打小、以快打慢"的情况，利用挤过配合能有效避免这种局面，所以防守会尽量运用挤过配合破坏对方的掩护。

c.防守无球掩护配合时运用挤过配合的效果

由表4-20可知，在防守无球掩护时运用挤过配合的次数较多但成功率低。由此可见，运用挤过配合的目的不单是直接破坏对方的掩护，而是在掩护配合发生时，对掩护球员予以身体对抗，造成防守压力，对掩护后的接球、顺下造成干扰；如果直接成功挤过，则可以有效破坏对手的配合，增加本队的防守信心。

表 4-20　四强队伍防守无球掩护配合时运用挤过配合的效果

	总数	成功	成功率（%）	失败	失败率（%）
自下而上	3	1	33.3	2	66.7
自上而下	2	0	0	2	100.0
由内向外	9	3	33.3	6	66.7
由外向内	6	1	16.7	5	83.3
内对内	1	0	0	1	100.0
内对外	12	5	41.7	7	58.2
外对外	5	1	20.0	4	80.0
外对内	9	3	33.3	6	66.7

B. 穿过配合

a. 防守不同方向的无球掩护配合时穿过配合的运用

防守球员可以利用穿过配合来破坏无球球员之间的掩护，但是运用穿过配合时由于防守的时间差，可能使进攻球员有进攻投篮的机会。三人制篮球比赛每回合的进攻时间只有12秒，进攻球员稍有空位机会就会果断出手，所以在防守无球掩护配合时穿过配合运用的次数较少。如表4-21所示，利用穿过配合次数最多的是对手纵向自下而上掩护时。原因在于，此方向的掩护是背向远离篮筐的配合，需要通过转身面向篮筐才会形成进攻威胁，这就给穿过留出了时间。

表 4-21　四强队伍防守不同方向无球掩护配合时穿过配合运用情况

	自下而上	自上而下	由内向外	由外向内
穿过	3	2	3	2
无球掩护	8	6	20	15
占比	37.5%	33.3%	15.0%	13.3%

b. 防守不同人员参与的无球掩护配合时穿过配合的运用

如表 4-22 所示，内线给内线球员无球掩护时运用穿过配合的比例最高，占 66.7%；但比赛中出现两内线阵容的情况较少。内线无球球员的跑动掩护接球后离篮筐较远，一般不会直接进攻投篮，而是通过策应为后续配合做准备，所以防守球员常常选择穿过配合。

表 4-22　四强队伍防守不同人员参与的无球掩护配合时穿过配合运用情况

	内对内	内对外	外对外	外对内
穿过	2	2	4	2
无球掩护	3	17	15	14
占比	66.7%	11.8%	26.7%	12.3%

c. 防守无球掩护配合时运用穿过配合的效果

由表 4-23 可知，防守无球掩护运用穿过配合的成功率非常高，除两次防守犯规外，成功率为 100%。可见，在防守无球掩护时运用穿过配合不会造成攻守失衡。但穿过配合施加防守压力小，威胁不大，防守球员在确认对手无直接进攻威胁时才会选择使用，属于一种过渡性的防守。

表 4-23　四强队伍防守无球掩护配合时运用穿过配合的效果

	总数	成功	成功率（%）	失败	失败率（%）
自下而上	3	3	100.0	0	0
自上而下	2	2	100.0	0	0
由内向外	3	2	66.7	1	33.3
由外向内	2	2	100.0	0	0
内对内	2	2	100.0	0	0
内对外	2	2	100.0	0	0
外对外	6	5	83.3	1	16.7
外对内	2	2	100.0	0	0

C. 绕过配合

a. 防守不同方向的无球掩护配合时绕过配合的运用

如表4-24所示，任何方向上的无球掩护运用绕过配合的次数都很少，原因在于运用绕过配合时，时间长、路线长，对手容易利用时间和空间的机会发动进攻。同穿过配合一样，绕过配合属于过渡性防守，不适用于防守进攻威胁较大的掩护配合。

表 4-24　四强队伍防守不同方向的无球掩护配合时绕过配合运用情况

	自下而上	自上而下	由内向外	有外向内
绕过	1	0	2	1
无球掩护	8	6	20	15
占比	12.5%	0	10.0%	6.7%

b. 防守不同人员参与的无球掩护配合时绕过配合的运用

由表4-25可知，内线球员对内线球员、外线球员对外线球员进行无球掩护时，利用绕过配合次数为0，可见绕过配合不适合防守同位置球员之间的掩护，原因在于同位置球员之间技战术能力差距不大，如果采用绕过配合容易给进攻球员制造接球直接进攻的机会。仅有的4次绕过配合主要集中在内线球员给外线球员做无球掩护时。内线球员给外线球员做无球掩护时，往往内线球员会在高位接球进行策应，多为中远距离，内线球员外线进攻能力相对弱，所以防守选择绕过配合来破坏掩护。

表 4-25　四强队伍防守不同人员参与的无球掩护配合时绕过配合运用情况

	内对内	内对外	外对外	外对内
绕过	0	3	0	1
无球掩护	3	17	15	14
占比	0	17.6%	0	7.1%

c. 防守无球掩护配合时运用绕过配合的效果

表 4-26　四强队伍防守无球掩护配合时运用绕过配合的效果

	总数	成功	成功率（%）	失败	失败率（%）
自下而上	1	0	0	1	100
自上而下	0	0	0	0	0
由内向外	2	0	0	2	100
由外向内	1	0	0	0	0
内对内	0	0	0	0	0

	总数	成功	成功率（%）	失败	失败率（%）
内对外	3	0	0	3	100
外对外	0	0	0	0	0
外对内	1	0	0	1	100

由表4-26可知，运用绕过配合来破坏进攻球员的无球掩护没有成功只有失败，可见在三人制篮球比赛中绕过配合不适合用以破坏掩护。绕过配合在时间和空间上会给对手留有机会，加之三人制篮球比赛攻防转换节奏快，要以强干扰和次强干扰防守对手运球，所以绕过配合不适合在三人制篮球比赛中运用。

D. 交换防守配合

a. 防守不同方向的无球掩护配合时交换防守配合的运用

表 4-27　四强队伍防守不同方向的无球掩护配合时交换防守配合运用情况

	自下而上	自上而下	由内向外	由外向内
交换防守	1	2	6	6
无球掩护	8	6	20	15
占比	12.5%	33.3%	30.0%	40.0%

由表4-27可知，交换防守配合是仅少于挤过配合的破无球掩护的方法。本届三人制篮球比赛球员在身高、体重方面差距不大，即使交换防守存在劣势，但相对快节奏的比赛，重要的是及时给对手施加防守压力。除自下而上的无球掩护次数少且利用交换防守的比例相对低，其余方向掩护

时利用交换防守的占比都在30%和40%之间。防守球员在选择交换防守时并不太考虑掩护的方向问题，主要考虑能不能及时对防守施加压力，不给进攻球员有直接进攻的机会。

b.防守不同人员参与的无球掩护配合时交换防守配合的运用

表4-28　四强队伍防守不同人员参与的无球掩护配合时交换防守配合运用情况

	内对内	内对外	外对外	外对内
交换防守	0	3	9	3
无球掩护	3	17	15	14
占比	0	17.6%	60.0%	21.4%

由表4-28可知，外对外无球掩护时运用交换防守的次数最多，占比60.0%。外线球员与外线球员换防后，虽然防守对象交换，但不会造成明显"以大打小、以快打慢"的情况。无球掩护在比赛中应用的次数较少，加上四强队伍阵容配备以"两外线一内线"为主，所以内对内掩护时运用交换防守的次数为0；外对内、内对外掩护时运用交换防守的目的主要是给予进攻球员防守压力。

c.防守无球掩护配合时运用交换防守配合的效果

表4-29　四强队伍防守无球掩护配合时运用交换防守配合的效果

	总数	成功	成功率（%）	失败	失败率（%）
自下而上	1	1	100.0	0	0
自上而下	2	2	100.0	0	0
由内向外	6	5	83.3	1	16.7

	总数	成功	成功率（%）	失败	失败率（%）
由外向内	6	4	66.7	2	33.3
内对内	0	0	0	0	0
内对外	3	3	100.0	0	0
外对外	9	7	77.8	2	22.2
外对内	3	2	66.7	1	33.3

表4-29数据显示，运用交换防守来破无球掩护的成功率比挤过、穿过、绕过要高，说明运用交换防守能及时盯住进攻球员，但同时具有一定的风险，换防后打乱了原来的防守部署，可能会造成一定防守的劣势；虽然防守上造成一定的被动，但能及时给予进攻球员压力，影响到进攻球员的节奏。

综上所述，三人制篮球比赛中无球掩护配合发生情况少于有球掩护，在防守无球掩护时挤过配合运用次数最多，但成功率较低；交换防守运用次数次之，但成功率最高；虽然交换防守会带来防守的劣势，但能及时给进攻球员施加防守压力。

②防守有球掩护

三人制篮球比赛中对球员个人持球能力要求较高，球员间往往寻求最简单、有效的进攻方式。持球球员进攻时，常常是通过同伴的掩护来创造有利的进攻机会，所以，防守有球掩护的能力和质量对防守效果至关重要。

A. 挤过配合

a. 防守不同方向的有球掩护配合时挤过配合的运用

由表4-30可知，有球掩护多发生在外围区域，自下而上和由内向外掩护的次数最多；相应地，运用挤过配合防守掩护的次数最多，分别为16次和12次，防守外围的有球掩护是防守重点。

表4-30　四强队伍防守不同方向的有球掩护配合时挤过配合运用情况

	自下而上	自上而下	由内向外	由外向内
挤过	16	3	12	4
有球掩护	46	8	35	9
占比	34.8%	37.5%	34.3%	44.4%

通过录像观察发现，进攻球员在给外线球员掩护时，防守球员几乎都是通过快速挤过来破坏掩护。进攻球员掩护质量较高，导致挤过配合成功率低于40%。向内的有球掩护配合较少，原因是进攻球员在内线接球后，要么直接进攻要么进攻策应。虽然向内的掩护次数少，但防守运用挤过配合的成功率较高，分别为37.5%和44.4%。内线区域离篮筐近，进攻威胁大，防守球员为了避免交换防守造成的"以大打小、以快打慢"的情况，通常运用挤过配合来进行防守。

b. 防守不同人员参与的有球掩护配合时挤过配合的运用

由表4-31可以看出，当内线球员给外线球员和外线球员给外线球员掩护时，防守运用挤过配合的次数最多，分别为18次和17次。说明外线球员对篮造成的威胁较大，大多数防守球员会选择运用挤过配合来破坏其掩护配合，但挤过配合的成功率相对低。因而防守球员挤过不成功时，会选择其他办法来破坏掩护配合。

表4-31 四强队伍防守不同人员参与的有球掩护配合时挤过配合运用情况

	内对内	内对外	外对外	外对内
挤过	0	18	17	2
有球掩护	4	46	42	6
占比	0	39.1%	40.5%	33.3%

c.防守有球掩护配合时运用挤过配合的效果

由表4-32可以看出，有球掩护时防守运用挤过配合的成功率很低。虽然通过挤过配合能继续盯住自己的防守球员，对他施加防守压力，使他难有直接进攻的机会，但是进攻球员高质量的掩护使得挤过非常困难。观察比赛录像发现，当进攻球员给弧顶的持球球员进行掩护时，掩护球员的行动迅速果断，掩护到位且质量很高，使防守球员很难挤过。综上，防守有球掩护时运用挤过配合的成功率和防守无球掩护时一样，防守成功率非常低，说明本届世界大学生三人制篮球比赛有球掩护质量较高，很难利用挤过配合成功破坏其掩护配合；同时表明运用挤过配合的能力有待提高。

表4-32 四强队伍防守有球掩护配合时运用挤过配合的效果

	总数	成功	成功率（%）	失败	失败率（%）
自下而上	16	2	12.5	14	87.5
自上而下	3	1	33.3	2	66.7
由内向外	12	2	16.7	10	83.3
由外向内	4	0	0	4	100.0

续表

	总数	成功	成功率（%）	失败	失败率（%）
内对内	0	0	0	0	0
内对外	18	2	11.1	16	88.9
外对外	17	3	17.6	14	82.4
外对内	2	0	0	2	100.0

B. 穿过配合

防守无球掩护和有球掩护不同点在于被掩护的球员是否持球。无球掩护时运用穿过配合，因被掩护球员需要接球后才能进攻，防守穿过移动的时间可得到弥补；而在有球掩护时运用穿过配合，防守穿过移动的时间足够让持球球员投篮、突破等直接进攻。四强队伍防守有球掩护时，穿过配合运用的次数仅为11次，占比11.2%，可见在三人制篮球比赛中防守有球掩护时运用穿过配合较少。

由表4-33可知，横向有球掩护时防守运用穿过配合的次数最多，这是因为横向的有球掩护冲击篮筐的威胁要小于纵向的有球掩护。横向掩护时被掩护球员突破位置距离篮下近，突破分球时威胁性又小于纵向的突分，而且内线球员容易进行协防。

表4-33　四强队伍防守不同方向的有球掩护配合时穿过配合运用情况

	横向场内	横向场外	纵向下	纵向上
穿过	5	4	1	1
有球掩护	46	35	8	9
占比	10.9%	11.4%	12.5%	11.1%

C. 交换防守配合

无球掩护时运用交换防守配合的次数仅少于挤过配合，但交换防守的成功率非常高。本次比赛各队人员阵容配备上身高没有大的差异，个人技术比较接近，所以交换防守后重新对位的劣势不明显。四强队伍中防守有球掩护时运用交换防守配合的次数为40次，占40.8%，可见在三人制篮球比赛中，防守有球掩护时运用交换防守的比重非常大。

a. 防守不同方向的有球掩护配合时交换防守配合的运用

由表4-34可知，纵向掩护时运用交换防守的次数和比例高于横向掩护。纵向自下而上有球掩护时运用交换防守占50%，横向由内向外有球掩护时运用交换防守占42.9%，可见防守有球掩护时交换防守是主要的配合方法。在三人制比赛中，自下而上的有球掩护最具有威胁性。当被掩护球员在弧顶持球时，通过交换防守以保持对进攻球员的防守压力。由于球员位置差异性不大，交换防守不会让进攻球员占有明显优势。

表 4-34　四强队伍防守不同方向的有球掩护配合时交换防守配合运用情况

	自下而上	自上而下	由内向外	由外向内
交换防守	23	2	15	2
有球掩护	46	8	35	9
占比	50.0%	25.0%	42.9%	22.2%

b. 防守不同人员参与的有球掩护配合时交换防守配合的运用

表 4-35　四强队伍防守不同人员参与的有球掩护配合时交换防守配合运用情况

	内对内	内对外	外对外	外对内
交换防守	2	18	22	2

续表

	内对内	内对外	外对外	外对内
有球掩护	5	33	43	8
占比	40.0%	56.3%	51.2%	25.0%

由表4-35可知，内线球员给外线球员、外线球员对外线球员进行有球掩护时，运用交换防守配合的次数最多，占比分别为56.3%和51.2%。通过录像观察发现，在弧顶和两侧45°进行有球掩护配合较多，目的是创造突破或投篮的进攻机会；由于进攻球员的掩护质量较高，防守球员不容易挤过，导致交换防守的次数较多，防守效果明显，能保持对进攻球员的防守压力，不让对手轻易有进攻机会。

c.防守有球掩护配合时运用交换防守配合的效果

由表4-36可知，防守有球掩护时运用交换防守的成功率非常高，不成功主要是犯规造成的。通过录像观察发现，当交换防守后对位劣势明显时，其防守同伴会主动去协助防守，化解防守危机。由于三人制篮球比赛在时间方面的限制，促使球员间配合相对简单，防守球员第一选择是施加防守干扰，破坏进攻节奏。

表 4-36　四强队伍防守有球掩护配合时运用交换防守配合的效果

	总数	成功	成功率（%）	失败	失败率（%）
自下而上	23	21	91.3	2	8.7
自上而下	2	2	100.0	0	0
由内向外	15	14	93.3	1	6.7
由外向内	2	2	100.0	0	0

	总数	成功	成功率（%）	失败	失败率（%）
内对内	5	5	100.0	0	0
内对外	18	16	88.9	2	11.1
外对外	22	21	95.5	1	4.5
外对内	2	2	100.0	0	0

综上所述，本届三人制篮球比赛在防守有球掩护时，运用挤过次数最多但成功率低；交换防守运用的次数排在第二，但成功率最高；因人员配备及个人技术趋于模糊特征，球员身高、体重差距不大，换防虽可打乱防守部署，但对防守效果影响不大。

（4）防守突破配合

三人制篮球比赛中，突破是最具有杀伤力的进攻手段，三人制篮球比赛场地人均面积大，突破时拥有较大的空间。一般是从外向内、从距篮远处向靠近篮筐的方向突破。当防守球员关门、补防时，突破分球就成为进攻球员的最佳选择。突破能有效地撕破防线，打乱防守部署，创造有利的进攻得分机会。因此，对突破的防守至关重要。

①防守突破时防守战术基础配合的运用

突破都是面向篮筐方向，根据不同路线可分为纵向突破和横向突破。四强队伍运用突破进攻配合共98次，防守运用补防、夹击、关门等战术基础配合进行防守共67次。由表4-37可知，防守突破时夹击和补防是主要运用的防守基础配合，防守纵向突破时运用夹击和补防的次数均多于防守横向突破。纵向突破较多的原因在于，弧顶持球进攻球员需与防守球员传递一次球才能开球，当第一道防线被突破后，防守方往往采用补防防守突破球员。运用补防次数多于夹击配合，是因为突破球员多向靠近篮的一侧突破，内线球员来不及夹击，只能通过补防来防守突破球员。

表 4-37　四强队伍防守突破时防守基础配合运用情况

	夹击	补防	关门	总数
横向	7	16	0	20
纵向	15	25	4	47
总数	22	41	4	67

②防守突破时运用防守基础配合的效果

在防守效果方面，在运用的67次防守基础配合中，其中28次防守成功，23次防守失败，16次有效干扰（没有突破成功，但球权没有交换）。四强队伍对于防守突破的专注度高，防守压迫性强；虽然进攻球员的持球进攻能力强，但一对一拉空单打突破机会较少，防守球员能及时进行补防和夹击。

（5）防守传切配合

传切配合是进攻球员利用传球和切入技术超越防守，并接同伴的回传球进行投篮的一种配合方法。

表 4-38　四强队伍传切配合运用情况

	区域	次数	占总传切比
高位	高位左区	3	21.4%
	高位中区	5	35.7%
	高位右区	4	28.6%

续表

	区域	次数	占总传切比
低位	低位左区	0	0
	限制区	1	7.0%
	低位右区	1	7.0%
总数		14	

由表4-38可知，运用传切配合次数最少，只有14次；其中，高位左、中、右区分别占比21.4%、35.7%、28.6%，低位区传切配合几乎为0。这说明三人制篮球比赛不适合在低位进行传切配合。高位区进攻球员摆脱防守较容易，因三人制篮球比赛人均区域面积大，高位摆脱的方向、空间相比低位机会更多。观察比赛录像发现，四强队伍14次传切配合中，高位区成功6次失败6次，成功率达50%；低位传切配合被防守球员封堵，全部失败。传切配合运用次数不多但成功率很高，表明防守球员防守传切配合的意识较差，补防不及时，造成切入球员接球上空篮的情况。当传切未能成功进攻球员又跑回原来位置时，防守球员此时往往比较怠慢，使进攻球员又获得接球直接投篮的机会。

（6）防守策应配合

表4-39　四强队伍策应配合运用情况

	区域	次数	占总策应比
高位	高位策应左区	2	8.3%
	高位策应中区	4	16.7%
	高位策应右区	2	8.3%

续表

	区域	次数	占总策应比
低位	低位策应左区	8	33.3%
	限制区	1	4.2%
	低位策应右区	7	29.2%
总数		24	

策应配合是进攻球员背对或侧对球篮后，以他为枢纽，与同伴空切相配合，造成各种进攻机会的一种里应外合的进攻方法。由表4-39可知，四强队伍共使用24次策应配合，其中高位策应中区、低位策应左区、低位策应右区应用次数居多，分别占16.7%、33.3%和29.2%。针对24次策应配合，防守采用了19次防守基础配合及组合，其中包括10次夹击补防配合、3次夹击配合、6次补防配合。防守高位策应时，防守球员对策应球员进行贴身防守，干扰他们投篮；对无球球员保持适当的距离，防止他们切入接球直接进攻。防守低位策应时，防守球员首先进行夹击，阻止他们强攻篮下，当球传出时则进行补防，其他队友进行轮换。

4. 全队防守战术的运用

篮球防守战术是防守队为了阻挠和破坏对方的进攻，以及力争获得控制球权所运用的战术配合，包括个人防守战术行动、防守战术基础配合和全队防守战术。五人制篮球全队防守战术配合形式主要包括防守快攻、人盯人防守、区域联防等形式，而三人制篮球受场地限制只有阵地防守，场上球员人数的限制导致全队防守战术只能运用人盯人防守。

（1）三人制篮球人盯人防守战术的特点

如前所述，三人制篮球比赛场上的阵容配备有"两内线一外线""两外线一内线""三外线"三种形式。不同阵容配备有不同的落位形式，本研究根据常规落位来分析三人制篮球比赛人盯人防守战术的特点。

①"两外线一内线"阵容配备的防守

"两外线一内线"的阵容配备主要是依靠外线球员的远投、突破，辅以内线球员牵制为进攻手段。在防守时，防守球员在有意识加强对外线防守强度的同时，还要注意内线球员的策应和传球，慎重选择夹击内线球员，以免传球给外线造成空位投篮机会。

A."三名球员在场地一侧"落位时的防守

三名进攻球员在场地一侧落位时，主要根据内线进攻球员落位位置来选择防守方法。如图4-23所示，当内线球员落在高位时，防守球员要注意内线为外线球员的掩护，内线防守球员要及时提醒同伴，让同伴注意掩护时机，抓住瞬间的机会通过挤、绕、穿等方法继续盯防进攻球员；如果掩护成功则及时换防以免对手突破篮下，另一名防守球员要审时度势地进行协防或补防。如图4-24所示，当内线球员落在低位时，防守球员要注意内线球员强打篮下，首先要极力破坏内线球员接球，如果接到球，外线防守球员在收缩进行协防时，要注意外线球员的切入及内线球员的回传球，及时调整自己的防守位置与防守距离。

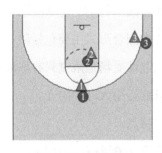 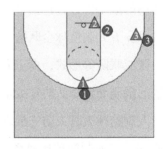

图4-23　落位图　　　　图4-24　落位图

B. "三名球员在场地两侧"落位时的防守

三名进攻球员在场地两侧落位时，也是根据内线进攻球员落位位置来选择防守方法。当内线进攻球员落在高位时，外线球员有两种不同的落位：第一种，外线球员同时落位于弧线外45°两侧；第二种，两外线球员在圆弧外高低错位落位，如图4-25所示。这种落位是以外线球员进攻为主，移动空间大，增加了防守难度，防守球员不仅要盯防外线投篮、突破，还要防止无球进攻球员的切入；防守内线球员的要求同前述，因进攻内线球员落在高位时主要是进行掩护和策应。

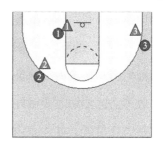

图 4-25　落位图　　　　　　图 4-26　落位图

当内线进攻球员落在低位时，外线进攻球员有三种不同的落位方式：其一，一名外线球员和内线球员位于同侧的45°圆弧外，另一名外线球员位于另一侧圆弧线外低位，如图4-26所示。其二，一名外线球员和内线球员位于同侧的低位，另一名外线球员位于异侧圆弧线外45°，如图4-27所示。其三，两名外线球员分别位于圆弧两侧45°位置，如图4-28所示。这种落位方式内、外线都可进攻。防守内线球员时首先要破坏内线球员的接球，并阻止内线球员接球后强打；防守外线球员时主要是防投篮和突破。当外线球员传球给内线球员时，收缩防线并做好防内线球员回传球的准备。

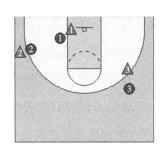

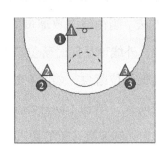

图 4-27　落位图　　　　　　图 4-28　落位图

②"两内线一外线"阵容配备的防守

"两内线一外线"的阵容配备以内线球员进攻为主，外线进攻球员的主要任务是如何将球传给内线球员。在防守时，防守球员要加强对内线的防守强度，收缩防区协防时要做好防止内线球员回传球的准备，根据场上情况及时调整防守位置，并注意内线球员为外线球员掩护、外线球员的突分配合等。

A."三名球员在场地一侧"落位时的防守

三名进攻球员在场地一侧落位时，外线球员以在圆弧弧顶，内线球员在罚球圈内、限制区两侧落位为主，如图4-29所示。主要的进攻方式为高位内线球员给外线球员掩护、外线球员与低位内线球员突分配合；防守时，防守球员要对内、外线球员进行贴身防守，注意高位内线的掩护，被外线突破后换防跟防要及时，并防守低位内线球员的牵制和接球后的强攻。

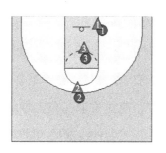

图 4-29　落位图

B.“三名球员在场地两侧”落位时的防守

三名进攻球员在场地两侧落位时有三种情况：其一，两内线进攻球员一高位一低位落位，外线球员落位于圆弧线弧顶，如图4-30所示。其二，两内线球员落位于限制区两侧低位，外线球员落位于圆弧线弧顶，如图4-31所示。其三，两内线球员落位于罚球线两端高位，外线球员落位于圆弧线弧顶，如图4-32所示。进攻手段主要依靠内线球员的进攻、牵制及为外线球员掩护投篮、突破。防守时，防守球员要注意两内线的交叉掩护，以及上提给外线球员的掩护，同时要防止外线球员突破后分球给内线球员。当进攻掩护时，防守球员要尽力破坏进攻方的掩护；内线球员持球时，外线球员要保持适当距离并随时准备协防和回防。

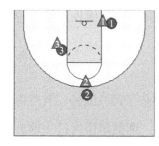

图 4-30　落位图

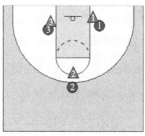

图 4-31　落位图

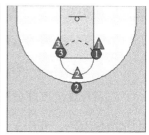

图 4-32　落位图

③"三外线"阵容配备的防守

"三外线"阵容配备时进攻的灵活性、机动性大大提高，主要通过外线的远投和突破进攻，没有内线强打。在季军争夺赛克拉古耶瓦茨大学对阵斯普利特大学的比赛中，克拉古耶瓦茨大学场上阵容就是三名外线球员，并以21∶13获得季军。三名外线球员的阵容配备虽然没有内线优势，但三人制篮球比赛以10分钟内先得21分为胜的机制，使得远投和突破技术尤为重要，所以外线球员进攻的灵活性和机动性具有一定的优势。

A."三名外线球员在场地一侧"落位时的防守

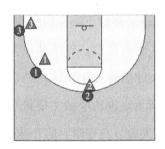

图4-33　落位图

三名外线进攻球员在场地一侧落位时，主要集中在圆弧线外一侧或对侧，如图4-33所示。进攻球员之间的距离较近，防守时要注意进攻球员之间的掩护及突破后的分球。外线进攻球员个人突破和外线投篮能力较强，因此防守距离的选择至关重要。

B."三名外线球员在场地两侧"落位时的防守

三名外线进攻球员在场地两侧落位时都是均匀位于圆弧线外，有三种进攻落位方式，如图4-34、图4-35、图4-36所示。两侧落位时进攻球员之间距离拉大，增加了防守的难度，防守球员协防、补防移动距离加大。

两侧落位时有利于进攻球员的一对一突破，在防守距离选择上既不能让进攻球员轻易突破，又不能让他们轻易外线出手投篮。

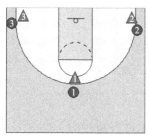

图 4-34 落位图

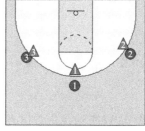

图 4-35 落位图

图 4-36 落位图

（2）三人制篮球人盯人防守战术的配合方法

不同的进攻球员阵容配备具有不同的落位阵形，在防守不同的落位阵形进攻时，人盯人防守的目的、任务也有所不同。根据三人制篮球比赛人盯人防守战术的特点，并通过反复观察比赛录像，总结出了常用的防守战术配合方法。

① "两外线一内线"阵容配备时的防守配合方法

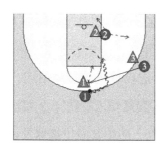

图 4-37 战术图

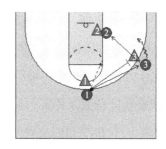

图 4-38 战术图

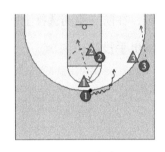
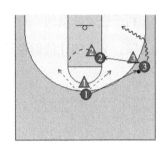

图 4-39　战术图　　　　　　图 4-40　战术图

战术配合方法1：如图4-37所示，进攻③给①进行掩护时，防守△提醒△掩护的同时，运用挤、绕、穿尽量盯住自己防守；如果进攻掩护质量高则要迅速采取换防，以免形成空位；如果①突破到限制区，△在上前协防的同时要注意①分球给②，并及时回防。

战术配合防守2：如图4-38所示，进攻①传球③后，△要及时调整防守位置和距离，当①切入时进行封、堵；当①传球后给③进行掩护时，防守方法同上述配合方法1。△通过绕前、侧前防守尽量破坏②的接球，一旦②接球同伴收缩防线时要注意回传球及无球进攻球员的切入。

战术配合方法3：如图4-39所示，进攻球员①落位于高位时，防守球员△要注意内线球员的高位掩护及掩护后的顺下，当②进行掩护时，△和△尽量不要交换防守，△尽量通过穿、绕盯住自己的防守人，如果交换防守，△一定要和①保持适当的防守距离，防止①进球突破。

战术配合方法4：如图4-40所示，进攻球员①传球给③，防守球员△要及时调整防守位置及距离，防止①突然切入；防守△要注意①的掩护及③的突破，△和△可以交换防守；△防止②高位接球及③突破时②突然顺下接球进攻。

② "两内线一外线" 阵容配备时的防守配合方法

战术配合方法5：如图4-41所示，两内线进攻球员高低落位时，△₁在防守①突破的同时要注意高位中锋上提掩护，掩护时尽量不要换防以免造成快打慢。△₃要特别注意③在底线的横切，防止接①的传球直接上篮，防守时一般选择侧前防守。△₂首先要防止②在高位接球策应传球给纵切的外线球员和横切的内线球员，在②进行掩护后要注意其顺下，尽量不要和△₁换防。

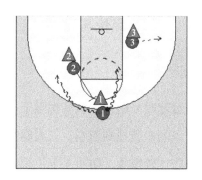

图 4-41　战术图

③ "三外线" 阵容配备时的防守配合方法

战术配合方法6：如图4-42所示，三名外线进攻球员在圆弧线外落位，空间范围大，进攻球员灵活性强，防守球员要保持适当的防守距离，以免接球后一打一。当无球进攻球员给有球球员掩护时尽量不换防，另外，要注意防守掩护后的下顺。

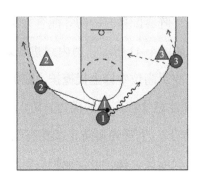

图 4-42　战术图

三、结论与建议

（一）结论

1. 在第一阶段防守运球时采用强干扰和次强干扰防守强度，防传球按照"球动人动"的防守原则；受规则影响，三人制篮球强弱侧不明显，在防守对手牵制时选择协防比较慎重；防对手卡位采取绕前或半绕前的防守形式；防无球球员切入时缺乏封堵切入路线的意识，以被动的跟、追防为主；防限制区接球以收缩防线、协防夹击为主。

2. 进攻球员投篮出手集中在外线和篮下附近区域，中距离出手少。第二阶段防守外线投篮时采取次强干扰防守强度，对手将要投篮出手时防守球员主动迎上干扰，防守效果较好；防守篮下突破采取强干扰防守强度，但干扰稍晚多为出手后的干扰，防守效果不理想。由于外线出手和内线突破次数多，在第三阶段争夺篮板球时，以通过自由落点和卡位获得篮板球方式为主，参与争抢篮板球人数以1至2人为主，罚球时会出现3人争抢；本届比赛丢失防守篮板球较多，防守球员卡位意识较差。

3. 进攻球员阵容配备主要有"两外线一内线""两内线一外线""三外

线"三种形式，以"两外线一内线"为主，阵容变化率低，甚至整场比赛无变化。由于比赛时间的限制，单次攻守转换时间为5至10秒，攻防转化节奏快，转换方式以抢到篮板球和投中篮后为主。

4. 在防守对手有球掩护和无球掩护时，交换防守配合运用次数最多，效果最佳，挤过次数稍多于交换防守但成功率低；防守突破时以协防、夹击为主，关门运用次数较少；防守策应配合主要采用紧逼或协防使球外传，防守效果较理想。进攻方传切配合成功率高，原因在于防守传切时没有堵住切入路线，防守效果不好。全队防守采用人盯人防守战术，战术策略以防外线投篮和内线突破为主。

（二）建议

1. 要把握三人制篮球比赛防守技战术运用的规律，合理地利用三人制篮球比赛规则，科学训练和组织比赛，促进我国三人制篮球赛事的开展和普及，不断提高我国三人制篮球运动的竞技水平。

2. 本研究针对大学生级别的三人制篮球赛事，研究具有一定的局限性。建议对国际篮联组织的高水平三人制篮球赛事进行更深入的研究，以便更全面准确地得出三人制篮球比赛防守技战术的特征和规律。

第 五 章

CBA竞赛规程修改对进攻技战术的影响

　　篮球竞赛规程和竞赛规则共同协调并制约着竞赛的全过程。竞赛规程主要针对竞赛的组织和管理，而竞赛规则主要针对技术规范、比赛成绩确定和有关场地器材条件的规定。2014年5月，国际篮联正式公布了2014年篮球竞赛规则，宣布新的篮球规则于2014年10月1日起施行，2014—2015中国男子篮球职业联赛（CBA）将启用新规则。为了CBA更好地发展，新赛季的竞赛规程也相应修改了一部分内容，尤其是"末节单外援"这一政策的改变，将给联赛带来一系列影响。竞赛规程的修改和篮球规则的完善共同促进着中国篮球运动的发展。竞赛规程和规则总是根据篮球竞赛中出现的问题，并着眼于未来的发展趋势被及时、合理地修改，以保证篮球运动的良性发展。如高大球员强打篮下成为一时的主流，而罚球区、限制区的出现和扩大限制了高大球员在篮下的活动，使篮球比赛出现了新的局面；1984年新增设三分投篮区，改变了进攻方式单一的局面，使篮球比赛的进攻方式有内有外，朝着更合理的方向发展。

　　2014—2015中国男子篮球职业联赛竞赛规程是对本赛季联赛政策、制度所做的分章、分条的规定。通过解读本赛季规程，并与上赛季规程进行比较，发现对某些规定进行了修改。2014—2015中国男子篮球职业联赛竞赛规程作为CBA的一项纲领性、指导性文件，它的修改对进攻技战术的影响很大，很有必要对此进行研究。及时了解规程修改的精神和条款，对制定战略、战术指导思想，创新技术和战术，以及进行针对性的训练有着重要的意义。本研究从2014—2015赛季CBA竞赛规程的修改内容着手，通过对比赛中的相关数据进行统计分析，在理论上可以为联赛规程制度的进一步改进提供参考，在实践上可以针对规程修改，为各个参赛队伍的打法及日常训练提供参考。

一、主要研究方法

（一）调查法

1. 专家访谈法

通过走访、面谈的方式请教相关领域的专家，为本研究提供具体的指导意见。通过专家访谈，将调查的比赛场次确定为：2014—1015赛季CBA（共43场，包括总决赛、半决赛及常规赛）、2013—2014赛季CBA（共44场，包括总决赛、半决赛及常规赛）。

2. 问卷调查法

以问卷、电子邮件的方式对篮球专家进行调查，用于统计指标的确定。共计发放三轮问卷：第一轮问卷通过前期访谈和观看比赛录像，将整理的指标呈现给专家；对第一轮问卷中的指标、数据进行整理、归纳，制作第二轮问卷，再次发放给各位专家；将第二轮调查中的结果作为反馈信息再次发放给各位专家。最后总结出三轮问卷结果，得出具体统计指标。

（二）录像观察法

反复观看比赛录像，采取正常速度、慢放和暂停、倒退等方式，仔细观察。在此基础上记录需要统计的指标数据。根据专家建议及样本场次的相关性进行数据收集和分析，最终统计2013—2014赛季和2014—2015赛季共87场比赛，其中包括总决赛12场、半决赛15场、常规赛60场。常规赛选取北京队、广东队、辽宁队、山西队、青岛队、八一队为代表球队。

（三）个案分析法

本研究从个案分析出发，便于以点带面、由此及彼地分析并说明规程修改对进攻技战术的影响，并使研究结论更为可靠。

（四）逻辑分析法

采用归纳、演绎、对比、综合分析等方法对采集的数据进行分析，归纳并总结出2014—2015赛季CBA规程修改对进攻技战术的影响。

二、研究结果与讨论

（一）2014—2015中国男子篮球职业联赛竞赛规程的修改内容

1. 联赛竞赛规程的修改内容

（1）竞赛办法的修改

竞赛办法即确定比赛要采取的竞赛方法，如淘汰法、循环法、混合法及其他特殊的方法，包括比赛是否分阶段进行、各阶段采用的竞赛方法、各阶段比赛的成绩如何计算等。关于规程竞赛办法的修改内容，见表5-1。

表 5-1　竞赛办法修改内容一览

赛 季	规程规定	区别
2013 — 2014	采用主、客场赛制，两周五赛和一周三赛相结合	比赛场次增多，对运动员的体能要求更高
2014 — 2015	采用主、客场赛制，一周三赛	

在常规赛中，所有参赛队进行双循环比赛，胜一场得2分，负一场得1分，弃权得0分。上赛季规定积分相同球队名次排列：得失分率；本赛季规定积分相同球队名次排列：①净胜分，②总得分。

（2）竞赛规则及特殊规定的修改

2014 — 2015赛季规程规定采用中国篮协审定的2014年《篮球规则》和国际篮联的规则解释。比赛场地采用2014年《篮球规则》条款中规定使用的比赛场地。另外，增加三项条款，分别是：①比赛用球采用中国篮协审定并提供的7号联赛用球；②执行《主教练申请"录像回放"特殊规定（试行）》；③直接被取消比赛资格或因2次违反体育道德的犯规被取消比赛资格的球员，自动追加停赛1场。

（3）参赛办法的修改

①球队报名的修改

2014 — 2015赛季规程增加更改事宜必须及时通知参赛对手，参赛对手如需要，可在赛前20分钟更改同等数量或少于相关数量的参赛球员。

②比赛服装的修改

2013 — 2014赛季规程规定球员号码可以选择0 — 55号，但双位数的号码每位数均不能超过5；而2014 — 2015赛季规程规定球员号码可以选择0、00、1 — 99号。

③外籍球员和亚洲球员上场规定的修改

2013—2014赛季规程规定：对外籍球员实行2人4节6人次，与没有外籍球员的队伍（即全华班）比赛时执行2人4节5人次，最后一节只允许1名外籍球员上场，同时，对亚洲球员计算上场人次时等同于外籍球员。

2014—2015赛季规程规定：对外籍球员实行2人4节6人次，第四节只能上场1人次；亚洲球员上场人次不受限制。与没有注册外籍球员和亚洲球员的队伍（即全华班）比赛时，执行外籍球员和亚洲球员2人4节5人次，第四节只能上场1人次。

2. 2014年《篮球规则》的修改内容

2014年《篮球规则》的修改内容主要包括无撞人半圆区的扩大、进攻计时钟（原24秒）规则的修改、球回后场的重新描述、犯规方面的修改，增加了运用"即时回放"系统（IRS），以及提醒哨和裁判员手势变化。

（1）无撞人半圆区的扩大

新规则与2012年规则唯一的不同点是无撞人半圆区的界线是无撞人半圆区的一部分，球员在无撞人半圆区的位置见图5-1。

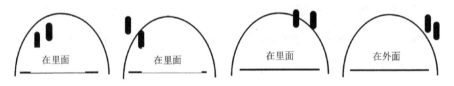

图 5-1　球员在无撞人半圆区（内／外）位置

（2）进攻计时钟（原24秒）规则的修改

2014年新规则在24秒规定的基础上增加了两项条款，分别是：①每当裁判员在控球队犯规或者违例而停止比赛后判给对方一次掷球入界，进攻计时钟应复位到24秒；②在球已经触及对方球篮篮圈之后，进攻计时钟应复位到：A.24秒，如果对方获得控制球；B.14秒，如果球触及篮圈前的同一控球队再次获得控球权。

（3）比赛通则方面的修改

①比赛休息时间的修改

新规则的解释部分明确了比赛计时钟信号响的同时出现犯规带来罚球时，比赛休息时间从罚球结束之后开始。

②比赛或节开始的修改

新规则的解释部分明确了至少5名球员在场的职责仅在比赛开始时有效。如在下半场开始时，A队因为球员受伤、被取消比赛资格等情况，有资格到达场地参赛的球员不到5名，这时，A队应以少于5名球员的情况继续参加比赛。

③球中篮和它的分值的修改

新规则的解释部分明确了球中篮的分值由投篮出手的地点决定。从2分投篮区域出手的中篮计2分，从3分投篮区域出手的中篮计3分。中篮的分值、对投篮动作犯规的罚球数量根据球出手位置确定。特别强调的是，如果球员在三分投篮区域意外地将球投入本方球篮，中篮计2分，登记在对方场上队长的名下。

（4）暂停的修改

2012年规则规定在下半时的任何时间可准予3次暂停；新规则规定下半时暂停3次，但最后2分钟最多暂停2次。也就是说，如果某支球队在下半时的最后2分钟之前未请求第一次暂停，有且只有2次暂停。

（5）违例方面的修改

球回后场的修改。2012年规则中球回后场三要素为：①控制进入前场的球；②该队球员在前场最后触及球；③该队球员首先触及回到后场的球。2014年新规则将三要素之一修改为球队在前场控制球，并将"前场控制球"定义为：球员双脚触及前场，正持球、接球或运球，或者球在前场的同队球员之间传递。

（6）犯规方面规则的修改

①犯规顺序的修改

新规则按照犯规的严重程度由轻到重排列为：侵人犯规、双方犯规、技术犯规、违反体育道德的犯规、取消比赛资格的犯规、打架。之前的顺序为侵人犯规、双方犯规、违反体育道德的犯规、取消比赛资格的犯规、技术犯规、打架。

②双方犯规的修改

新规则明确了双方犯规的四个基本条件：A.两起犯规都是球员犯规；B.两起犯规都包含身体接触；C.两起犯规都发生在比赛双方之间；D.两起犯规大都同时发生。

③技术犯规的修改

新规则将技术犯规的罚则全部改为"一罚一掷"，有两次技术犯规（包括球员的犯规）将被取消比赛资格。

④违反体育道德的犯规的修改

新规则对"违反体育道德的犯规"解释如下：在第四节和每一决胜期的最后2分钟，掷球入界的球位于场外，并且还在裁判手上或者已置于掷球入界球员手中时，如果场上一名防守球员制造一起对场上进攻球员的身体接触而被宣判犯规，这就是一起违反体育道德的犯规。

⑤取消比赛资格的犯规的修改

新规则明确了一些不含身体接触的行为也同样构成取消比赛资格的犯规。

（7）增加运用"即时回放"系统（IRS）的规则

新规则增加了主教练申请"录像回放"的特殊规定。其使用范围是：①是谁最后使球出界；②球员是在做三分投篮还是两分投篮；③当24秒计时钟信号响（不是误响）时，球是否已经离开投篮球员的手。这三种情况发生后，当球成死球且比赛计时钟停止时，或球中篮成死球但比赛计时钟未停止，在随后的第一次球成死球且比赛计时钟停止时，主教练（不是助理教练员）有权向记录台上的技术代表提出使用录像回放判定的要求，但在随后球成活球时，主教练再提出申请则不予准许。

以上内容均是2014—2015中国男子篮球职业联赛竞赛规程及2014年新规则修改的内容，经研究发现：规程及规则主要在无撞人半圆区、进攻计时钟、末节单外援、录像回放这四个方面变动较大，对比赛的影响也较大。

（二）2013—2014赛季和2014—2015赛季CBA整体情况

CBA自1995年创办至今已有20年，在规模、管理、运作和受关注度上都是中国最顶级的职业篮球联赛，同时也是亚洲地区水平较高的职业联赛。联赛分常规赛和季后赛两个阶段进行，采用主、客场赛制，自每年的10月或11月开始，至次年的4月左右结束。联赛在不断的改革和发展中已日渐成熟，发展势头越来越好，发展潜力巨大，号召力和影响力也与日俱增。

1. 2013—2014 赛季 CBA 整体情况

2013—2014赛季，CBA共有18支俱乐部参赛，共进行了335场比赛，其中常规赛306场，季后赛29场，最终北京队夺得冠军。以下是本赛季联赛球队积分排名情况。

表 5-2 2013—2014赛季 CBA 球队积分排名一览

常规赛排名										最终排名	
排名	球队	场数	胜场	负场	积分	主场战绩	客场战绩	场均得分	场均失分	球队	排名
1	广东	34	30	4	64	15胜2负	15胜2负	100.32	88.59	北京	1
2	新疆	34	26	8	60	16胜1负	10胜7负	104.32	93.50	新疆	2
3	东莞	34	25	9	59	15胜2负	10胜7负	105.50	100.71	广东	3
4	北京	34	23	11	57	15胜2负	8胜9负	105.00	98.59	东莞	4
5	广厦	34	21	13	55	14胜3负	7胜10负	108.59	105.85	广厦	5
6	天津	34	20	14	54	15胜2负	5胜12负	104.26	103.56	天津	6
7	辽宁	34	20	14	54	14胜3负	6胜11负	101.03	99.59	辽宁	7
8	上海	34	20	14	54	14胜3负	6胜11负	98.53	96.24	上海	8
9	山东	34	19	15	53	13胜4负	6胜11负	94.62	92.50	山东	9
10	福建	34	16	18	50	12胜5负	4胜13负	107.76	108.35	福建	10
11	江苏	34	15	19	49	10胜7负	5胜12负	99.24	100.26	江苏	11
12	四川	34	14	20	48	10胜7负	4胜13负	97.50	105.68	四川	12
13	浙江	34	13	21	47	11胜6负	2胜15负	106.79	106.79	浙江	13
14	吉林	34	12	22	46	11胜6负	1胜16负	101.12	105.91	吉林	14
15	佛山	34	11	23	45	5胜12负	6胜11负	100.47	105.82	佛山	15
16	山西	34	10	24	44	8胜9负	2胜15负	101.53	104.24	山西	16

续表

常规赛排名									最终排名	
排名	球队	场数	胜场	负场	积分	主场战绩	客场战绩	场均得分	场均失分	球队	排名
17	八一	34	6	28	40	6胜11负	0胜17负	92.68	101.32	八一	17
18	青岛	34	5	29	39	3胜14负	2胜15负	102.82	114.59	青岛	18
合计		612	306	306		207胜99负	99胜207负				

　　2013 — 2014赛季CBA各支球队都在滚动发展。联赛前八名的队伍里，像广东、北京、新疆、东莞、广厦、辽宁这6支球队，前几个赛季开始就一直占据着八强的位置。联赛排名10至16名的队伍只有一个胜场的差距，"一军统天下"的局面已经不复存在了，强队的优势已经不像前几个赛季那么明显，每场比赛的胜利也不再那么轻而易举。本赛季18支球队在常规赛306场比赛中，客场战绩是99胜，207负，客场胜率是32.35%，偏低。外援的使用，尤其是三、四节比赛中双外援对比赛的控制，使球权支配大部分时间都在外援的手里，国内球员很少主动参与进攻。使用外援虽然增加了比赛的精彩程度，但是国内球员的参与度大打折扣，在一些关键球的处理上过于依赖外援。本赛季各支球队争夺激烈，球队实力接近，比赛精彩纷呈，大大提高了比赛的观赏性，联赛水平得到了很大的提高。

　　2. 2014—2015 赛季 CBA 整体情况

　　2014 — 2015赛季，CBA共有20支俱乐部参赛，新增加了江苏同曦和重庆翱龙两支球队，共进行了406场比赛，其中常规赛380场，季后赛26场，冠军仍然是北京队。以下是本赛季联赛球队积分排名情况。

表 5-3   2014—2015 赛季 CBA 球队积分排名一览

常规赛排名										最终排名	
排名	球队	场数	胜场	负场	积分	主场战绩	客场战绩	场均得分	场均失分	球队	排名
1	广东	38	34	4	72	18胜1负	16胜3负	116.61	100.66	北京	1
2	辽宁	38	33	5	71	15胜4负	18胜1负	115.13	101.37	辽宁	2
3	青岛	38	28	10	66	15胜4负	13胜6负	115.24	107.45	广东	3
4	北京	38	27	11	65	18胜1负	9胜10负	110.53	100.74	青岛	4
5	吉林	38	27	11	65	16胜3负	11胜8负	115.61	110.84	吉林	5
6	山西	38	27	11	65	17胜2负	10胜9负	112.45	110.68	山西	6
7	广厦	38	27	11	65	17胜2负	10胜9负	112.84	105.95	广厦	7
8	东莞	38	25	13	63	14胜5负	11胜8负	111.79	106.03	东莞	8
9	新疆	38	25	13	63	15胜4负	10胜9负	111.79	102.45	新疆	9
10	佛山	38	18	20	56	10胜9负	8胜11负	115.45	114.95	佛山	10
11	山东	38	18	20	56	12胜7负	6胜13负	101.97	101.39	山东	11
12	上海	38	17	21	55	10胜9负	7胜12负	100.26	102.08	上海	12
13	天津	38	13	25	51	8胜11负	5胜14负	103.61	112.82	天津	13
14	江苏	38	11	27	49	7胜12负	4胜15负	104.97	111.76	江苏	14
15	浙江	38	11	27	49	9胜10负	2胜17负	116.05	122.89	浙江	15
16	福建	38	10	28	48	8胜11负	2胜17负	107.76	114.68	福建	16
17	同曦	38	10	28	48	9胜10负	1胜18负	105.05	114.18	同曦	17
18	四川	38	8	30	46	7胜12负	1胜18负	101.00	111.68	四川	18

常规赛排名									最终排名	
排名	球队	场数	胜场	负场	积分	主场战绩	客场战绩	场均得分	场均失分	球队	排名
19	八一	38	7	31	45	4胜15负	3胜16负	93.53	103.50	八一	19
20	重庆	38	4	34	42	4胜15负	0胜19负	103.89	118.89	重庆	20
合计		760	380	380		233胜147负	147胜233负				

2014—2015赛季CBA各支球队变化很大，联赛排名中多支球队积分相等，排名4至7名、8名和9名、10名和11名、14名和15名、16名和17名积分都相等。联赛前八名的队伍里，除了常客广东、北京、广厦、东莞、辽宁外，出现了三个陌生的面孔——青岛、吉林、山西，这三支球队在上赛季中排名垫底，本赛季一跃成为八强。这得益于本赛季亚洲球员的使用和末节单外援政策的执行，亚洲球员上场人次不受限制，关键的第四节比赛中只能上场1人次的外援，改变了过去均由外援掌控比赛主导权的情况，让更多的国内球员更加积极、主动地参与进攻，更多地去支配球，但是比分胶着时候的关键得分大部分还是由外援执行。本赛季常规赛20支球队在380场比赛中，客场战绩是147胜233负，客场胜率是38.68%，已接近NBA的39%—40%。由于规程和规则的修改，本赛季比赛跌宕起伏，比赛结果难以预测。

本研究比赛场次的确定分别从两个赛季的常规赛和季后赛中选取，常规赛和季后赛代表了CBA中不同的竞技水平，竞赛规程和篮球规则的修改对常规赛和季后赛的影响也会有不同。在季后赛中选取了总决赛和半决赛，在常规赛中选取了北京队、广东队、辽宁队、青岛队、山西队、八一队这6支队伍。常规赛队伍的选取依据分别是：北京队是两个赛季的冠军球队；广东队和辽宁队是国内球员实力较强的球队；青岛队和山西队是"三外援球队"（双外援＋亚洲球员）；八一队是全华班，没有外援球队。另外，从两个赛季的最终排名上看，2013—2014赛季（共18支参赛队）北京队第一，广东队第三，辽宁队第七，山西队第十六，八一队第十七，青岛队第十八，2014—2015赛季（共20支参赛队）北京队第一，辽宁队第二，广东队第三，青岛队第四，山西队第六，八一队第十九。青岛队和山西队从2013—2014赛季的垫底一跃成为2014—2015赛季的第四名、第六名，另外，辽宁队从2013—2014赛季的第七名成为2014—2015赛季的第二名。

（三）2014—2015中国男子篮球职业联赛竞赛规程修改对进攻技战术的影响

1. 无撞人半圆区的扩大对进攻技战术的影响

新规则已明确无撞人半圆区的界线是无撞人半圆区的一部分，所以只要防守人有一只脚踩着无撞人半圆区的界线，他就在无撞人半圆区内。设立无撞人半圆区的目的就是不鼓励防守球员占据篮下的位置，试图制造正向篮下突破的进攻球员撞人犯规，鼓励球员加强篮下身体对抗。现新规则又将无撞人半圆区扩大，鼓励进攻球员多采用突破上篮技术，在篮下制造更大的冲击力和杀伤力；同时，防守球员要努力地跳起封盖。在这个区域内，无论是进攻手段还是防守手段，都更加清晰，直接影响着临场裁判员的判罚、教练员的执教理念及球员的实际应用，促进攻守平衡，减少篮下带球撞人犯规的次数，大大提高了比赛的流畅性和观赏性。以下主要根据2013—2014和2014—2015两个赛季中进攻犯规、突破上篮、球员篮下进攻、制造犯规，以及限制区内封盖和被封盖方面的数据，来分析无撞人半圆区的扩大对联赛的影响。

（1）带球撞人情况

据统计，2013—2014赛季带球撞人22次，2014—2015赛季带球撞人20次，无撞人半圆区扩大后，带球撞人次数减少了2次，并没有发生显著变化，最容易出现带球撞人犯规的是突破上篮和快攻上篮。通过观看两个赛季的比赛录像，发现2013—2014赛季中，防守球员并没有注意无撞人半圆区的界线，有时候防守球员想制造进攻球员的带球撞人犯规，却将防守位置选择在无撞人半圆区内，如果有接触，肯定是阻挡犯规。但在2014—2015赛季中，防守球员特别注意无撞人半圆区的界线，防守球员双脚完全站在无撞人半圆区外，这为裁判员判罚带球撞人提供了直接的依据。

（2）突破上篮和球员篮下进攻情况

表5-4　2013—2014和2014—2015赛季突破上篮和篮下进攻情况一览

赛季	突破上篮/投篮次数	命中次数	命中率（％）	篮下进攻次数	命中次数	命中率（％）	篮下助攻次数
2013—2014	1612	743	46.09	1728	959	55.50	93
2014—2015	2014	880	43.69	1947	944	48.48	220
差值	402↑	137↑	-2.40↓	219↑	-15↓	-7.02↓	127↑

比较两个赛季的数据得出，突破上篮/投篮次数和命中次数，以及内线球员篮下进攻次数和篮下助攻次数都有所增加，但命中率有所下降。说明无撞人半圆区扩大以后，明显增加了突破上篮/投篮技术的运用，突破上篮/投篮的不再只是前锋或后卫球员，有些中锋球员除了在篮下要位强打外，也增加了突破上篮/投篮技术的运用。

（3）制造犯规情况

表 5-5 2013—2014 和 2014—2015 赛季制造犯规情况一览

赛季	制造犯规次数		限制区内封盖次数	限制区内被封盖次数
	突破上篮/投篮	篮下进攻		
2013 — 2014	480	446	136	136
2014 — 2015	550	476	180	180
差值	70 ↑	30 ↑	44 ↑	44 ↑

突破上篮/投篮和篮下进攻制造犯规次数在2014 — 2015赛季中均有所增加，说明无撞人半圆区的扩大增加了突破上篮/投篮和篮下进攻的运用，进攻球员对篮下的冲击力增强，进而防守难度也有一定程度的提升。另外，犯规次数的增多也打断了比赛的连续性。

（4）限制区内封盖和被封盖情况

无撞人半圆区的扩大，鼓励进攻球员加强篮下身体对抗，尤其是内线球员的肉搏战，对抗强度很大，精彩不断。但是对防守球员而言，由于防守难度的增大，他们被鼓励运用封盖技术来阻止对手的进攻，只要在篮下发生了不合法的碰撞，均为防守方犯规，所以垂直跳起封盖是最合法的选择。由表5-5可知，限制区内封盖和被封盖次数在无撞人半圆区扩大后均有所提高。通过观看两个赛季的比赛录像发现，在被封盖中，绝大多数是前锋或后卫球员向篮下突破上篮/投篮被封盖。

2.进攻计时钟的修改对进攻技战术的影响

2014年新规则中，某队在场上控制活球，24秒内完成1次进攻对方球篮后再次抢到进攻篮板，计时钟复位到14秒。以下主要从2013 — 2014和

2014 — 2015 赛季中攻防转换、进攻时间违例及投篮次数这几方面来分析进攻计时钟的修改对联赛的影响。

表 5-6　2013—2014 和 2014—2015 赛季进攻计时钟相关指标一览

赛季	攻防转换次数	进攻时间违例	投篮次数					
			两分球场均出手次数	两分球场均命中次数	命中率（%）	三分球场均出手次数	三分球场均命中次数	命中率（%）
2013 — 2014	7595	0	27.92	52.72	52.96	7.37	20.49	35.97
2014 — 2015	7923	8	30.05	57.39	52.36	12.86	21.42	60.04
差值	328	8	2.13	4.67	−0.60	5.49	0.93	24.07

（1）攻守转换情况

由表 5-6 可知，攻守转换次数增加了 328 次，说明比赛节奏增强；再加上一周三赛，比赛场数增多，对运动员的体力是一个很大的考验。通过观看比赛录像发现，此赛季阵地进攻中，大部分进攻都是在 14 秒以内完成的，攻防节奏加快，出现的失误、抢断也增多，大大提高了比赛结果的不确定性和精彩程度。

（2）进攻时间违例情况

2013 — 2014 赛季中二次进攻时间是 24 秒，没出现进攻时间违例；2014 — 2015 赛季中却出现了 8 次进攻时间违例，也有到 14 秒时勉强出手的情况。这说明进攻计时钟修改后，有些球队不适应二次进攻时间的缩短。对进攻而言，要求球队在二次进攻时多采用一些简单、高效的战术；对防守而言，要迫使进攻方出现进攻时间违例或增大对方失误的可能性。

（3）投篮次数

由表5-6可知，2014—2015赛季两分球、三分球场均出手次数均高于2013—2014赛季，两分球命中率略低于2013—2014赛季，最明显的变化是三分球的命中率大幅度提高。进攻计时钟（24秒）的修改在很大程度上促进了进攻技战术的发展，压缩了进攻时间，增加了比赛的攻守回合，提高了比赛速度，促使比赛进攻节奏加快。

3. 亚洲球员的使用和"末节单外援"政策的执行对进攻技战术的影响

2013—2014赛季常规轮转中，第一节和第二节均采用单外援，第三节和第四节均采用双外援。与全华班比赛时，执行2人4节5人次，最后一节只允许1名外援上场，且对亚洲球员等同外援计算上场人次。三、四节比赛中双外援支配着大部分的球权，国内球员很少主动参与进攻或支配球。在关键的第四节中，只有在大比分领先的情况下，才可能采用单外援或者全华班；而在比分胶着的时候，往往来执行关键球的都是双外援，国内球员很少站出来承担关键时刻的关键得分。

2014—2015赛季首次实行使用亚洲球员和"末节单外援"政策。常规轮转中，第一节和第四节均采用单外援，第二节和第三节均采用双外援。拥有三外援（双外援+亚洲球员或未注册亚洲球员）的球队在第四节中可以同时上场1名外援、1名亚洲球员；未注册亚洲球员的队伍，全场比赛增加1人次的外籍球员上场时间，即2人4节7人次。与全华班比赛时执行2人4节5人次，最后一节只允许1名外援上场。其目的就是在关键的第四节比赛中改变过去均由双外援来掌控比赛、决定胜负的状况，腾出更多的时间和空间给国内球员，让国内球员更多、更主动地参与进攻或支配球，从而让国内球员在关键时刻得到技战术、比赛经验、心理素质方面更多的锻炼，为国家队参加国际大赛培养人才。亚洲球员的使用和"末节单外援"政策的执行大大改变了本赛季的竞争格局，使比赛变得悬疑重重，胜负难以预测，更加精彩。以下主要从得分、末节进攻方式、末节失误次数和比赛胜负方面来分析亚洲球员的使用和"末节单外援"政策的执行对联赛的影响。

（1）得分对进攻技战术的影响

篮球运动是以得分多少决定胜负的集体运动项目。在比赛中得分越多，证明能力越强。不管是三分球还是两分球，抑或是一分球，每进一球，每得一分，都至关重要。分数对比赛本身而言，或许能够改变比赛的走向，或许能够决定比赛的胜负；对球员而言，或许能够改变自身的心态，或许能够激发自身的潜能。衡量一支球队攻击能力的重要标准是得分能力的高低，同时，得分能力也是CBA中球队进攻战术贯彻执行的重要体现。

①外援得分与国内球员得分对进攻技战术的影响

A. 总决赛与半决赛外援得分与国内球员得分对进攻技战术的影响

表 5-7 2013—2014 和 2014—2015 赛季总决赛与半决赛得分一览

赛季	比赛类型	全队得分	外援得分	外援得分/全队得分（%）	国内球员得分	国内球员得分/全队得分（%）
2013 — 2014	总决赛	1050	480	45.71	570	54.29
	半决赛	1655	729	44.05	926	55.95
2014 — 2015	总决赛	1231	561	45.57	670	54.43
	半决赛	1497	646	43.15	851	56.85

表 5-8　2013—2014 和 2014—2015 赛季总决赛与半决赛得分对比一览

赛季	全队得分	外援得分	外援得分/全队得分（%）	国内球员得分	国内球员得分/全队得分（%）
2013—2014	2705	1209	44.70	1496	55.30
2014—2015	2728	1207	44.24	1521	55.76
差值	23	-2	-0.46	25	0.46

2013—2014 赛季总决赛与半决赛共 14 场，2014—2015 赛季共 13 场。在 2013—2014 赛季多一场比赛的情况下，2014—2015 赛季的全队得分仍高出 23 分，说明攻防转换速度和进攻节奏加快，比赛的得分也有所提升。另外，两个赛季规程对外援上场人次的规定是一样的，均是 2 人 4 节 6 人次（全华班除外），只是 2014—2015 赛季末节采用单外援，亚洲外援不受上场人次限制。由表 5-8 中的数据可得出，末节是否使用单外援，外援的得分和国内球员的得分并无明显变化。虽然 2014—2015 赛季采用末节单外援政策，但在比赛的第二节和第三节双外援作战中，外援仍然能够拿到很高的分数。

B. 常规赛外援得分与国内球员得分对进攻技战术的影响

常规赛中有一支特别的队伍八一队，从联赛创办至今，八一队没有外援参与，全部由国内球员作战。20 世纪 90 年代，"八一王朝"是一个不败的神话，八一男篮有着辉煌的战绩，多次夺得联赛的冠军和亚军，更在联赛初期蝉联六连冠。联赛制度改革后，由于外援的加入，比赛的格局发生了很大的变化。近几个赛季中，八一队一直处于联赛的中下游，无缘季后赛。针对外援上场人次的规定，联赛规程根据八一队的情况，也有相应的调整。

表 5-9 2013—2014 和 2014—2015 赛季常规赛八一队得分一览

赛季	比赛类型	对阵双方	最终比分	分差
2013 — 2014	常规赛	八一 vs 北京	95：98	3
	常规赛	八一 vs 广东	75：77	2
	常规赛	八一 vs 辽宁	72：93	21
	常规赛	八一 vs 青岛	103：106	3
	常规赛	八一 vs 山西	115：110	-5
2014 — 2015	常规赛	八一 vs 北京	89：100	11
	常规赛	八一 vs 广东	76：116	40
	常规赛	八一 vs 辽宁	75：94	19
	常规赛	八一 vs 青岛	103：104	1
	常规赛	八一 vs 山西	112：113	1

　　由表5-9可得出，两个赛季八一队主场作战的10场比赛中，分差在5分以内的有6场。2013 — 2014赛季八一主场战胜山西队，另外在八一对阵北京和八一对阵广东的比赛中，北京队在比赛最后时刻由马布里投中一记三分球，绝杀八一队；而客场作战的广东队在第三节结束时落后八一队18分，在比赛的最后17.1秒，两队战成75平，最终凭借易建联的中投命中绝杀。八一队拥有王治郅这样的超级中锋，虽然已是老将，但效率值极高，在很大程度上能够多承担得分的重任。在2014 — 2015赛季，王治郅退役，八一队的年轻球员还需要历练。八一在对阵青岛的比赛中，最后凭借哈达迪的中投命中绝杀；在对阵山西的比赛中，最后由张学文突破上篮命中。而八一队客场作战均以失败告终，分差都在10分以上。

北京队、广东队、辽宁队、青岛队、山西队在主场对阵八一队时，大部分在前三节战罢时比分已经拉开，第四节会给国内球员更多锻炼的机会，由全华班出战。由表5-10得知，两个赛季中外援得分与国内球员得分并无明显变化，原因是外援上场人次在规程中并无改动。

表5-10　两个赛季常规赛北京队、广东队、辽宁队、青岛队、山西队得分对比一览

赛季	全队得分	外援得分	外援得分/全队得分（%）	国内球员得分	国内球员得分/全队得分（%）
2013—2014	4035	1857	46.02	2178	53.98
2014—2015	4335	2023	46.67	2312	53.33
差值	300	166	0.65	134	−0.65

②末节外援得分与末节国内球员得分对进攻技战术的影响

A. 总决赛与半决赛末节外援得分与末节国内球员得分对进攻技战术的影响

2014—2015赛季带来太多的惊喜：前三节落后20分，第四节还能上演大逆转，比分起起落落，跌宕起伏，相当精彩。末节比分详见表5-11、表5-12。此赛季亚洲外援的使用和末节单外援政策的执行，让更多的国内球员参与到进攻中，国内球员得分明显提高。

表5-11　2013—2014和2014—2015赛季总决赛与半决赛末节得分一览

赛季	比赛类型	末节全队得分	末节外援得分	末节外援得分/末节全队得分（%）	末节国内球员得分	末节国内球员得分/末节全队得分（%）
2013—2014	总决赛	282	167	59.22	115	40.78
	半决赛	489	271	55.42	218	44.58

续表

赛季	比赛类型	末节全队得分	末节外援得分	末节外援得分/末节全队得分（％）	末节国内球员得分	末节国内球员得分/末节全队得分（％）
2014 — 2015	总决赛	358	133	37.15	225	62.85
	半决赛	386	120	31.09	266	68.91

表 5-12 2013—2014 和 2014—2015 赛季总决赛与半决赛末节得分对比

赛季	末节全队得分	末节外援得分	末节外援得分/末节全队得分（％）	末节国内球员得分	末节国内球员得分/末节全队得分（％）
2013 — 2014	771	438	56.81	333	43.19
2014 — 2015	744	253	34.01	491	65.99
差值	−27	−185	−22.80	158	22.80

B. 常规赛末节外援得分与末节国内球员得分对进攻技战术的影响

常规赛中，八一队在这两个赛季的末节得分分别是 242 分和 244 分，差别不大，因为两个赛季规程针对八一队（全华班）并没有做修改。北京队、广东队、辽宁队、青岛队、山西队对阵八一队的末节得分详见表 5-13。

表 5-13 2013—2014 和 2014—2015 赛季常规赛末节得分对比

赛季	末节全队得分	末节外援得分	末节外援得分/末节全队得分（％）	末节国内球员得分	末节国内球员得分/末节全队得分（％）
2013 — 2014	259	64	24.71	195	75.29
2014 — 2015	287	72/14	29.97	201	70.03

由表 5-13 可知，因为两个赛季规程规定，与全华班比赛时，外援上

场人次政策不变，所以，两个赛季的数据变化不大，更多的球权被国内球员支配。在对阵八一队的比赛中，更多的国内球员参与其中。在2014—2015赛季中，外援得到72分，亚洲球员得到14分。

表5-14　两个赛季常规赛北京队、广东队、辽宁队、青岛队、山西队末节得分对比

赛季	末节全队得分	末节外援得分	末节外援得分/末节全队得分（％）	末节国内球员得分	末节国内球员得分/末节全队得分（％）
2013—2014	1015	552	54.38	463	45.62
2014—2015	1116	365/48	37.01	703	62.99
差值	101	−139	−17.37	240	17.37

由表5-14可知，亚洲外援的使用和末节单外援政策的执行，使末节外援得分明显减少，国内球员得分明显增多。通过观看比赛录像发现，在一些关键球的处理上，球队还是会安排外援来执行，相比于2013—2014赛季，在2014—2015赛季中，国内球员已经很大程度上主动参与到进攻中。

（2）末节进攻方式的改变对进攻技战术的影响

在双外援出战的比赛中，进攻战术主要是围绕双外援来制定的，国内球员只起到一个辅助作用。在单外援作战中，双外援之间的连线被切断，虽然有些进攻战术还是以外援为重点，但国内球员已参与到进攻战术中一些关键球的处理，更有信心站出来完成进攻。

①总决赛与半决赛末节进攻方式的改变对进攻技战术的影响

表5-15　2013—2014和2014—2015赛季总决赛与半决赛进攻方式一览

赛季	外援个人进攻	国内球员进攻	外援助+国内主	国内助+外援主	国内助+国内主	亚洲外援个人进攻	亚外助+国内主	国内助+亚外主
2013—2014	328	240	52	13	12	0	0	0
2014—2015	191	211	72	25	81	5	2	3
差值	-137	-29	20	12	69	5	2	3

对比两个赛季的数据发现，2014—2015赛季外援个人进攻次数减少了137次。虽然国内球员进攻有所下降，但是国内球员配合进攻增加了69次。另外，外援助攻+国内主攻和国内助攻+外援主攻的次数也有所提高。说明亚洲外援的使用和末节单外援政策的执行使进攻方式产生了明显的变化，给了国内球员和亚洲球员更多的锻炼机会。双外援的连线被切断，单外援就要更多地与国内球员配合，而针对双外援的战术也要被适当地运用在国内球员与国内球员的配合上，让国内球员从助攻逐渐转变为主攻。

②常规赛末节进攻方式的改变对进攻技战术的影响

八一队是一支军人队伍，没有外援的加入。近几年来，由于联赛赛制的变革，八一队都无缘季后赛，"八一王朝"一去不复返。如今八一队一批年轻的小将即将成长起来，在老球员的带领下，依然保持着优良的传统和强硬的作风。

表 5-16　2013—2014 和 2014—2015 赛季常规赛八一队进攻方式一览

赛季	国内球员个人进攻	国内助+国内主
2013 — 2014	184	12
2014 — 2015	185	14

　　由于没有外援加入，进攻全部由国内球员承担。由表 5-16 可知，两个赛季中，八一队的表现相对稳定。随着王治郅的退役，内线中锋球员许钟豪、邹雨宸、余晨逐渐成长起来。不管对手是谁，八一队总是顽强拼搏，打出自己的风格。

表 5-17　两个赛季常规赛北京、广东、辽宁、青岛、山西对阵八一进攻方式

赛季	外援个人进攻	国内球员进攻	外援助+国内主	国内助+外援主	国内助+国内主	亚洲外援个人进攻	亚外助+国内主	国内助+亚外主
2013 — 2014	54	130	6	3	8	1	0	0
2014 — 2015	48	112	9	4	14	11	1	0
差值	−6	−18	3	1	6	10	1	0

　　由表 5-17 可以看出，两个赛季中外援个人进攻次数均少于国内球员进攻次数，主要原因是这两个赛季规程规定，与全华班比赛时执行 2 人 4 节 5 人次，最后一节只允许 1 名外援上场。2013 — 2014 赛季中只有北京队主场对阵八一队时末节是全华班外，余下比赛末节均为单外援；2014 — 2015 赛季中，只有八一队主场对阵青岛队的比赛，青岛队使用亚洲外援，另外与北京队的两场比赛，北京队末节均是全华班，余下的比赛末节均为单外援。

表 5-18　两个赛季常规赛北京队、广东队、辽宁队、青岛队、山西队进攻方式一览

赛季	外援个人进攻	国内球员进攻	外援助+国内主	国内助+外援主	外援助+外援主	国内助+国内主	亚洲外援个人进攻	外援助+亚外主	亚外助+国内主	国内助+亚外主
2013— 2014	385	323	66	20	23	11	17	2	0	1
2014— 2015	265	464	47	14	—	36	34	7	5	6
差值	−120	141	−19	−6	—	25	17	5	5	5

比较两个赛季的数据发现，在亚洲外援的使用和末节单外援政策执行之后，末节进攻方式中，外援个人进攻明显变少，国内球员进攻明显增多。2014—2015赛季亚洲外援上场人次不受限制，也鼓励了亚洲球员的进攻，比如青岛队的哈达迪和山西队的阿巴斯。最明显的就是青岛队的亚洲球员哈达迪。青岛队的进攻战术大多数都以哈达迪为轴展开，哈达迪个头高，脚步灵活，在篮下的威胁力相当大，任何球队的中锋球员对位哈达迪都相对艰难。青岛队客场对阵八一队时，哈达迪就在比赛的最后时刻打中绝杀球，青岛队打进半决赛，部分原因就是三外援、亚洲球员的使用和末节单外援政策的执行。

从比赛录像中可以看出，2013—2014赛季末节比赛中，双外援持球时间过长，球基本上都被双外援掌控，国内球员相当于蓝领球员，冲抢篮板球，给外援做掩护，当外援进攻受阻时，才有可能把球分给国内球员。与此相反的是广东队。广东队是一支不依赖外援的球队，国内球员实力雄厚，拥有易建联这样的超级明星球员，朱芳雨、王仕鹏、周鹏都曾是国手，外援鲍威尔、丹尼尔斯、艾维虽然个人能力很强，却无法很好地融

入球队进攻。广东队能进攻得分的点很多，需要外援做的就是将各个得分点串联起来。辽宁队受伤病困扰，很多国内球员无法参战，双外援琼斯、瓦里克的发挥并不稳定，没有为球队带来很好的成绩。北京队孙悦归来，"马莫组合"默契配合，常规赛中有部分比赛由达米恩·威尔金斯代替马布里出战，成效不错。拥有三外援桑尼、拉莫斯、约什的青岛队并没有取得好成绩。整个青岛队进攻的主导权基本上都在三外援，国内球员支配球的机会少，整体配合太少，进攻零零散散。山西队的双外援马库斯·威廉姆斯、查尔之间的配合也很默契，一内一外，国内球员段江鹏、闫鹏飞、葛昭宝也都发挥得很好，但因为其他一些原因没能进入季后赛。

2014—2015赛季末节比赛中，大部分球队都更换了外援，只有北京队还继续聘用"马莫组合"。亚洲球员的使用和末节单外援政策鼓励亚洲球员和国内球员进攻，切断了双外援之间的连线，球员只能单兵作战（三外援队伍除外）。广东队和辽宁队国内球员的实力相对强，同时，广东队和辽宁队的外援拜纳姆和哈德森都能很好地融入球队进攻，为球队锦上添花。另外，国内球员更多的持球进攻不再只是全部依赖外援得分。卫冕冠军北京队的末节比赛，常规轮转中都是马布里上场，当比分胶着的时候，总是由马布里持球发起进攻，国内球员孙悦、李根、朱彦西、翟小川等都有很出色的发挥，尤其是李根的进攻。李根身体强壮，对于国内球员是一个火力很强的进攻点；虽然不作为首发球员，但李根轮换上场的目标很明确，就是上场得分。青岛队和山西队拥有三外援，青岛队有邓特蒙、哈里斯、哈达迪，山西队有韦弗、泰勒、阿巴斯，末节亚外和单外同时上场，优势很大，进攻也以外援为主。

（3）末节失误次数对进攻技战术的影响

篮球比赛的攻防是一个动态平衡过程，技战术的运用需要在动态中通过干扰、破坏来完成。攻守双方布阵互动，动中守、动中攻、动中及时转换，不间断地实施谋略，以主动的"动"迫使对手被动地"动"。高强度的对抗性、整体性、攻防形式的多元化等都是现代高水平篮球运动的特性，这也就决定了篮球比赛中出现失误的必然性。失误对篮球比赛的结果有着消极的影响，一次失误意味着失去一次球权，失去一次进攻机会，也意味着一次攻防转换。比赛中出现的失误，能直接地反映出一支球队或球员个人存在的一些问题。通过比赛发现问题，及时解决问题，可以尽量避免在后续比赛中出现类似的失误。本研究中统计的失误为：控制球进攻过程中，未形成投篮而失去一次进攻机会，包括球出界、传接球失误、抢断、违例（如3秒、5秒、8秒、24秒、走步、二次运球、球回后场、技术犯规等）、进攻犯规等。如形成争球，对方获得球计攻方失误一次，对方未获得球权，则不计为失误。

①总决赛与半决赛末节失误次数对进攻技战术的影响

半决赛是焦点战，总决赛更是焦点战中的焦点。2013—2014赛季京粤半决赛打满5场，第三场还进入了加时赛，最终北京队以大比分3：2胜出；2014—2015赛季京粤半决赛打了4场，第四场也进入了加时赛，最后在仅剩0.01秒的时候被北京队朱彦西补篮命中绝杀，最终广东队以大比分1：3不敌北京队。两个赛季的总决赛都打了6场，最终都是北京队夺冠，2014—2015赛季总决赛第三场，辽宁队哈德森在仅剩0.3秒的时候突破上篮命中打成准绝杀，系列赛的激烈程度足以见得。比赛越激烈，对球队和球员个人的技战术运用，对球员个人心理素质的稳定的要求越高。在关键的第四节比赛中，尤其是比分胶着的时候，任何一次失误都极有可能是致命性的，如果进攻失误，对于会获得快速反击得分机会，同时，本方球员的自信心也会受到打击。2013—2014赛季和2014—2015赛季总决赛与半决赛末节失误次数详见表5-19、表5-20、表5-21。

表5-19 2013—2014赛季总决赛与半决赛失误次数一览

队名	比赛类型	末节失误次数	末节外援失误次数	末节国内球员失误次数	末节外援失误/末节失误（%）	末节国内球员失误/末节失误（%）
北京	总决赛	20	12	8	60.00	40.00
新疆	总决赛	28	13	15	46.43	53.57
北京	半决赛	17	11	6	64.71	35.29
广东	半决赛	23	5	18	21.74	78.26
新疆	半决赛	13	4	9	30.77	69.23
东莞	半决赛	12	9	3	75.00	25.00
合计	14场	113	54	59	47.79	52.21

表5-20 2014—2015赛季总决赛与半决赛失误次数一览

队名	比赛类型	末节失误次数	末节外援失误次数	末节国内球员+亚洲外援失误次数		末节外援失误/末节失误（%）	末节国内球员失误/末节失误（%）
				国内球员失误	亚洲球员失误		
北京	总决赛	17	5	12	0	29.41	70.59
辽宁	总决赛	13	3	10	0	23.08	76.92
北京	半决赛	18	4	14	0	22.22	77.78
广东	半决赛	12	2	10	0	16.67	83.33
辽宁	半决赛	11	6	5	0	54.55	45.45
青岛	半决赛	6	2	3	1	33.33	66.67

续表

队名	比赛类型	末节失误次数	末节外援失误次数	末节国内球员+亚洲外援失误次数		末节外援失误/末节失误（%）	末节国内球员失误/末节失误（%）
				国内球员失误	亚洲球员失误		
合计	13场	77	22	55		28.57	71.43

表 5-21　2013—2014 赛季和 2014—2015 赛季总决赛与半决赛失误次数对比一览

赛季	末节失误次数	末节外援失误次数	末节国内球员失误次数	末节外援失误率（%）	末节国内球员失误率（%）	末节国内球员失误率−外援失误率
2013—2014	113	54	59	47.79	52.21	4.42
2014—2015	77	22	55	28.57	71.43	42.86
差值	−36	−32	−4	−19.22	19.22	38.44

两个赛季中，末节国内球员失误率都高于外援失误率。2013—2014赛季中末节是双外援，国内球员失误率只比外援失误率多了4.42百分点；而2014—2015赛季亚洲球员使用和末节单外援政策执行后，随着攻防转换次数增多，国内球员更多地控制球、支配球，随之出现的失误次数也有所增多，比外援失误率多了42.86百分点。本方出现失误，被对方抓住机会打成反击球是最伤士气的，尤其是一些不必要的失误，如发球5秒违例、球回后场违例、走步违例等。在总决赛与半决赛的比赛中，一次失误很有可能就是致命的。

②常规赛末节失误次数对进攻技战术的影响

常规赛虽然没有季后赛那么激烈，却也可圈可点。经统计可知，八一队在2013—2014赛季末节失误次数是44次，2014—2015赛季是26次，失误次数减少，进攻的质量就有所提升。其他几支球队对阵八一队时末节失误数据是：2013—2014赛季共42次，外援失误7次（包括亚外失误1次），国内球员失误35次；2014—2015赛季共41次，外援失误5次，国内球员失误36次。末节国内球员失误依然高于外援，部分原因是对阵八一队时，外援并没有打满整节比赛或者末节没有上场。另外，末节一开始，八一队会采用全场紧逼人盯人防守，有效打乱对手的部署和习惯打法，造成对手的紧张和失误。

表5-22　两个赛季常规赛北京、广东、辽宁、青岛、山西队失误次数对比一览

赛季	末节失误次数	末节外援失误次数	末节国内球员失误次数	末节外援失误率（%）	末节国内球员失误率（%）	末节国内球员失误率－外援失误率
2013—2014	153	42	111	27.45	72.55	45.10
2014—2015	161	72	89	44.72	55.28	10.56
差值	8	30	−22	17.27	−17.27	−34.54

由表5-22可知，常规赛中末节国内球员失误仍然高于外援失误。2013—2014赛季末节比赛中，国内球员失误率比外援多了45.10百分点；2014—2015赛季中，国内球员失误率比外援只高出10.56百分点。2013—2014赛季末节是双外援，2014—2015赛季是单外援，国内球员参与比赛的次数多了，失误率反而有所下降。出现失误是在所难免的，但是怎样避免出现一些不必要的失误才是关键所在。

4. 增加运用录像回放系统（IRS）对进攻技战术的影响

运动员、教练员、裁判员是比赛的重要组成部分。运动员要在有限的、规定的时间内尽可能地发挥出最好的竞技水平；教练员是球队的灵魂

和核心，既要知己知彼，又要根据比赛场上的变化随机应变；裁判员是比赛场上的执法者、管理者和服务者，职责是为比赛双方提供一个公平、公正的比赛环境，促使双方遵守比赛规则，尊重体育精神，保证比赛既公平、有序，又激烈、精彩。

随着比赛激烈程度的增加，近几个赛季，裁判员在多场比赛中出现明显错判、漏判的情况有所增加，争议判罚不断，由此引发的球场冲突也不断，尤其是比分胶着的时候，裁判员的判罚显得尤为重要，只要有一丝一毫的松懈，后果就不堪设想。很多场比赛最后的焦点都落在了裁判员对关键球的判罚上，裁判员的判罚将直接决定比赛的胜负。为了改变这种现状，中国篮协采取一些新措施，允许球队"挑战"裁判判罚，也就是主教练申请"录像回放"这一特殊规定。规定指出，球队在比赛中可以拥有一次"挑战"裁判判罚的机会，主教练可以要求记录台就某个判罚观看录像回放，这种做法有点类似网球中的"鹰眼"挑战。如果挑战成功，裁判员将对错误判罚进行改判，挑战机会也会被保留。一旦"挑战"失败，不仅不能继续挑战，暂停次数也要被减少一次。如果全队的暂停次数已经使用完，"挑战"又失败，那么主教练被登记为一次技术犯规。据统计，挑战成功率达到64%，并得到改判，很好地保护了球队的利益，为比赛的更加公平、公正提供了有力的保障。2014—2015赛季中，对一些有争议的判罚，主裁判员并未等双方教练员提出挑战，而是主动去看录像回放，并做出相应的判罚。

"录像回放"规定的执行，不仅给球队和教练员提供了纠错、改错的机会，也对裁判员的执裁水平提出了更高的要求。对规程和规则的学习不只是裁判员的任务，教练员和球员也要积极、主动地参与其中，只有真正学习并理解规程、规则的精神和意图，才能更好地去运用规程和规则，才能更准确地把握规程及规则的变化趋势和方向。2014—2015赛季有场比赛中，球员对裁判员的判罚提出怀疑，请主教练申请录像回放，要求回放的内容居然是看对方究竟有没有打手犯规。技术代表没有准许，因为"录像回放"目前只适用于确定以下几种情况：是谁最后使球出界；球员在做三分投篮还是两分投篮；当24秒计时钟信号响（不是误响）时，球是否已经离开投篮球员的手。"录像回放"规定的执行，使球队和教练员起到比赛监督的作用，裁判员也要对每一声哨更负责任。这其实是一个双赢的过程，都是为了保证比赛的顺利进行。

三、结论与建议

（一）结论

1. 无撞人半圆区的扩大并没有造成带球撞人次数的明显变化，究其原因，是防守球员对防守位置的选择更加合理。外线球员向内线突破进攻和内线球员篮下进攻的次数明显增加，但与2013—2014赛季相比命中率下降。主要原因是运动员身体素质尚有不足，对抗强度越大，比赛越激烈，对运动员的身体素质和意志品质的要求就越高。

2. 二次进攻时间改为14秒，比赛的攻防转换速度明显加快，内线不占优势的队伍就利用小个阵容的小、快、灵加快比赛节奏，消耗大个球员的体能。小个阵容的安排，在联赛中取得了一定的成效。大个球员、核心内线球员的体力有待提高，如何压制小个阵容的速度有待进一步研究。攻防节奏的加快更加符合现代篮球运动高强度、快节奏的特点。

3. 亚洲球员的使用和末节单外援政策的执行使国内球员和亚洲球员在第四节比赛中的作用明显提升。教练员根据球队特点、球员特点制定针对性战术，某些球队（辽宁、青岛、山西等）取得了明显效果，但一些关键球、绝杀球的战术大部分还是由外援来执行。此政策的实施，对国内球员、"板凳球员"实力较强的队伍和组织后卫、内线中锋球员实力较强的队伍很有利。虽然末节采用单外援，但第二节、第三节仍是双外援，外援得分依然接近全队得分的一半，并没有从根本上解决外援掌控比赛的问题。

4. "录像回放"系统的使用在提高裁判员的判罚准确性和减少判罚的争议性上起到一定的作用，使判罚更加公平、公正。2014 — 2015赛季最大的变化就是对一些争议性的判罚，裁判员主动要求观看录像回放，而并非等教练员提出挑战再去观看，更加人性化，避免了一些错判、误判的发生，更有利于联赛的发展。

（二）建议

1. CBA 竞赛规程和《篮球规则》的修改均促进了篮球运动更好地发展。鉴于条件的限制，有必要在本书中所做研究的基础上对整个赛季所有比赛的全部数据进行统计和分析，以期进行更深一步的研究。

2. 本处旨在研究2014 — 2015赛季中国男子职业联赛竞赛规程及规则的修改对联赛的影响，仅对无撞人半圆区、进攻计时钟、末节单外援、录像回放四个条款的修改做了基本的研究，对其他条款的修改对联赛的影响没有做具体而透彻的分析。鉴于此，可参考其他研究文献进一步做深层次的剖析。

第 六 章

CBA主场效应与技战术的关系

近年来CBA迅速成长，球市日渐火爆，"魔鬼主场"的出现引起了各球队、俱乐部的重视。如何营造热烈的主场氛围，创造有利于主队发挥的环境，使主场效应最大化成了新的关注点。本研究正是由对这些问题的关注而引发的。近年来研究CBA主场效应的文献中，"主场效应"的概念没有得到完善和发展，主要还是以胜率体现，缺少对球员各项进攻、防守技术指标的统计、分析，以及主、客场数据的对比研究。球队在主场赢球，多体现在胜负关系和胜率上，但对主、客场在攻防两端的具体表现没有进行深入剖析。是否在主场的各方面表现都优于客场，哪些方面持平甚至不如客场表现，需要依靠具体的数据说明问题。现有相关文献在分析影响因素的时候，没有重点细化研究主场效应突出的球队的特点。

本研究在结合CBA各俱乐部和主场特点的基础上，搜集八个赛季球队所有主、客场比赛技战术统计的数据，全面而系统地对主场效应进行进一步的界定和表述。对CBA主场效应的研究不仅要探讨主场优势的存在与否，更应通过大量具体数据的统计和整理，对球队在主、客场表现的各个方面进行深入剖析，弄清楚与客场相比，哪些技战术指标在主场表现突出，进一步全面了解 CBA 主场效应的特点及发展趋势。解释主场优势产生的原因，除了共同的影响因素外，应着重分析主场效应突出的球队的特点，研究这些球队是怎么进行主场建设的，主场氛围相比于其他球队有什么不同，使影响因素更为细化。以球队为研究对象可以看出球队在历年来各项数据的变化、与其他球队的差距，以赛季为研究对象可以看出近年来 CBA 各项数据的整体变化趋势等。分析主场优势明显的球队，可在平时训练及比赛时为 CBA 各球队的球员教练制定战术提供参考，为俱乐部宣传、与球迷互动、主场包装、场馆建设、主场文化营造等提供思路，让球迷了解到更有效的呐喊、助威方式，使各队的主场效应最大化，更好地推动联赛球场文化的发展，使球队战绩得到提高。

一、主要研究方法

（一）专家访谈法

针对本课题研究的重点、难点、困惑及要咨询的问题，预先设计好访谈提纲，向篮球专家及有丰富的 CBA 临场执裁经验的裁判进行咨询，听取他们的解答，以及对本研究课题的意见和建议，从而拓展研究思路，并随时进行补充修改。对整理出来的数据及得出的结论，请相关专家进行论证分析，以提出更合理的建议。

（二）专家问卷法

为使研究更科学、有效，更加合理而有针对性，特设计调查问卷，以征求专家意见。对征得的意见进行整理、归纳、统计，对问卷进行修改、调整后反馈给各专家，再次征求专家的意见，然后进一步整理、归纳，力求获得相对合理、一致的意见，使研究更加科学、全面，具有可行性。

（三）数理统计法

将八个赛季所有球队常规赛比赛共计4652场的各项技术指标按照主场、客场进行收集和整理，利用相关统计软件（如Excel 2003）对收集到的数据进行统计学处理，之后做出图表，以更加直观地反映现实问题。

（四）逻辑分析法

本研究在专家访谈、专家问卷调查及阅读相关文献的基础上，将收集、整理的主、客场各项技术指标的数据进行对比，有针对性地对提出的问题进行分析、归纳和总结，通过纯粹而客观的数据揭示并研究CBA的主场效应。

二、研究结果与讨论

（一）基本情况

1.主场效应

目前，关于主场效应的定义，比较常见的是：在主、客场赛制的运动竞赛中，主场获胜的概率超过了50%，这种现象称为"主场效应"，也称"主场优势"。但主场效应（主场优势）单纯从胜率方面定义还不够完善。有些比赛主队虽然在主场输球了，但得分、篮板、抢断、防守积极性相对于客场是否有变化，还需要以客观的数据来说明。本研究结合我国男子职业篮球联赛各俱乐部和主场的特点，从更多方面搜集球队、球员在主、客场的数据，将主场效应的定义具体化。

效应是由"因素"和"结果"构成的，本研究也从"因素"和"结果"两个大的方向把握主场效应。在分析"因素"的时候，侧重点不是各球队都面临的共因（裁判、旅途），而是采取逆向思维，即为什么CBA

这么多球队的主场经过这么多年的发展，被称为"魔鬼主场"的却仅有那么几个？"魔鬼主场"是怎么形成的？他们具体是怎样进行主场建设的？他们的球迷是如何呐喊助威的？分析因素的时候把重心放在这些共性之中的个性上，更有利于直入主题，更便于找出原因，更有利于其他球队俱乐部借鉴并学习，提升自己球队的主场效应。"结果"方面，前人研究成果中多以胜率定义主场效应，缺少更多的数据具体体现主、客场的不同表现。本研究拟将CBA八个赛季的所有技术指标按主、客场分别统计出来对比分析，细化主场效应，通过具体的数据得出主场具体哪些指标优于客场，将结果具体化，从而更加全面地认识主场效应，完善主场效应的定义和认识。

2. CBA 的具体情况

研究CBA的主场效应，就要全面了解CBA的具体情况，通过收集、整理各赛季、各球队主、客场攻防两端的各项具体数据，更好地研究、描述CBA的主场效应。2005年中国篮球甲级联赛正式更名为"中国男子篮球职业联赛"。在2006—2007、2007—2008这两个赛季，为了备战奥运会，中国篮协缩短了赛程，常规赛各队进行30场比赛。2008—2009赛季常规赛各队进行了50场比赛。2009—2010赛季，为了减少运动员伤病，扭转俱乐部亏损的局面，常规赛缩短到了32场比赛。一直到2012—2013赛季，常规赛各队都是32场比赛。通过收集数据，整理并计算CBA每个赛季总的比赛场次、主场胜率、客场胜率、主场和客场胜率差、主场和客场各项进攻技术指标、防守技术指标、失误数、犯规数，以及对具体数据的分析和比较，发现问题，总结规律。但要注意，在比较赛季之间不同情况的时候，不能基于"数"，而要用"率"和"场均"，因为每个赛季的比赛场次不同，而对于比赛场次相同的赛季，可以"数"来比较说明。

（二）CBA八个赛季各队主、客场技术指标统计分析

1. 不同赛季各队常规赛的主场胜率、客场胜率、球队排名对比

表 6-1　2005—2006 赛季各队排名、胜率、主场胜率、客场胜率

排名	球队	胜率	主场胜率	客场胜率
1	广东	85.7%	100.0%	71.4%
2	北京	75.0%	80.0%	70.0%
3	八一	66.7%	90.5%	42.9%
4	江苏	61.9%	85.7%	38.1%
5	新疆	67.5%	80.0%	55.0%
6	云南红河	50.0%	76.2%	23.8%
7	福建	47.6%	76.2%	19.0%
8	上海	47.6%	52.4%	42.9%
9	辽宁	52.5%	75.0%	30.0%
10	浙江	38.1%	57.1%	19.0%
11	吉林	42.5%	70.0%	15.0%
12	东莞	28.6%	52.4%	4.8%
13	山东	27.5%	50.0%	5.0%
14	佛山	32.5%	55.0%	10.0%
15	山西	25.0%	50.0%	0

由表6-1可知，在2005—2006赛季常规赛中，15支球队的主场胜率都不小于50.0%，胜率最高的广东队甚至达到了100.0%，15支球队的主场

胜率都高于客场胜率。客场胜率除排名靠前的广东、北京、新疆3支球队在50.0%以上，其余12支球队全部在50.0%以下，山西队客场0胜20负，客场胜率为0。2005—2006赛季，各队主场优势明显。

表6-2　2006—2007赛季各队排名、胜率、主场胜率、客场胜率

排名	球队	胜率	主场胜率	客场胜率
1	广东	86.7%	93.3%	80.0%
2	八一	83.3%	93.3%	73.3%
3	江苏	76.7%	93.3%	60.0%
4	辽宁	66.7%	100.0%	33.3%
5	山东	63.3%	73.3%	53.3%
6	浙江	63.3%	80.0%	46.7%
7	福建	63.3%	86.7%	40.0%
8	上海	56.7%	73.3%	40.0%
9	新疆	50.0%	66.7%	33.3%
10	北京	46.7%	66.7%	26.7%
11	东莞	36.7%	60.0%	13.3%
12	吉林	36.7%	53.3%	20.0%
13	佛山	30.0%	40.0%	20.0%
14	广厦	20.0%	40.0%	0
15	山西	13.3%	20.0%	6.7%
16	云南红河	6.7%	13.3%	0

由表6-2可知，在2006 — 2007赛季常规赛16支球队中，前12名球队的主场胜率都在50.0%以上，辽宁队的主场胜率甚至达到了100.0%。16支球队的主场胜率都高于客场胜率。客场胜率达到50.0%以上只有排名靠前的广东、八一、江苏、山东4支球队，其余12支球队的客场胜率全部在50.0%以下，云南红河队客场0胜，客场胜率为0。

表6-3 2007—2008赛季各队排名、胜率、主场胜率、客场胜率

排名	球队	胜率	主场胜率	客场胜率
1	广东	86.7%	93.3%	80.0%
2	新疆	86.7%	93.3%	80.0%
3	江苏	70.0%	93.3%	46.7%
4	辽宁	63.3%	73.3%	53.3%
5	山东	63.3%	86.7%	40.0%
6	八一	60.0%	80.0%	40.0%
7	东莞	60.0%	73.3%	46.7%
8	福建	56.7%	73.3%	40.0%
9	北京	50.0%	53.3%	46.7%
10	广厦	50.0%	66.7%	33.3%
11	浙江	40.0%	60.0%	20.0%
12	云南红河	26.7%	40.0%	13.3%
13	上海	26.7%	26.7%	26.7%
14	吉林	23.3%	20.0%	26.7%
15	佛山	20.0%	40.0%	0
16	山西	16.7%	33.3%	0

　　由表6-3可知，在2007 — 2008赛季常规赛16支球队中，前11名球队的主场胜率均在50.0%以上。16支球队中除了上海、吉林这2支球队，其余14支球队的主场胜率都高于客场胜率。上海主、客场胜率相等；吉林情况比较特殊，主场胜率低于客场胜率；广东、新疆、辽宁这3支球队的客场胜率在50.0%以上；其余13支球队的客场胜率全部在50.0%以下；山西、佛山这2支球队的客场胜率为0。

表6-4　2008—2009赛季各队排名、胜率、主场胜率、客场胜率

排名	球队	胜率	主场胜率	客场胜率
1	广东	90.0%	96.0%	84.0%
2	新疆	88.0%	96.0%	80.0%
3	江苏	72.0%	80.0%	64.0%
4	佛山	60.0%	96.0%	36.0%
5	东莞	58.0%	72.0%	44.0%
6	福建	58.0%	80.0%	36.0%
7	广厦	56.0%	64.0%	48.0%
8	山东	54.0%	64.0%	44.0%
9	北京	54.0%	68.0%	40.0%
10	山西	52.0%	60.0%	44.0%
11	八一	50.0%	56.0%	44.0%
12	辽宁	48.0%	44.0%	52.0%
13	吉林	46.0%	52.0%	40.0%
14	浙江	38.0%	52.0%	24.0%

排名	球队	胜率	主场胜率	客场胜率
15	青岛	26.0%	40.0%	12.0%
16	天津	26.0%	32.0%	20.0%
17	云南红河	12.0%	24.0%	0
18	上海	12.0%	20.0%	4.0%

由表6-4可知，在2008—2009赛季常规赛18支球队中，有13支球队的主场胜率达到50.0%以上。18支球队中除了辽宁队，其余17支球队的主场胜率都高于客场胜率；辽宁队比较特殊，主场胜率低于客场胜率；客场胜率达到50.0%以上只有广东、新疆、江苏、辽宁4支球队；其余14支球队的客场胜率全部在50%以下；云南红河队客场0胜，客场胜率为0。

表6-5　2009—2010赛季各队排名、胜率、主场胜率、客场胜率

排名	球队	胜率	主场胜率	客场胜率
1	广东	93.8%	93.8%	93.8%
2	新疆	84.4%	93.8%	75.0%
3	广厦	81.3%	93.8%	68.8%
4	上海	78.1%	87.5%	68.8%
5	辽宁	65.6%	87.5%	43.8%
6	江苏	62.5%	81.3%	43.8%
7	福建	53.1%	81.3%	25.0%
8	八一	46.9%	62.5%	31.3%
9	山东	43.8%	62.5%	25.0%

排名	球队	胜率	主场胜率	客场胜率
10	浙江	43.8%	56.3%	31.3%
11	东莞	40.6%	56.3%	25.0%
12	天津	34.4%	56.3%	12.5%
13	吉林	31.3%	43.8%	18.8%
14	山西	31.3%	37.5%	25.0%
15	北京	25.0%	37.5%	12.5%
16	青岛	21.9%	43.8%	0
17	佛山	12.5%	18.8%	6.3%

由表6-5可知，在2009—2010赛季常规赛17支球队中，前12名球队的主场胜率均在50.0%以上。17支球队的主场胜率大都高于客场胜率。广东、新疆、广厦、上海这4支球队的客场胜率也像主场一样达到了50.0%以上，其余13支球队的客场胜率全部在50.0%以下，青岛队的客场胜率为0。

表6-6　2010—2011赛季各队排名、胜率、主场胜率、客场胜率

排名	球队	胜率	主场胜率	客场胜率
1	新疆	96.9%	100.0%	93.8%
2	广东	78.1%	68.8%	87.5%
3	东莞	78.1%	81.3%	75.0%
4	江苏	62.5%	62.5%	62.5%

续表

排名	球队	胜率	主场胜率	客场胜率
5	浙江	59.4%	68.8%	50.0%
6	广厦	56.3%	68.8%	43.8%
7	八一	53.1%	81.3%	25.0%
8	山西	46.9%	56.3%	37.5%
9	北京	50.0%	68.8%	31.3%
10	辽宁	43.8%	68.8%	18.8%
11	山东	43.8%	62.5%	25.0%
12	上海	37.5%	62.5%	12.5%
13	吉林	37.5%	56.3%	18.8%
14	佛山	34.4%	50.0%	18.8%
15	青岛	31.3%	43.8%	18.8%
16	福建	25.0%	37.5%	12.5%
17	天津	15.6%	31.3%	0

由表6-6可知，在2010—2011赛季常规赛17支球队中，前14名的主场胜率均在50.0%以上，其中新疆队的主场胜率达到了惊人的100.0%。17支球队的主场胜率大都高于客场胜率。新疆、广东、东莞、江苏、浙江这5支球队的客场胜率也像主场一样达到了50.0%及以上，其余12支球队的客场胜率全部在50.0%以下，天津队的客场胜率为0。

表 6-7　2011—2012赛季各队排名、胜率、主场胜率、客场胜率

排名	球队	胜率	主场胜率	客场胜率
1	广东	84.4%	93.8%	75.0%
2	北京	65.6%	75.0%	56.3%
3	山西	62.5%	87.5%	37.5%
4	东莞	59.4%	81.3%	37.5%
5	新疆	59.4%	87.5%	31.3%
6	上海	56.3%	87.5%	25.0%
7	广厦	56.3%	75.0%	37.5%
8	青岛	50.0%	68.8%	31.3%
9	福建	53.1%	75.0%	31.3%
10	辽宁	46.9%	75.0%	18.8%
11	浙江	46.9%	68.8%	25.0%
12	吉林	43.8%	68.8%	18.8%
13	山东	43.8%	75.0%	12.5%
14	八一	31.3%	50.0%	12.5%
15	天津	31.3%	50.0%	12.5%
16	佛山	31.3%	43.8%	18.8%
17	江苏	28.1%	56.3%	0

由表6-7可知，在2011—2012赛季常规赛17支球队中，有16支球队的主场胜率达到了50.0%及以上，仅有佛山1支球队的主场胜率在

50.0%以下。17支球队的主场胜率全部高于客场胜率。客场胜率达到50.0%以上只有广东、北京2支球队，其余15支球队的客场胜率全部在50.0%以下，江苏队客场0胜，客场胜率为0。

表6-8　2012—2013赛季各队排名、胜率、主场胜率、客场胜率

排名	球队	胜率	主场胜率	客场胜率
1	广东	87.5%	87.5%	87.5%
2	山东	75.0%	87.5%	62.5%
3	北京	65.6%	81.3%	50.0%
4	新疆	65.6%	87.5%	43.8%
5	辽宁	59.4%	68.8%	50.0%
6	广厦	53.1%	87.5%	18.8%
7	东莞	53.1%	62.5%	43.8%
8	浙江	50.0%	75.0%	25.0%
9	山西	50.0%	75.0%	25.0%
10	八一	50.0%	62.5%	37.5%
11	佛山	46.9%	56.3%	37.5%
12	江苏	40.6%	68.8%	12.5%
13	福建	34.4%	43.8%	25.0%
14	吉林	31.3%	43.8%	18.8%
15	天津	31.3%	43.8%	18.8%
16	上海	31.3%	43.8%	18.8%
17	青岛	25.0%	37.5%	14.3%

由表6-8可知，在2012—2013赛季常规赛17支球队中，前12名的主场胜率均达到了50.0%以上。17支球队中，除了广东队的主、客场胜率相等，其他16支球队的主场胜率均高于客场胜率。广东、山东、北京、辽宁这4支球队的客场胜率也像主场一样达到了50.0%及以上，其余13支球队的客场胜率全部在50.0%以下。

表6-9 各个赛季总的战绩、胜率、主场胜率、客场胜率、主场和客场胜率差

赛季	胜	负	胜率	主场战绩	客场战绩	主场胜率	客场胜率	胜率差
2005—2006	308	308	50.0%	216胜92负	92胜216负	70.1%	29.9%	40.2%
2006—2007	240	240	50.0%	158胜82负	82胜158负	65.8%	34.2%	31.6%
2007—2008	240	240	50.0%	151胜89负	89胜151负	62.9%	37.1%	25.8%
2008—2009	450	450	50.0%	271胜179负	179胜271负	60.2%	39.8%	20.4%
2009—2010	272	272	50.0%	175胜97负	97胜175负	64.3%	35.7%	28.6%
2010—2011	272	272	50.0%	171胜101负	101胜171负	62.9%	37.1%	25.8%
2011—2012	272	272	50.0%	195胜77负	77胜195负	71.7%	28.3%	43.4%
2012—2013	272	272	50.0%	178胜94负	94胜178负	65.4%	34.6%	30.8%

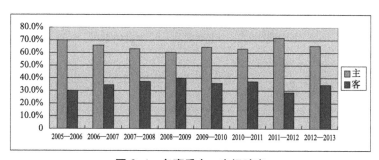

图 6-1 各赛季主、客场胜率

通过图6-1可以看出，主场胜率都在60.0%以上，客场胜率都在40.0%以下，八个赛季的主场胜率都明显高于客场。

2. 不同赛季各队主场及客场二分、三分及罚球命中率，场均进攻篮板数、助攻数、得分指标的对比

按主场和客场分别整理并统计八个赛季各队的二分投篮命中率、三分投篮命中率、罚球命中率、场均进攻篮板数、场均助攻数、场均得分，通过球队在主、客场各项进攻技术指标的对比，更加细致地剖析球队在主、客场表现的异同，分析主场优势具体体现在哪些方面，而不是仅仅根据胜负、胜率来体现球队的主场效应，同时依据主场、客场统计的数据对比分析，为最后全面定义主场效应提供帮助。在此基础上，分析各赛季主场及客场场均二分投篮命中率、三分投篮命中率、罚球命中率、进攻篮板数、助攻数及得分，全面了解八年来CBA的发展情况，以便更好地定义并研究CBA的主场效应。

因为每个赛季常规赛的比赛场次不同，为便于最后进行各赛季之间的比较，要用率和平均数来统计。下面以2005—2006赛季广东队二分投篮命中率为例演示计算过程，方法详见表6-10。

表 6-10　2005—2006赛季广东队主、客场二分投篮命中率计算的相关数据

广东队	主场		客场	
	命中数	出手数	命中数	出手数
1	38	61	43	68
2	30	59	27	51
3	21	47	28	55
4	31	52	51	70

广东队	主场		客场	
	命中数	出手数	命中数	出手数
5	21	37	31	53
6	32	53	15	34
7	28	45	26	50
8	22	51	39	67
9	37	58	41	64
10	37	60	32	54
11	43	67	33	63
12	33	57	29	58
13	25	50	24	44
14	14	30	36	73
15	34	56	29	57
16	27	47	20	37
17	42	56	31	57
18	43	70	24	50
19	31	54	31	58
20	31	61	20	34
21	40	54	50	68

　　然后在Excel表格中求和得到主场1125投、660中，客场1165投、660中，计算得到广东队二分球投篮命中率主场58.7%，客场56.7%。其他赛季各项数据的计算过程方法一致，只将计算结果保留。以下只以2005—2006赛季各队具体表现情况作为示例。

表 6-11 2005—2006 赛季各队主、客场场均投篮命中率、进攻篮板数、助攻数、得分

球队	二分投篮命中率		三分投篮命中率		罚篮命中率		场均进攻篮板数		场均助攻数		场均得分	
	主	客	主	客	主	客	主	客	主	客	主	客
广东	60.1%	56.7%	39.7%	38.4%	74.2%	77.4%	11.8	13.1	18.1	14.7	112.7	107.8
北京	51.6%	56.2%	36.9%	38.6%	77.0%	77.7%	12.0	9.2	14.7	12.0	107.8	101.0
八一	55.2%	55.4%	39.8%	37.6%	78.5%	73.0%	11.1	10.0	17.7	13.2	106.8	101.4
江苏	54.4%	52.6%	38.9%	36.0%	76.3%	74.6%	16.0	13.7	20.4	11.2	118.6	102.4
新疆	61.0%	57.0%	37.2%	36.4%	75.5%	74.5%	9.9	8.9	15.5	11.9	108.9	101.4
福建	53.1%	51.4%	33.5%	36.5%	66.3%	71.9%	13.4	11.5	15.4	12.8	95.3	97.9
上海	50.0%	52.0%	33.2%	35.7%	70.2%	70.0%	14.8	15.1	12.2	11.4	103.0	103.5
辽宁	55.4%	50.5%	34.1%	36.6%	75.3%	70.1%	13.8	11.1	20.5	12.4	101.5	104.5
浙江	56.3%	51.4%	37.2%	33.1%	77.6%	70.0%	12.6	12.7	16.7	12.1	102.9	93.3
吉林	54.5%	54.5%	31.3%	29.1%	68.9%	65.1%	16.6	12.7	18.1	14.0	100.7	95.6
东莞	57.5%	53.8%	33.3%	31.8%	71.2%	74.7%	15.9	13.3	15.7	12.5	115.9	107.6
山东	52.0%	48.0%	39.4%	32.0%	76.5%	68.6%	13.3	14.3	12.4	13.0	97.3	88.9
佛山	55.5%	55.8%	32.7%	28.2%	77.8%	73.5%	13.2	10.8	12.8	10.1	110.3	98.8
山西	52.2%	50.5%	33.9%	26.2%	72.6%	72.8%	10.5	11.7	12.4	10.9	101.8	92.2

2005—2006 赛季广东队：二分球方面，主场 1125 投、660 中，客场 1165 投、660 中，投篮命中率主场高于客场，但出手数少于客场。三分球

方面，主场516投、205中，客场463投、178中，投篮出手数、命中数、命中率，主场均高于客场。罚篮方面，主场493罚、336中，客场482罚、373中，罚球数主场多于客场，命中数、命中率客场高于主场。进攻篮板方面，主场248，场均11.8，客场276，场均13.1，客场优于主场。助攻方面，主场381，场均18.1，客场308，场均14.7，主场优于客场。得分方面，主场2367，场均112.7，客场2264，场均107.8，主场高于客场。

2005—2006赛季北京队：二分球方面，主场1013投、523中，客场904投、508中，虽然主场出手数高于客场，但命中率低于客场。三分球方面，主场553投、204中，客场519投、200中，出手数和命中数主场都高于客场，但命中率主场低于客场。罚球方面，主场453罚、349中，客场390罚、303中，罚球数和命中数主场都高于客场，罚球命中率主场略低于客场。进攻篮板方面，主场228，场均12.0，客场184，场均9.2，主场优于客场。助攻方面，主场279，场均14.7，客场239，场均12.0，主场优于客场。得分方面，主场2156，场均107.8，客场2020，场均101.0，主场高于客场。

2005—2006赛季八一队：二分球方面，主场1109投、612中，客场1046投、579中，虽然主场出手数高于客场，但命中率略低于客场。三分球方面，主场522投、208中，客场558投、210中，出手数和命中数主场都低于客场，但命中率主场高于客场。罚球方面，主场469罚、368中，客场470罚、343中，罚球数主场略低于客场，命中数和命中率主场都高于客场。进攻篮板方面，主场234，场均11.1，客场209，场均10.0，主场优于客场。助攻方面，主场371，场均17.7，客场277，场均13.2，助攻主场优于客场。得分方面，主场2243，场均106.8，客场2129，场均101.4，主场高于客场。

2005—2006赛季江苏队：二分球方面，主场1367投、744中，客场1283投、675中，出手数、命中率主场都高于客场。三分球方面，主场535投、208中，客场439投、158中，出手数、命中数、命中率主场都高于客场。罚球方面，主场497罚、379中，客场508罚、379中，罚球数主场低于客场，命中数同样主场低于客场，命中率主场高于客场。进攻篮板方面，主场336，场均16.0，客场287，场均13.7，主场优于客场。助攻方面，主场428，场均20.4，客场236，场均11.2，主场优于客场。得分方面，主场2491，场均118.6，客场2151，场均102.4，主场高于客场。

2005—2006赛季新疆队：二分球方面，主场1059投、646中，客场1122投、640中，命中数、命中率主场都高于客场，出手数主场低于客场。三分球方面，主场465投、173中，客场346投、126中，出手数、命中数、命中率主场都高于客场。罚球方面，主场539罚、407中，客场478罚、356中，罚篮数、命中数、罚篮命中率主场都高于客场。进攻篮板方面，主场197，场均9.9，客场177，场均8.9，主场优于客场。助攻方面，主场309，场均15.5，客场237，场均11.9，主场优于客场。得分方面，主场2178，场均108.9，客场2028，场均101.4，主场高于客场。

2005—2006赛季福建队：二分球方面，主场1167投、620中，客场1164投、598中，出手数、命中数、命中率主场都高于客场。三分球方面，主场418投、140中，客场496投、181中，出手数、命中数、命中率客场都高于主场。罚球方面，主场401罚、266中，客场474罚、341中，出手数、命中数、命中率客场都高于主场。进攻篮板方面，主场282，场均13.4，客场242，场均11.5，主场优于客场。助攻方面，主场323，场均15.4，客场268，场均12.8，主场优于客场。得分方面，主场2001，场均95.3，客场2055，场均97.9，客场高于主场。

2005—2006赛季上海队：二分球方面，主场1311投、656中，客场1286投、669中，出手数主场都高于客场，命中数、命中率客场都高于主场。三分球方面，主场410投、136中，客场364投、130中，出手数、命中数主场都高于客场，命中率客场高于主场。罚球方面，主场504罚、354中，客场437罚、305中，出手数、命中数、命中率主场都高于客场。进攻篮板方面，主场311，场均14.8，客场317，场均15.1，客场优于主场。助攻方面，主场256，场均12.2，客场239，场均11.4，主场优于客场。得分方面，主场2164，场均103.0，客场2173，场均103.5，客场高于主场。

2005—2006赛季辽宁队：二分球方面，主场1019投、565中，客场1055投、533中，命中数、命中率主场都高于客场，出手数客场高于主场。三分球方面，主场531投、181中，客场481投、176中，出手数、命中数主场都高于客场，命中率客场高于主场。罚球方面，主场466罚、351中，客场468罚、356中，出手数、命中数客场都高于主场，命中率主场高于客场。进攻篮板方面，主场276，场均13.8，客场210，场均11.1，主场优于客场。助攻方面，主场410，场均20.5，客场235，场均12.4，主场优于客场。得分方面，主场2029，场均101.5，客场1985，场均104.5，客场高于主场。

2005—2006赛季浙江队：二分球方面，主场1095投、617中，客场1059投、544中，出手数、命中数、命中率主场都高于客场。三分球方面，主场470投、175中，客场456投、151中，出手数、命中数、命中率主场都高于客场。罚球方面，主场500罚、388中，客场467罚、327中，出手数、命中数、命中率主场都高于客场。进攻篮板方面，主场264，场均12.6，客场267，场均12.7，客场略优于主场。助攻方面，主场351，场均16.7，客场255，场均12.1，主场明显优于客场。得分方面，主场2161，场均102.9，客场1960，场均93.3，主场高于客场。

2005—2006赛季吉林队：二分球方面，主场1167投、636中，客场1111投、605中，出手数、命中数主场都高于客场，命中率主场与客场相同。三分球方面，主场553投、173中，客场533投、155中，出手数、命中数、命中率主场都高于客场。罚球方面，主场563罚、388中，客场495罚、322中，出手数、命中数、命中率主场都高于客场。进攻篮板方面，主场332，场均16.6，客场253，场均12.7，主场优于客场。助攻方面，主场362，场均18.1，客场280，场均14.0，主场明显优于客场。得分方面，主场2014，场均100.7，客场1913，场均95.6，主场高于客场。

2005—2006赛季东莞队：二分球方面，主场1252投、720中，客场1199投、645中，出手数、命中数、命中率主场都高于客场。三分球方面，主场646投、215中，客场650投、207中，命中数、命中率主场都高于客场，出手数客场略高于主场。罚球方面，主场527罚、375中，客场451罚、337中，出手数、命中数主场都高于客场，命中率客场高于主场。进攻篮板方面，主场333，场均15.9，客场279，场均13.3，主场优于客场。助攻方面，主场330，场均15.7，客场262，场均12.5，主场明显优于客场。得分方面，主场2434，场均115.9，客场2259，场均107.6，主场高于客场。

2005—2006赛季山东队：二分球方面，主场1035投、538中，客场1103投、529中，命中数、命中率主场都高于客场，出手数客场高于主场。三分球方面，主场431投、170中，客场438投、140中，命中数、命中率主场都高于客场，出手数客场略高于主场。罚球方面，主场503罚、385中，客场392罚、269中，出手数、命中数、命中率主场都明显高于客场。进攻篮板方面，主场266，场均13.3，客场286，场均14.3，客场优于主场。助攻方面，主场248，场均12.4，客场259，场均13.0，客场优于主场。得分方面，主场1945，场均97.3，客场1778，场均88.9，主场高于客场。

2005—2006赛季佛山队：二分球方面，主场1175投、652中，客场1153投、643中，出手数、命中数主场都高于客场，命中率主场低于客场。三分球方面，主场376投、123中，客场316投、89中，出手数、命中数、命中率主场都高于客场。罚球方面，主场675罚、525中，客场491罚、361中，罚篮数、命中数、罚篮命中率主场都高于客场。进攻篮板方面，主场263，场均13.2，客场216，场均10.8，主场优于客场。助攻方面，主场255，场均12.8，客场202，场均10.1，主场明显优于客场。得分方面，主场2205，场均110.3，客场1976，场均98.8，主场高于客场。

2005—2006赛季山西队：二分球方面，主场1169投、610中，客场1126投、569中，出手数、命中数、命中率主场都高于客场。三分球方面，主场386投、131中，客场385投、101中，出手数基本一样，但命中数、命中率主场都明显高于客场。罚球方面，主场570罚、414中，客场464罚、338中，出手数、命中数主场都高于客场，但命中率客场略高于主场。进攻篮板方面，主场209，场均10.5，客场233，场均11.7，客场略优于主场。助攻方面，主场247，场均12.4，客场217，场均10.9，主场优于客场。得分方面，主场2036，场均101.8，客场1844，场均92.2，主场高于客场。

表 6-12 2006—2007 赛季各队主、客场场均投篮命中率、进攻篮板数、助攻数、得分

球队	二分投篮命中率		三分投篮命中率		罚篮命中率		场均进攻篮板数		场均助攻数		场均得分	
	主	客	主	客	主	客	主	客	主	客	主	客
广东	56.9%	59.3%	36.8%	38.3%	76.5%	71.5%	13.6	13.9	17.1	17.8	106.8	104.8
八一	60.2%	56.7%	37.9%	40.6%	76.8%	80.7%	7.7	9.6	20.9	17.2	102.1	104.3
江苏	56.9%	56.7%	36.4%	36.5%	69.0%	65.6%	15.2	14.1	19.6	13.7	112.7	110.1
辽宁	56.8%	55.8%	35.2%	34.4%	72.9%	72.0%	14.0	12.1	19.9	14.3	105.1	97.3
山东	57.7%	54.2%	37.4%	34.2%	75.9%	72.1%	11.6	12.9	14.7	13.7	109.0	101.9
浙江	54.1%	53.0%	37.5%	36.5%	71.9%	76.7%	12.8	11.7	13.4	11.7	98.9	90.1
福建	55.7%	55.1%	33.3%	36.0%	72.5%	71.3%	13.4	11.4	17.7	15.3	98.9	90.1
上海	53.5%	53.6%	35.1%	38.7%	77.6%	68.3%	15.4	13.3	14.5	13.5	104.7	106.1
新疆	61.0%	57.0%	41.2%	34.4%	72.6%	68.5%	9.4	10.4	16.3	13.3	103.5	97.6
北京	53.4%	49.8%	39.5%	38.1%	73.8%	69.7%	11.7	8.9	18.1	12.1	104.3	95.6
东莞	60.4%	51.7%	34.8%	31.7%	74.3%	72.6%	13.4	15.7	18.5	14.1	118.9	106.6
吉林	51.9%	52.9%	34.1%	31.5%	71.2%	72.8%	16.9	13.7	20.1	14.3	103.3	94.0
佛山	52.2%	51.0%	30.6%	32.0%	66.9%	70.4%	13.1	11.7	13.8	10.0	94.9	93.9
广厦	53.3%	52.3%	33.7%	29.5%	71.7%	72.2%	12.0	10.1	14.3	10.9	95.9	92.4
山西	53.1%	54.2%	31.5%	29.8%	73.0%	71.4%	10.9	12.9	11.8	10.1	101.6	101.4

表6-13 2007—2008赛季各队主、客场场均投篮命中率、进攻篮板数、助攻数、得分

球队	二分投篮命中率		三分投篮命中率		罚篮命中率		场均进攻篮板数		场均助攻数		场均得分	
	主	客	主	客	主	客	主	客	主	客	主	客
广东	55.5%	55.6%	40.5%	36.8%	73.1%	71.6%	12.5	12.1	16.9	15.7	108.8	103.3
新疆	59.9%	57.3%	43.2%	38.1%	78.9%	77.1%	10.2	10.8	17.7	12.5	109.6	98.7
江苏	55.4%	55.3%	38.1%	34.5%	74.6%	75.2%	19.1	14.0	19.7	13.8	115.7	103.5
辽宁	56.0%	48.9%	36.5%	39.2%	72.0%	77.2%	13.1	12.8	19.7	11.7	102.9	96.8
山东	57.5%	56.2%	40.6%	35.6%	75.9%	75.5%	12.1	12.5	13.9	12.9	110.7	101.3
八一	52.1%	57.0%	34.3%	39.2%	78.2%	76.1%	11.2	10.3	16.8	14.8	97.3	101.9
东莞	54.2%	53.4%	34.6%	32.1%	74.4%	73.3%	17.3	14.9	15.8	12.4	116.7	105.3
福建	53.9%	53.6%	39.1%	38.0%	74.1%	76.1%	12.4	10.1	14.1	13.2	99.3	97.1
北京	48.7%	50.5%	36.2%	36.7%	75.7%	73.1%	12.6	12.7	13.4	10.3	95.3	93.9
广厦	56.4%	53.2%	33.9%	32.8%	72.7%	68.1%	14.5	12.7	12.4	12.8	104.9	94.9
浙江	51.7%	49.5%	35.6%	32.4%	75.6%	76.1%	13.5	14.5	11.9	12.2	96.1	93.7
上海	52.1%	52.8%	35.9%	30.7%	70.4%	66.4%	15.2	14.3	16.7	15.3	98.5	100.8
吉林	46.9%	53.7%	30.8%	35.5%	72.8%	75.3%	17.5	12.5	16.8	12.7	93.5	101.1
佛山	52.3%	53.4%	30.5%	27.4%	71.4%	70.4%	15.0	12.7	13.9	11.3	103.9	96.1
山西	55.9%	51.0%	31.1%	32.6%	72.6%	67.7%	11.5	12.7	14.6	10.6	100.4	98.0

表 6-14　2008—2009 赛季各队主、客场场均投篮命中率、进攻篮板数、助攻数、得分

球队	二分投篮命中率		三分投篮命中率		罚篮命中率		场均进攻篮板数		场均助攻数		场均得分	
	主	客	主	客	主	客	主	客	主	客	主	客
广东	57.7%	57.0%	38.3%	37.2%	71.4%	73.6%	12.7	12.1	18.6	17.8	112.4	105.7
新疆	59.4%	58.1%	39.7%	35.6%	73.8%	74.5%	13.0	12.4	18.0	14.6	103.08	99.6
江苏	58.8%	57.9%	34.1%	35.9%	71.5%	71.6%	15.5	14.0	22.8	15.1	115.4	110.2
佛山	55.5%	55.7%	33.4%	29.2%	71.7%	69.1%	17.5	14.2	17.9	13.2	105.4	100.4
东莞	56.2%	54.5%	34.3%	33.2%	76.1%	76.5%	15.7	14.3	17.0	13.8	112.4	108.8
福建	54.3%	56.0%	38.6%	36.0%	75.8%	71.7%	11.9	10.2	18.6	15.0	105.2	102.0
广厦	63.2%	59.8%	39.5%	36.9%	67.1%	67.7%	9.0	8.9	14.7	12.7	110.8	101.2
山东	59.3%	58.1%	37.5%	32.0%	71.3%	66.8%	10.8	13.3	17.2	15.7	105.4	98.7
北京	53.2%	52.4%	34.1%	33.0%	70.7%	70.6%	12.4	11.8	15.2	12.9	102.4	98.0
山西	59.7%	50.5%	38.2%	34.6%	68.4%	66.6%	12.7	15.2	17.0	12.2	108.3	99.7
八一	51.9%	54.7%	36.4%	36.6%	72.1%	72.3%	10.8	8.6	14.4	15.1	94.7	94.2
辽宁	53.4%	52.1%	31.9%	33.7%	69.1%	74.0%	14.0	13.2	15.0	12.0	100.7	99.0
吉林	51.2%	54.5%	34.6%	34.5%	71.8%	76.1%	12.3	10.0	18.3	14.8	97.8	98.6
浙江	54.3%	52.1%	34.1%	31.3%	75.2%	72.1%	13.0	11.2	13.6	11.0	104.4	94.7
青岛	55.7%	53.7%	29.7%	31.8%	62.5%	65.3%	12.1	11.0	16.8	13.8	98.1	97.4
天津	52.7%	51.6%	35.4%	32.4%	75.9%	73.3%	12.2	11.1	19.5	13.3	86.8	94.0
上海	52.0%	53.7%	37.5%	33.8%	74.4%	67.1%	12.6	11.8	12.0	12.2	100.9	99.2

表6-15　2009—2010赛季各队主、客场场均投篮命中率、进攻篮板数、助攻数、得分

球队	二分投篮命中率		三分投篮命中率		罚篮命中率		场均进攻篮板数		场均助攻数		场均得分	
	主	客	主	客	主	客	主	客	主	客	主	客
广东	58.0%	60.7%	38.9%	37.3%	71.1%	67.2%	13.1	14.3	18.1	17.8	113.8	114.9
新疆	59.9%	56.8%	37.4%	38.2%	77.8%	73.7%	11.0	12.3	15.7	14.4	103.9	100.9
广厦	62.7%	57.3%	36.0%	33.4%	70.3%	70.6%	13.1	11.5	17.6	14.9	111.3	99.1
上海	52.1%	55.6%	41.8%	41.6%	73.1%	69.8%	17.8	14.3	19.3	17.3	111.3	110.6
辽宁	52.6%	51.1%	38.5%	31.2%	74.7%	70.6%	18.7	16.5	17.9	13.4	107.6	95.6
江苏	56.1%	50.2%	35.6%	36.7%	73.6%	72.2%	17.6	14.0	19.0	10.2	109.6	98.5
福建	55.8%	56.3%	40.6%	32.9%	70.0%	63.6%	12.3	11.8	17.4	17.5	109.1	97.7
八一	49.7%	52.5%	31.9%	34.0%	71.0%	63.6%	12.6	12.3	13.0	11.7	94.9	93.5
山东	57.3%	56.2%	33.8%	29.3%	69.1%	67.3%	14.9	14.3	15.1	13.9	105.9	100.0
浙江	51.6%	47.7%	37.5%	38.4%	81.2%	79.1%	10.2	8.7	15.0	11.3	100.3	97.0
东莞	55.0%	52.6%	34.2%	29.7%	73.9%	75.0%	14.2	14.1	16.2	13.9	108.1	99.1
天津	52.5%	56.3%	33.9%	32.8%	74.8%	65.0%	15.8	12.5	17.4	11.9	105.9	98.2
吉林	51.3%	48.1%	37.9%	33.3%	73.5%	73.9%	14.6	15.2	15.6	13.0	99.1	96.4
山西	55.3%	51.7%	39.9%	32.8%	72.7%	68.9%	11.1	13.6	16.9	12.6	101.9	100.6
北京	49.5%	49.9%	36.7%	36.1%	71.7%	73.1%	14.7	13.1	12.8	12.9	102.8	98.7
青岛	55.6%	53.3%	33.6%	29.7%	63.7%	64.6%	10.3	13.0	15.1	11.7	101.8	97.1
佛山	56.9%	53.6%	39.5%	35.9%	78.2%	71.6%	12.8	12.9	17.2	12.6	104.6	94.9

表 6-16 2010—2011 赛季各队主、客场场均投篮命中率、进攻篮板数、助攻数、得分

球队	二分投篮命中率		三分投篮命中率		罚篮命中率		场均进攻篮板数		场均助攻数		场均得分	
	主	客	主	客	主	客	主	客	主	客	主	客
新疆	63.8%	57.8%	39.1%	39.9%	79.7%	82.2%	12.8	12.6	16.2	15.6	105.1	101.8
广东	51.8%	55.5%	39.7%	32.2%	71.1%	74.2%	15.8	15.6	18.6	13.9	112.6	107.4
东莞	55.1%	55.8%	36.7%	32.1%	74.3%	71.7%	14.7	13.4	18.3	15.9	111.2	103.4
江苏	49.4%	51.5%	33.3%	36.7%	73.5%	72.3%	16.2	13.2	16.9	12.8	99.9	100.9
浙江	51.5%	48.2%	34.3%	33.4%	70.2%	68.2%	16.4	14.3	16.2	12.6	101.9	93.2
广厦	56.7%	56.7%	32.0%	27.8%	72.1%	71.6%	13.8	10.6	20.3	15.1	107.7	94.1
八一	53.6%	55.2%	32.2%	35.2%	75.6%	67.9%	11.3	9.0	17.2	16.1	97.0	95.4
山西	60.0%	55.7%	38.7%	38.1%	72.2%	68.7%	15.4	12.6	19.1	15.1	110.4	105.6
北京	49.0%	48.6%	35.3%	33.0%	72.9%	71.8%	14.8	11.3	13.1	12.1	99.7	92.3
辽宁	48.1%	48.0%	33.0%	33.0%	67.8%	73.9%	16.4	14.4	16.4	12.6	97.5	93.3
山东	53.0%	53.2%	33.7%	32.2%	72.8%	70.8%	14.8	11.2	15.0	16.6	101.6	95.1
上海	50.6%	51.5%	31.6%	32.9%	73.6%	75.3%	17.6	14.4	17.1	14.8	99.1	98.3
吉林	47.2%	51.4%	32.7%	32.1%	77.3%	72.6%	16.4	13.5	15.4	11.2	97.4	91.9
佛山	51.5%	46.4%	39.0%	35.5%	75.5%	70.3%	12.4	13.9	14.4	12.1	96.3	88.5
青岛	50.5%	53.1%	31.2%	28.4%	74.9%	64.6%	11.6	14.2	14.3	13.4	100.4	100.4
福建	49.7%	50.2%	35.0%	29.7%	71.4%	67.5%	15.3	16.6	15.9	10.5	101.3	95.9
天津	46.4%	46.0%	32.0%	32.4%	70.7%	70.3%	14.8	14.3	12.7	12.6	92.3	94.4

表 6-17　2011—2012 赛季各队主、客场场均投篮命中率、进攻篮板数、助攻数、得分

球队	二分投篮命中率		三分投篮命中率		罚篮命中率		场均进攻篮板数		场均助攻数		场均得分	
	主	客	主	客	主	客	主	客	主	客	主	客
广东	53.3%	55.4%	40.4%	35.1%	71.0%	73.4%	13.8	15.1	17.8	14.1	112.8	105.3
北京	49.8%	50.4%	34.6%	32.5%	71.8%	77.5%	13.0	14.9	15.1	14.0	104.5	103.8
山西	60.3%	56.0%	39.3%	35.7%	73.6%	72.8%	12.4	11.9	17.1	12.9	116.2	106.1
东莞	51.0%	51.8%	37.3%	33.5%	69.3%	78.8%	14.3	13.4	14.3	14.1	103.5	104.8
新疆	53.1%	51.0%	36.0%	36.2%	71.1%	74.7%	14.5	12.1	16.4	15.6	101.6	96.6
上海	46.0%	47.3%	36.0%	30.0%	74.8%	74.5%	16.6	14.6	13.0	11.7	91.8	90.4
广厦	52.2%	52.5%	34.6%	28.5%	72.4%	74.8%	16.3	12.6	16.0	13.9	105.4	94.4
青岛	53.8%	53.8%	36.2%	29.7%	66.5%	75%	12.3	15.1	17.0	15.8	104.3	98.6
福建	51.7%	52.4%	35.7%	33.4%	68.3%	71.4%	12.9	16.7	15.0	14.9	102.9	104.0
辽宁	51.0%	51.3%	33.2%	30.4%	72.9%	75.5%	16.9	15.9	21.6	13.1	103.9	100.8
浙江	53.0%	51.7%	33.5%	34.8%	63.8%	65.5%	16.6	14.6	13.7	13.4	104.4	95.9
吉林	52.1%	55.7%	31.1%	35.5%	68.6%	73.2%	14.8	11.8	16.5	13.8	98.1	97.1
山东	51.8%	50.5%	35.1%	31.0%	77.7%	66.6%	15.6	12.9	15.5	12.2	103.4	88.6
八一	49.8%	50.1%	34.8%	36.6%	70.5%	68.1%	10.2	9.5	13.9	13.8	98.3	94.6
天津	51.0%	52.6%	33.3%	33.8%	73.8%	73.0%	16.3	12.3	14.8	12.9	100.3	99.5
佛山	55.4%	51.1%	34.4%	38.1%	74.7%	72.0%	11.4	12.9	14.3	13.1	103.1	98.6
江苏	50.9%	45.6%	33.1%	32.6%	71.4%	68.9%	13.9	13.4	16.8	12.6	103.6	93.4

表 6-18　2012—2013 赛季各队主、客场场均投篮命中率、进攻篮板数、助攻数、得分

球队	二分投篮命中率		三分投篮命中率		罚篮命中率		场均进攻篮板数		场均助攻数		场均得分	
	主	客	主	客	主	客	主	客	主	客	主	客
广东	57.3%	53.8%	36.1%	36.0%	68.8%	72.5%	13.6	15.3	17.1	13.8	111.8	105.2
山东	59.1%	54.0%	36.3%	37.4%	64.4%	68.6%	14.2	11.9	16.2	19.5	96.5	111.2
北京	52.4%	53.1%	34.1%	33.5%	75.5%	78.9%	11.3	11.4	17.3	15.1	105.2	103.3
新疆	57.0%	51.0%	37.9%	43.8%	77.5%	75.5%	12.4	13.6	15.5	16.1	102.2	108.6
辽宁	53.1%	49.8%	34.8%	37.2%	74.0%	72.3%	14.0	15.3	20.0	13.1	110.6	106.6
广厦	53.1%	52.5%	39.7%	32.2%	74.0%	69.4%	14.4	11.4	18.3	14.6	107.3	97.3
东莞	53.7%	52.8%	40.7%	40.8%	76.9%	77.2%	12.7	13.0	15.8	13.1	104.9	99.8
浙江	55.6%	51.2%	33.8%	34.7%	71.9%	70.8%	16.7	14.1	14.7	13.9	116.5	104.6
山西	56.8%	52.8%	35.7%	30.7%	73.8%	67.7%	15.6	16.6	18.1	15.8	111.9	109.0
八一	55.2%	53.4%	27.6%	31.2%	73.0%	71.8%	10.7	9.3	14.4	14.4	96.8	91.5
佛山	53.0%	51.5%	32.5%	32.3%	69.5%	68.8%	14.4	16.1	15.5	14.9	109.3	106.9
江苏	56.4%	56.1%	34.9%	30.9%	70.8%	74.7%	15.2	14.0	16.8	13.9	105.4	99.6
福建	49.5%	53.2%	33.3%	30.3%	69.1%	66.4%	15.9	14.6	14.8	14.9	103.9	98.8
吉林	51.2%	51.6%	32.0%	36.9%	72.3%	71.3%	14.4	11.5	17.7	15.8	101.3	101.4
天津	49.5%	49.2%	34.0%	30.5%	71.6%	67.4%	12.8	13.6	18.8	14.4	93.1	94.1
上海	47.3%	50.6%	33.6%	30.0%	70.4%	70.8%	15.4	11.6	12.5	13.6	91.4	93.0
青岛	51.5%	52.0%	35.0%	34.3%	71.8%	75.9%	11.8	11.9	18.1	14.3	105.6	101.3

表 6-19　八个赛季主、客场二分球总出手数、总命中数、总命中率

赛季	二分投篮总命中数		二分投篮总出手数		二分投篮总命中率	
	主	客	主	客	主	客
2005 — 2006	8708	8375	15910	15720	54.7%	53.3%
2006 — 2007	6349	6010	11332	11085	56.0%	54.2%
2007 — 2008	6704	6341	12400	11906	54.1%	53.3%
2008 — 2009	12780	12218	22915	22297	55.8%	54.8%
2009 — 2010	7888	7724	14401	14409	54.8%	53.6%
2010 — 2011	7465	7101	14370	13715	51.9%	51.8%
2011 — 2012	8072	7765	15491	15035	52.1%	51.6%
2012 — 2013	8372	7993	15629	15309	53.6%	52.2%

表 6-20　八个赛季主、客场三分球总出手数、总命中数、总命中率

赛季	三分投篮总命中数		三分投篮总出手数		三分投篮总命中率	
	主	客	主	客	主	客
2005 — 2006	2415	2192	6731	6420	35.9%	34.1%
2006 — 2007	1958	1890	5462	5399	35.8%	35.0%
2007 — 2008	2008	1978	5555	5648	36.1%	35.0%
2008 — 2009	3831	3648	10715	10725	35.8%	34.0%
2009 — 2010	2544	2325	6867	6748	37.0%	34.5%
2010 — 2011	2229	2181	6449	6552	34.6%	33.3%
2011 — 2012	2281	2133	6469	6408	35.3%	33.3%
2012 — 2013	2294	2241	6565	6482	34.9%	34.6%

表 6-21　八个赛季主、客场罚球总命中数、总罚球数、总命中率

赛季	罚球总命中数		罚篮总数		罚篮总命中率	
	主	客	主	客	主	客
2005 — 2006	5272	4706	7097	6445	74.3%	73.0%
2006 — 2007	3935	3740	5387	5219	73.0%	71.7%
2007 — 2008	3859	3691	5240	5053	73.6%	73.0%
2008 — 2009	7215	7076	10060	9950	71.7%	71.1%
2009 — 2010	4973	4348	6832	6220	72.8%	69.9%
2010 — 2011	5175	4740	7080	6656	73.1%	71.2%
2011 — 2012	5082	4825	7127	6635	71.3%	72.7%
2012 — 2013	5037	4715	6990	6579	72.1%	71.7%

表 6-22　八个赛季主、客场总进攻篮板数、场均进攻篮板数

赛季	总进攻篮板数		场均进攻篮板数	
	主场	客场	主场	客场
2005 — 2006	3739	3427	13.4	12.2
2006 — 2007	2866	2736	12.7	12.2
2007 — 2008	3116	2842	13.8	12.6
2008 — 2009	5453	5082	12.8	12.0
2009 — 2010	3754	3586	13.8	13.2
2010 — 2011	4009	3598	14.7	13.2
2011 — 2012	3869	3673	14.2	13.5
2012 — 2013	3764	3604	13.8	13.3

表 6-23　八个赛季主、客场总助攻数、场均助攻数

赛季	总助攻数		场均助攻数	
	主场	客场	主场	客场
2005 — 2006	4525	3484	16.2	12.4
2006 — 2007	3769	3032	16.8	13.5
2007 — 2008	3512	2884	15.6	12.8
2008 — 2009	7164	5884	16.9	13.8
2009 — 2010	4469	3694	16.4	13.6
2010 — 2011	4431	3726	16.3	13.7
2011 — 2012	4300	3709	15.8	13.6
2012 — 2013	4504	4019	16.6	14.8

表 6-24　八个赛季主、客场总得分、场均得分

赛季	总得分		场均得分	
	主场	客场	主场	客场
2005 — 2006	30424	28535	108.7	101.9
2006 — 2007	23408	22413	104.0	99.6
2007 — 2008	23306	22296	103.6	99.1
2008 — 2009	44352	42535	104.4	100.1
2009 — 2010	28668	27085	105.4	99.6
2010 — 2011	27703	26431	101.8	97.2
2011 — 2012	28128	26760	103.4	98.4
2012 — 2013	28376	27715	104.3	101.9

表 6-25　八个赛季所有球队总的场均投篮命中率、进攻篮板数、助攻数、得分

赛季	场均二分投篮命中率		场均三分投篮命中率		场均罚篮命中率		场均进攻篮板数		场均助攻数		场均得分	
	主	客	主	客	主	客	主	客	主	客	主	客
2005—2006	54.7%	53.3%	35.9%	34.1%	74.3%	73.0%	13.4	12.2	16.2	12.4	108.7	101.9
2006—2007	56.0%	54.2%	35.8%	35.0%	73.0%	71.7%	12.7	12.2	16.8	13.5	104.0	99.6
2007—2008	54.1%	53.3%	36.1%	35.0%	73.6%	73.0%	13.8	12.6	15.6	12.8	103.6	99.1
2008—2009	55.8%	54.8%	35.8%	34.0%	71.7%	71.1%	12.8	12.0	16.9	13.8	104.4	100.1
2009—2010	54.8%	53.6%	37.0%	34.5%	72.8%	69.9%	13.8	13.2	16.4	13.6	105.4	99.6
2010—2011	51.9%	51.8%	34.6%	33.3%	73.1%	71.2%	14.7	13.2	16.3	13.7	101.8	97.2
2011—2012	52.1%	51.6%	35.3%	33.3%	71.3%	72.7%	14.2	13.5	15.8	13.6	103.4	98.4
2012—2013	53.6%	52.2%	34.9%	34.6%	72.1%	71.7%	13.8	13.3	16.6	14.8	104.3	101.9

注：2005—2006常规赛主、客场每队各20场，2006—2007、2007—2008各15场，2008—2009各25场，之后都是各16场。

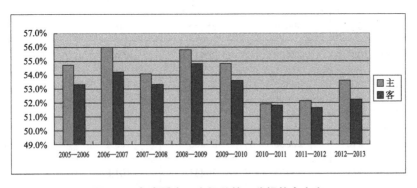

图 6-2　各赛季主、客场总的二分投篮命中率

由图6-2可知，各赛季主、客场二分投篮命中率几乎都在50%以上，主场命中率都高于客场。差距最大的是2006—2007赛季，最接近的是2010—2011赛季。

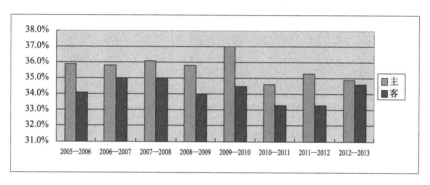

图6-3 各赛季主、客场总的三分投篮命中率

由图6-3可知，各赛季三分投篮命中率，主场都高于客场。差距最大的是2009—2010赛季，最接近的是2012—2013赛季。

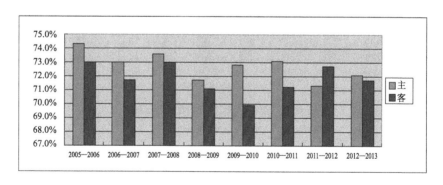

图6-4 各赛季主、客场总罚篮命中率

由图6-4可知，罚篮命中率除了2011—2012赛季，都是主场高于客场。

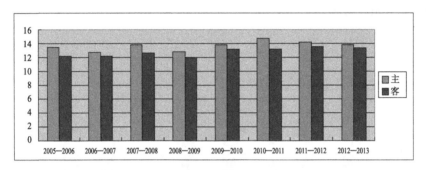

图 6-5   各赛季主、客场场均进攻篮板数

由图 6-5 可知，各赛季场均进攻篮板数，主场都多于客场。

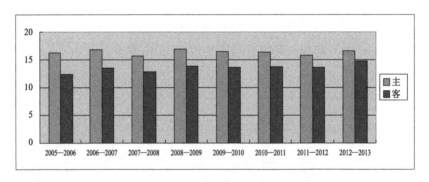

图 6-6   各赛季主、客场场均助攻数

由图 6-6 可知，各赛季场均助攻数，主场都多于客场。

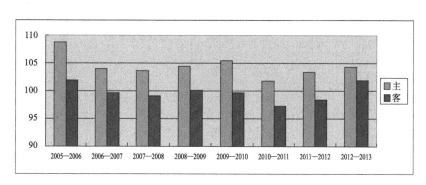

图 6-7　各赛季主、客场场均得分

由图 6-7 可知，各赛季场均得分，主场都高于客场。

3. 不同赛季各队主、客场场均抢断、盖帽、防守篮板、失分指标的对比

分别整理、统计八个赛季各队主场和客场场均抢断数、场均盖帽数、场均防守篮板数、场均失分。通过对比球队在主、客场的各项技术指标，更加细致地剖析球队在主、客场表现的异同，通过数据找出主场优势体现在哪些方面。在此基础上，分析各赛季平均失误数、犯规数，全面了解 CBA 的发展趋势，从而更好地研究、定义 CBA 的主场效应。

表 6-26　2005—2006 赛季各队主、客场场均抢断、盖帽、防守篮板、失分

球队	场均抢断数		场均盖帽数		场均防守篮板数		场均失分	
	主	客	主	客	主	客	主	客
广东	12.2	11.8	3.2	3.2	28.2	26.0	90.0	99.4
北京	6.5	6.5	1.1	1.4	26.0	26.1	97.8	96.2
八一	13.8	12.0	4.9	3.5	23.9	25.0	99.6	105.5
江苏	16.0	11.2	4.5	3.4	30.7	28.1	108.8	113.2

续表

球队	场均抢断数		场均盖帽数		场均防守篮板数		场均失分	
	主	客	主	客	主	客	主	客
新疆	10.5	8.9	3.5	4.1	27.7	29.8	96.8	100.7
福建	9.0	8.5	1.9	2.2	26.9	26.9	90.0	108.1
上海	10.1	10.5	3.0	1.9	22.6	25.5	105.1	104.5
辽宁	12.4	8.5	3.5	3.1	25.9	24.4	93.1	112.1
浙江	9.1	8.3	4.1	3.2	28.1	27.0	98.1	102.1
吉林	10.1	10.1	3.2	2.5	30.2	25.5	95.3	107.1
东莞	10.1	10.0	2.4	1.9	23.9	22.5	117.1	124.4
山东	8.7	9.9	3.7	3.3	23.5	24.9	96.7	100.2
佛山	11.5	9.1	3.0	1.6	27.8	23.1	106.0	113.3
山西	8.2	7.3	3.5	2.6	23.0	22.9	104.4	111.0

表 6-27　2006—2007 赛季各队主、客场场均抢断、盖帽、防守篮板、失分

球队	场均抢断数		场均盖帽数		场均防守篮板数		场均失分	
	主	客	主	客	主	客	主	客
广东	12.9	13.5	2.4	3.3	28.8	28.5	85.5	86.3
八一	12.2	11.6	4.6	2.7	27.3	26.8	85.5	95.7
江苏	12.3	12.4	4.1	3.6	31.3	28.3	99.7	104.9
辽宁	8.7	9.6	4.3	4.0	28.4	27.1	90.2	97.7
山东	14.5	8.8	4.0	4.5	31.3	27.3	99.5	103.6
浙江	9.9	7.8	3.6	3.4	28.6	26.3	89.9	92.5

续表

球队	场均抢断数		场均盖帽数		场均防守篮板数		场均失分	
	主	客	主	客	主	客	主	客
福建	11.3	10.1	1.7	2.1	27.6	27.4	91.2	101.5
上海	13.5	10.7	2.9	2.3	27.0	25.4	99.3	106.9
新疆	7.3	7.7	3.9	2.8	28.8	26.3	97.5	104.2
北京	7.5	6.3	2.1	1.1	27.5	27.3	102.5	103.2
东莞	9.7	8.6	2.9	2.5	27.5	30.9	116.3	116.5
吉林	7.3	6.8	2.2	1.3	31.6	28.1	100.5	101.5
佛山	9.6	8.5	1.9	2.5	27.2	28.3	101.1	106.6
广厦	7.5	7.7	2.2	1.0	27.4	26.1	98.4	110.3
山西	11.1	8.1	2.1	2.1	25.9	25.6	113.5	117.1

表6-28　2007—2008赛季各队主、客场场均抢断、盖帽、防守篮板、失分

球队	场均抢断数		场均盖帽数		场均防守篮板数		场均失分	
	主	客	主	客	主	客	主	客
广东	10.6	11.7	2.2	2.2	27.8	28.5	93.5	94.5
新疆	8.7	8.1	1.9	2.1	32.3	29.7	93.9	92.3
江苏	13.4	10.5	3.6	2.7	30.7	27.2	101.9	107.6
辽宁	8.9	10.9	4.5	3.5	28.2	27.9	93.7	94.5
山东	15.7	8.5	4.0	3.1	30.3	27.1	97.9	103.3
八一	11.9	9.3	4.8	3.4	26.7	25.8	89.3	101.7
东莞	7.0	9.3	4.5	3.4	30.0	29.6	109.7	105.6

球队	场均抢断数		场均盖帽数		场均防守篮板数		场均失分	
	主	客	主	客	主	客	主	客
福建	10.9	11.1	2.0	2.6	26.9	25.9	89.7	101.1
北京	8.3	8.1	2.5	1.7	27.3	27.1	95.1	96.2
广厦	9.9	9.5	4.0	3.7	26.5	27.7	101.5	99.7
浙江	8.5	8.2	4.1	3.7	31.7	29.7	92.0	101.9
上海	9.5	9.4	3.3	2.7	24.9	28.2	102.2	107.7
吉林	9.5	9.4	3.7	1.8	29.7	26.2	98.5	109
佛山	11.7	10.9	3.0	2.3	28.4	24.1	105.1	111.5
山西	9.1	6.9	3.8	3.7	28.1	29.0	111.3	120.1

表 6-29 2008—2009 赛季各队主、客场场均抢断、盖帽、防守篮板、失分

球队	场均抢断数		场均盖帽数		场均防守篮板数		场均失分	
	主	客	主	客	主	客	主	客
广东	13.6	12.7	2.9	3.2	29.8	27.8	91.1	96.2
新疆	10.7	9.6	3.8	3.8	26.4	27.6	88.3	88.2
江苏	11.4	10.9	5.3	4.9	32.2	27.7	103.1	104.7
佛山	11.3	8.7	4.0	4.0	31.5	26.3	96.2	104.1
东莞	9.4	9.3	3.9	2.7	29.6	27.4	103.8	110.9
福建	12.1	10.2	2.0	1.5	28.7	25.8	95.4	107.9
广厦	10.1	8.9	2.7	2.6	25.1	24.5	103.1	103.7
山东	11.5	9.3	3.8	3.8	28.8	27.4	98.9	101.6

续表

球队	场均抢断数		场均盖帽数		场均防守篮板数		场均失分	
	主	客	主	客	主	客	主	客
北京	9.0	9.0	4.1	3.3	30.1	25.7	97.9	102.1
山西	11.6	10.2	4.6	2.3	26.1	28.4	103.0	100.5
八一	11.4	8.7	5.1	4.6	23.2	25.4	92.1	95.3
辽宁	8.8	9.6	3.8	2.9	24.6	24.4	101.2	99.6
吉林	10.6	9.4	3.0	2.8	31.1	27.1	94.7	103.5
浙江	8.9	8.6	3.5	2.9	25.0	24.6	103.8	107.2
青岛	11.3	11.1	4.5	3.8	24.5	25.0	101.2	108.8
天津	9.4	8.0	2.6	1.9	25.4	22.5	101.0	105.2
上海	10.3	9.6	3.3	2.3	22.2	22.2	110.1	115.5

表6-30 2009—2010赛季各队主、客场场均抢断、盖帽、防守篮板、失分

球队	场均抢断数		场均盖帽数		场均防守篮板数		场均失分	
	主	客	主	客	主	客	主	客
广东	10.9	10.9	3.3	3.6	32.1	31.3	96.9	100.7
新疆	10.7	9.8	3.1	2.9	27.5	26.7	88.7	96.9
广厦	9.7	9.5	3.7	2.6	34.2	32.1	96.9	97.9
上海	9.6	8.9	3.8	2.8	30.1	28.8	100.6	103.1
辽宁	9.5	10.9	5.9	3.9	27.8	25.8	94.0	98.1
江苏	11.5	10.8	6.3	3.9	31.4	28.2	101.2	108.8
福建	10.4	8.9	3.9	4.6	26.9	27.9	100.6	103.4

球队	场均抢断数		场均盖帽数		场均防守篮板数		场均失分	
	主	客	主	客	主	客	主	客
八一	11.3	10.7	5.8	4.3	26.9	24.8	94.9	102.5
山东	13.8	9.0	4.9	4.4	30.9	26.5	95.9	106.6
浙江	8.3	7.7	1.9	2.1	22.6	20.1	99.6	103.4
东莞	8.8	7.9	3.9	3.0	26.1	27.1	102.9	108.9
天津	9.0	7.6	6.8	4.5	33.4	26.9	101.3	109.5
吉林	10.6	8.4	3.3	2.4	29.6	28.5	99.0	107.3
山西	9.9	9.4	2.7	1.8	25.7	25.3	97.0	100.7
北京	7.3	9.3	3.0	1.6	28.7	25.9	107.7	108.0
青岛	14.0	11.5	3.7	2.7	24.2	24.8	101.4	112.0
佛山	10.3	9.8	1.9	2.3	21.8	21.4	114.1	117.1

表 6-31 2010—2011 赛季各队主、客场场均抢断、盖帽、防守篮板、失分

球队	场均抢断数		场均盖帽数		场均防守篮板数		场均失分	
	主	客	主	客	主	客	主	客
新疆	11.9	9.1	2.6	2.7	25.9	26.2	82.3	89.5
广东	10.4	11.5	3.9	5.2	32.6	29.5	98.8	96.9
东莞	10.4	10.3	4.6	3.5	28.5	30.1	101.0	102.7
江苏	12.9	11.6	4.8	3.9	31.2	27.4	94.1	99.2
浙江	11.3	9.6	3.9	3.5	30.9	28.6	92.4	96.8
广厦	8.3	10.8	7.0	4.0	30.6	29.0	102.3	99.8

续表

球队	场均抢断数		场均盖帽数		场均防守篮板数		场均失分	
	主	客	主	客	主	客	主	客
八一	9.0	8.5	4.2	3.4	30.5	30.1	91.7	101.9
山西	9.3	7.1	3.3	2.4	26.8	28.9	106.9	112.2
北京	9.0	8.5	3.9	2.7	31.7	26.6	94.3	96.9
辽宁	9.6	9.3	4.4	2.4	26.8	27.8	93.5	102.1
山东	11.1	9.2	2.9	2.1	30.8	29.7	99.1	103.2
上海	7.2	7.4	4.4	2.7	34.8	29.6	97.3	109.1
吉林	10.4	9.4	3.6	3.5	30.4	26.4	95.3	99.9
佛山	8.4	7.6	2.6	1.8	26.4	29.2	95.1	99.7
青岛	11.5	9.7	2.9	2.2	24.5	27.3	103.6	111.8
福建	8.1	7.9	2.1	3.4	27.8	26.9	103.5	108.4
天津	8.3	10.8	7.0	4.0	30.6	29.0	98.0	105.7

表6-32 2011—2012赛季各队主、客场场均抢断、盖帽、防守篮板、失分

球队	场均抢断数		场均盖帽数		场均防守篮板数		场均失分	
	主	客	主	客	主	客	主	客
广东	11.4	10.3	3.4	3.9	30.0	30.0	97.8	99.7
北京	9.4	10.4	3.3	2.5	30.9	28.5	99.3	99.9
山西	11.5	9.8	3.6	2.9	28.8	27.3	106.3	109.1
东莞	8.3	9.6	4.4	2.0	27.0	26.6	95.4	106.3
新疆	10.3	8.2	3.2	2.3	30.6	28.9	90.9	101.6

续表

球队	场均抢断数		场均盖帽数		场均防守篮板数		场均失分	
	主	客	主	客	主	客	主	客
上海	8.4	8.5	3.9	3.7	32.4	31.5	84.4	94.7
广厦	9.3	7.3	3.3	2.1	34.8	34.4	101.0	96.3
青岛	11.6	7.2	2.8	1.6	24.7	29.6	99.1	101.7
福建	7.9	7.9	2.1	2.6	30.9	33.0	96.0	108.3
辽宁	8.4	7.4	5.6	4.4	28.9	30.2	96.5	105.9
浙江	13.6	7.9	3.1	2.8	30.6	30.1	100.1	103.3
吉林	10.0	10.8	3.9	1.6	30.3	22.5	92.9	107.1
山东	11.9	9.5	2.4	1.9	30.4	28.9	98.6	97.3
八一	9.9	10.5	4.4	3.9	27.2	26.4	158.3	104.9
天津	8.8	6.8	3.8	2.2	30.4	30.6	102.1	108.6
佛山	6.3	7.6	3.4	3.4	27.6	30.6	106.4	107.4
江苏	12.6	9.9	3.8	3.3	28.0	28.8	102.8	107.4

表 6-33　2012—2013 赛季各队主、客场场均抢断、盖帽、防守篮板、失分

球队	场均抢断数		场均盖帽数		场均防守篮板数		场均失分	
	主	客	主	客	主	客	主	客
广东	10.3	7.9	3.4	3.5	29.0	155.3	97.4	98.1
山东	9.7	12.4	2.9	3.4	30.8	32.6	92.2	93.8
北京	7.4	9.1	3.1	2.8	30.8	30.6	97.1	103.3
新疆	9.4	8.3	2.6	2.2	27.6	28.9	97.6	100.2

续表

球队	场均抢断数		场均盖帽数		场均防守篮板数		场均失分	
	主	客	主	客	主	客	主	客
辽宁	10.0	10.0	3.2	3.1	27.4	29.6	102.1	104.8
广厦	7.7	7.5	3.1	2.1	33.9	31.7	97.0	105.0
东莞	7.1	5.5	4.4	2.8	26.6	27.1	103.4	103.4
浙江	10.9	8.8	3.2	2.5	29.6	28.6	109.4	111.4
山西	9.2	10.1	4.7	5.2	30.4	27.1	108.0	116.3
八一	10.9	8.0	4.1	3.6	26.8	26.0	96.1	100.0
佛山	7.1	8.8	3.4	2.4	27.9	30.6	108.6	109.8
江苏	10.8	10.1	4.4	4.5	30.5	26.1	99.9	112.1
福建	7.7	7.9	2.1	1.6	31.8	32.1	104.0	106.4
吉林	10.1	9.8	2.8	2.6	28.8	25.4	102.3	110.5
天津	7.8	6.3	6.2	4.3	35.5	31.4	93.8	104.6
上海	8.1	6.5	5.8	5.3	32.7	28.3	93.1	104.3
青岛	7.4	9.1	3.6	3.0	26.3	29.2	109.2	110.7

表 6-34　八个赛季主、客场总抢断数、场均抢断数

赛季	总抢断数		场均抢断数	
	主场	客场	主场	客场
2005 — 2006	3060	2742	10.9	9.8
2006 — 2007	2326	2072	10.3	9.2
2007 — 2008	2308	2125	10.3	9.4

赛季	总抢断数		场均抢断数	
	主场	客场	主场	客场
2008 — 2009	4533	4095	10.7	9.6
2009 — 2010	2819	2573	10.4	9.5
2010 — 2011	2672	2531	9.8	9.3
2011 — 2012	2715	2380	10.0	8.8
2012 — 2013	2428	2336	8.9	8.6

由表6-34可知，各赛季总抢断数、场均抢断数，主场都多于客场，主队在主场的防守效果好于客场。

表 6-35　八个赛季主、客场总盖帽数、场均盖帽数

赛季	总盖帽数		场均盖帽数	
	主场	客场	主场	客场
2005 — 2006	925	770	3.3	2.8
2006 — 2007	673	587	3.0	2.6
2007 — 2008	779	637	3.5	2.8
2008 — 2009	1569	1332	3.7	3.1
2009 — 2010	1086	853	4.0	3.1
2010 — 2011	1089	854	4.0	3.1
2011 — 2012	966	749	3.6	2.8
2012 — 2013	1004	876	3.7	3.2

由表6-35可知，各赛季总盖帽数、场均盖帽数，主场都多于客场，主队在主场的防守效果好于客场。

表6-36　八个赛季主、客场总防守篮板数、场均防守篮板数

赛季	总防守篮板数		场均防守篮板数	
	主场	客场	主场	客场
2005 — 2006	7518	7312	26.9	26.1
2006 — 2007	6394	6145	28.4	27.3
2007 — 2008	6444	6204	28.6	27.6
2008 — 2009	11611	11021	27.3	25.9
2009 — 2010	7702	7231	28.3	26.6
2010 — 2011	8013	7705	29.5	28.3
2011 — 2012	7569	7449	27.8	27.4
2012 — 2013	8100	7927	29.8	29.1

由表6-36可知，各赛季总防守篮板数、场均防守篮板数，主场都多于客场，在一定程度上可以反映主队在主场的拼抢积极性和效果。

表6-37　八个赛季主、客场总失分数、场均失分数

赛季	总失分数		场均失分数	
	主场	客场	主场	客场
2005 — 2006	28568	30580	102.0	109.2
2006 — 2007	22065	23231	98.1	103.2
2007 — 2008	22128	23200	98.3	103.1

续表

赛季	总失分数		场均失分数	
	主场	客场	主场	客场
2008 — 2009	42122	43873	99.1	103.2
2009 — 2010	27180	28553	99.9	105.0
2010 — 2011	26383	27771	97.0	102.1
2011 — 2012	27647	28051	101.6	103.1
2012 — 2013	27379	28712	100.7	105.6

由表6-37可知，各赛季场均失分数都是客场高于主场。主队在自己的主场时，可以在一定程度上限制对手的发挥，同时对手由于客场作战的不适应，导致客场失分数都高于主场。

表6-38 各赛季主、客场所有球队场均抢断、盖帽、防守篮板、失分

赛季	场均抢断数		场均盖帽数		场均防守篮板数		场均失分数	
	主	客	主	客	主	客	主	客
2005 — 2006	10.9	9.8	3.3	2.8	26.9	26.1	102.0	109.2
2006 — 2007	10.3	9.2	3.0	2.6	28.4	27.3	98.1	103.2
2007 — 2008	10.3	9.4	3.5	2.8	28.6	27.6	98.3	103.1
2008 — 2009	10.7	9.6	3.7	3.1	27.3	25.9	99.1	103.2
2009 — 2010	10.4	9.5	4.0	3.1	28.3	26.6	99.9	105.0
2010 — 2011	9.8	9.3	4.0	3.1	29.5	28.3	97.0	102.1
2011 — 2012	10.0	8.8	3.6	2.8	27.8	27.4	101.6	103.1
2012 — 2013	8.9	8.6	3.7	3.2	29.8	29.1	100.7	105.6

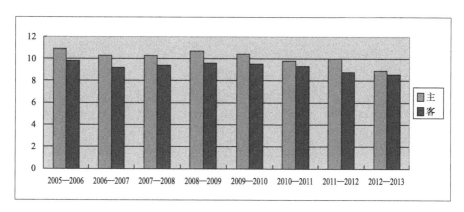

图 6-8　八个赛季主、客场场均抢断数

由图 6-8 可知，各赛季场均抢断数，主场都多于客场。

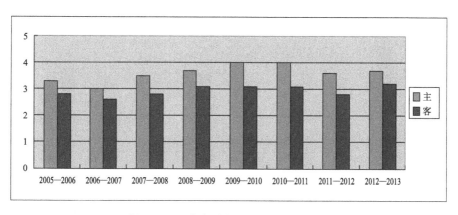

图 6-9　八个赛季主、客场场均盖帽数

由图 6-9 可知，各赛季场均盖帽数，主场都高于客场。

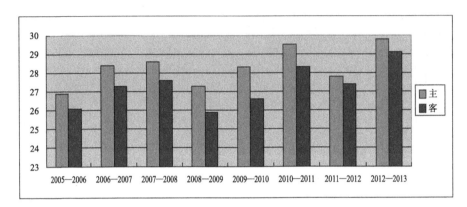

图6-10 八个赛季主、客场场均防守篮板数

由图6-10可知，各赛季场均防守篮板数，主场都高于客场。

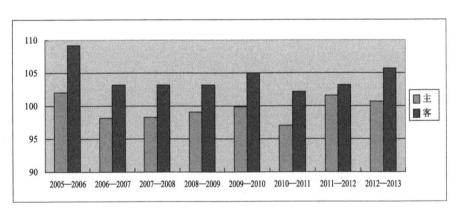

图6-11 八个赛季主、客场场均失分数

由图6-11可知，各赛季场均失分数，客场都高于主场。

4. 不同赛季各队的主、客场场均失误数、犯规数技术指标的对比

通过收集八个赛季主、客场各队失误数、犯规数对比主、客场表现，可以全面剖析主场效应。在此基础上，分析各赛季平均失误数、犯规数，

以全面了解CBA的发展趋势，更好地研究、定义CBA的主场效应。

表6-39　2005—2006赛季各队主、客场场均失误数、犯规数

球队	场均失误数		场均犯规数	
	主	客	主	客
广东	13.3	16.0	22.0	24.7
北京	10.7	12.1	20.7	21.7
八一	11.9	16.7	25.7	27.2
江苏	15.3	17.6	20.1	24.2
新疆	15.1	17.8	23.9	24.9
福建	14.8	15.4	20.7	23.0
上海	13.6	15.8	24.4	25.6
辽宁	14.1	15.0	20.4	23.7
浙江	18.0	19.4	21.2	25.3
吉林	15.2	16.4	24.6	25.6
东莞	17.2	18.8	28.3	27.4
山东	14.4	15.3	22.3	26.0
佛山	15.2	17.0	24.7	24.6
山西	17.3	17.1	23.0	23.9

表 6-40   2006—2007 赛季各队主、客场场均失误数、犯规数

球队	场均失误数		场均犯规数	
	主	客	主	客
广东	15.8	18.4	23.1	23.6
八一	15.6	16.7	22.5	24.6
江苏	16.5	15.5	20.9	21.9
辽宁	13.7	18.7	23.1	24.9
山东	14.1	16.9	25.1	27.1
浙江	17.6	18.6	22.0	23.0
福建	17.1	17.3	22.3	22.9
上海	15.1	14.9	22.2	23.2
新疆	16.5	16.8	21.5	22.8
北京	13.3	12.1	21.7	21.1
东莞	17.8	19.4	25.4	24.5
吉林	17.9	17.5	26.1	24.9
佛山	17.1	18.4	21.3	23.6
广厦	14.9	17.5	20.7	22.7
山西	14.7	17.7	27.1	26.0

表 6-41　2007—2008 赛季各队主、客场场均失误数、犯规数

球队	场均失误数		场均犯规数	
	主	客	主	客
广东	12.5	15.7	24.7	22.7
新疆	14.0	12.7	22.7	20.2
江苏	15.9	14.5	21.7	19.5
辽宁	14.0	16.0	17.8	22.6
山东	14.9	16.0	25.9	26.2
八一	15.4	15.7	20.3	24.5
东莞	15.1	15.3	21.5	22.0
福建	11.9	14.7	20.1	20.9
北京	13.5	15.2	20.1	20.7
广厦	15.1	15.1	22.2	22.9
浙江	18.9	17.1	21.4	22.8
上海	14.3	16.1	21.9	23.3
吉林	15.8	18.0	22.7	25.6
佛山	16.2	17.1	23.0	21.9
山西	18.3	20.3	26.8	25.9

表 6-42 2008—2009 赛季各队主、客场场均失误数、犯规数

球队	场均失误数		场均犯规数	
	主	客	主	客
广东	15.4	16.3	24.9	23.4
新疆	16.4	14.8	21.6	22.0
江苏	17.0	17.5	20.5	21.3
佛山	15.7	16.3	20.9	22.3
东莞	14.4	18.1	22.0	21.7
福建	13.8	14.8	18.8	18.2
广厦	13.7	13.8	21.1	21.6
山东	16.2	19.2	23.8	24.5
北京	13.8	13.5	20.3	21.3
山西	14.9	16.8	25.3	23.8
八一	15.6	14.4	22.0	22.1
辽宁	13.6	15.0	22.8	23.8
吉林	16.8	18.8	21.3	22.6
浙江	15.4	14.7	22.0	20.4
青岛	16.6	17.4	23.5	23.6
天津	16.1	16.6	20.7	20.8
上海	15.4	17.7	23.6	24.4

表6-43 2009—2010赛季各队主、客场场均失误数、犯规数

球队	场均失误数		场均犯规数	
	主	客	主	客
广东	15.5	16.4	24.4	26.0
新疆	12.6	15.9	22.4	21.9
广厦	18.1	18.1	22.0	22.3
上海	16.1	15.6	26.5	26.9
辽宁	14.9	16.6	22.6	24.0
江苏	17.1	15.3	18.1	20.3
福建	14.0	16.1	20.9	20.0
八一	17.3	16.8	19.9	22.8
山东	15.3	17.3	21.8	23.7
浙江	13.8	11.6	17.6	16.4
东莞	13.5	16.2	23.1	21.2
天津	15.0	15.2	22.8	21.4
吉林	15.9	17.6	19.8	24.6
山西	13.8	16.3	24.1	27.1
北京	12.1	14.7	22.7	25.0
青岛	16.4	16.4	22.3	24.9
佛山	12.8	14.3	18.6	19.1

表 6-44　2010—2011 赛季各队主、客场场均失误数、犯规数

球队	场均失误数		场均犯规数	
	主	客	主	客
新疆	14.9	13.8	20.0	23.2
广东	14.6	16.8	25.5	28.1
东莞	15.8	16.8	27.9	26.6
江苏	15.3	15.5	21.3	21.4
浙江	15.2	17.1	22.9	21.1
广厦	18.0	17.6	24.8	23.5
八一	15.6	17.3	19.6	22.7
山西	15.9	17.2	24.6	24.8
北京	14.4	14.3	21.9	20.4
辽宁	11.7	17.2	20.3	21.0
山东	14.6	16.8	23.9	23.3
上海	14.7	17.8	23.6	27.4
吉林	15.2	16.7	22.2	21.8
佛山	14.9	16.7	22.3	21.8
青岛	15.0	14.8	23.5	24.3
福建	13.9	17.2	21.0	21.0
天津	17.1	13.3	22.7	25.6

表 6-45　2011—2012 赛季各队主、客场场均失误数、犯规数

球队	场均失误数		场均犯规数	
	主	客	主	客
广东	16.3	16.9	24.4	25.4
北京	10.3	13.8	24.4	26.3
山西	12.9	14.9	24.3	24.4
东莞	13.6	13.6	23.7	23.9
新疆	14.5	16.1	24.0	24.0
上海	12.1	16.8	20.7	24.3
广厦	17.4	16.5	20.0	20.4
青岛	15.1	14.9	23.8	23.8
福建	14.2	16.7	23.5	24.9
辽宁	13.0	16.2	22.1	24.8
浙江	16.4	16.2	24.9	23.5
吉林	14.5	18.3	22.2	22.4
山东	14.8	18.1	23.6	24.8
八一	17.4	17.4	23.9	26.9
天津	16.1	17.8	22.4	26.1
佛山	15.8	17.8	21.6	24.4
江苏	16.3	16.5	22.4	22.2

表 6-46 2012—2013赛季各队主、客场场均失误数、犯规数

球队	场均失误数		场均犯规数	
	主	客	主	客
广东	13.6	14.9	21.6	22.3
山东	17.1	14.1	24.2	24.6
北京	12.2	12.1	22.6	23.6
新疆	14.0	13.4	21.7	22.6
辽宁	11.0	12.5	24.1	23.6
广厦	14.3	17.0	21.5	22.6
东莞	14.2	12.7	22.3	22.6
浙江	13.4	14.9	21.5	22.9
山西	14.2	15.6	25.7	24.9
八一	14.2	15.4	21.9	22.8
佛山	12.6	13.8	21.3	22.1
江苏	15.4	17.1	22.9	21.8
福建	14.9	17.5	21.1	22.9
吉林	14.4	15.1	22.1	23.9
天津	15.3	16.8	20.7	26.6
上海	14.6	15.6	22.1	23.7
青岛	15.2	17.0	26.3	28.1

表 6-47 八个赛季各队主、客场总失误数、场均失误数

赛季	总失误数		场均失误数	
	主	客	主	客
2005 — 2006	4119	4600	14.7	16.4
2006 — 2007	3566	3848	15.8	17.1
2007 — 2008	3386	3591	15.0	16.0
2008 — 2009	6522	6893	15.3	16.2
2009 — 2010	4068	4325	15.0	15.9
2010 — 2011	4107	4427	15.1	16.3
2011 — 2012	4013	4455	14.8	16.4
2012 — 2013	3849	4086	14.2	15.0

由表6-47可以看出，各赛季总失误数、场均失误数客场都多于主场。由于对客场场地环境的不适应，加之主场球迷对客队球员的影响，各队在客场的失误较多。

表 6-48 八个赛季各队主、客场总犯规数、场均犯规数

赛季	总犯规数		场均犯规数	
	主	客	主	客
2005 — 2006	6435	6950	23.0	24.8
2006 — 2007	5178	5350	23.0	23.8
2007 — 2008	4993	5126	22.2	22.8
2008 — 2009	9375	9447	22.1	22.2

续表

赛季	总犯规数		场均犯规数	
	主	客	主	客
2009—2010	5910	6204	21.7	22.8
2010—2011	6208	6364	22.8	23.4
2011—2012	6270	6599	23.1	24.3
2012—2013	6134	6425	22.6	23.6

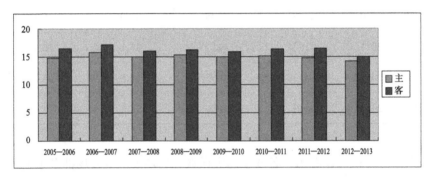

图 6-12　八个赛季所有球队的主、客场场均失误数

由图6-12可以看出，各赛季场均失误数客场都多于主场。

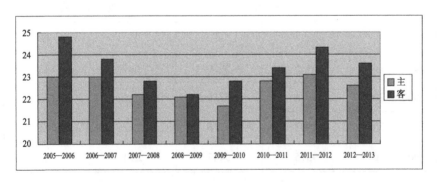

图 6-13　八个赛季所有球队的主、客场场均犯规数

由图6-13可以看出，各赛季场均犯规数客场都多于主场。

（三）主场效应的成因分析

从整个赛季综合来看，八个赛季的各项数据指标主场的表现明显好于客场，而同一个赛季各队的球员是固定的，其中主要有以下几个原因。

1. 共因

旅途、裁判、球员心理等方面的问题是每支球队都会面临的，称为"共因"。比如各队去新疆比赛，都会面临路途遥远、旅途劳顿的问题。裁判受主场氛围及场外各方面因素的影响，形成了"主场哨"这种普遍现象，这也是每支球队都会面临的问题。这些因素确实是造成球队主、客场表现有区别的原因，相关领域已就此做了很多有益的探讨，本研究的重点将不再是这些不易改变的共因，而是共性之中的个性，以供球队及俱乐部借鉴。

2. 共性之中存在的个性

CBA有多个主场，每支球队都在积极进行主场文化建设，都想让自己球队的主场成为令人胆寒的"魔鬼主场"，但被人们公认的"魔鬼主场"仅有几个。深入分析"魔鬼主场"的背景、特点、形成过程，势必为其他球队主场氛围的营造和文化的建设提供借鉴。

除了裁判、旅途等共同的影响因素，那些主场优势明显的球队往往有自身的特点。乌鲁木齐、太原、北京是CBA公认难打的客场，北京作为首都，是经济、政治、文化中心；新疆广汇的主场在乌鲁木齐，拥有得天独厚的自然环境、地理位置和文化特色。本处将着重以山西汾酒男篮在太原的主场为例深入分析。

分析对比得出的数据，2011—2012赛季山西主场的胜率达到了87.5%，而当年冠军北京队主场的战绩为75%，足可见山西主场的效应。山西太原的滨河体育中心是名副其实的"魔鬼主场"，这座能容纳5331人的篮球馆，只要有山西男篮的比赛，场场爆满。山西球迷的热情、主场热烈的氛围给全国观众留下了深刻的印象，也让很多球队不愿意到太原客场作战，"闹他"文化席卷整个CBA，"闹他"口号也成了2011—2012赛季，甚至年度流行语。"闹他"为山西省太原等地的方言，有"打败对手""战胜对手""给自己加油"之意。"闹"字来自古语，以"斗"字为偏旁，本义为"搏斗""争斗"，属于三晋方言。2011—2012赛季，整个CBA刮起了一阵"闹他"之风。山西男篮6年来首进季后赛，主场"狙杀"上届冠军广东队，还有6人登上了全明星赛的舞台，球队首次杀入半决赛，经过生死大战惜败，止步于决赛大门，球员和战绩都创出历史最佳，获得常规赛第三名的历史最好成绩。球队成为人们茶余饭后的热点话题。球队战绩的提升、"魔鬼主场"的形成与球迷、管理者、媒体舆论、历史、民风有着密切关系，深入剖析，颇具意义。

（1）球迷

2011—2012赛季CBA常规赛出现了21场上座率100%的比赛，太原滨河体育中心就占了其中16场。每到山西汾酒的比赛日，整个城市就像有一场盛会，大批的球迷从四面八方赶来，马路上随处可见穿着象征金色主场的球衣，到不了现场的老百姓在家和亲朋好友一起守在电视机前等候比赛的开始，茶余饭后的话题肯定少不了山西汾酒男篮。

在太原这座城市，生活着大量的蓝领阶层。这个阶层平日里承受着来自各方的种种压力，而球场的存在，成为大家排解生活压力的一个渠道。所以在滨河体育中心的看台上，中年男子总是占绝大多数。正是球迷们的热情鼓励、大力支持，球队才会取得如此大的进步，主场氛围才会如此热烈，"魔鬼主场"才会名副其实。

经常去现场看球的观众发现，在场的一些球迷支持主队心切，很容易出现一些不良行为。所以有必要成立一个球迷组织，可以在现场带领大家整齐划一地呐喊，积极遏制不良行为并对当事人进行批评教育，使他以更科学、有效的方式呐喊助威。于是"山西闹他球迷协会"于2012年成立，以"引导球迷团体，服务球迷团体，繁荣山西篮球文化"为宗旨，致力于打造一支富有激情、充满活力，与山西金牌主场相适应的球迷队伍，并且负责协调球迷团体社会活动的管理、协调和监督工作，充分发挥与本省各篮球俱乐部及其他球迷团体之间的桥梁作用。在2012—2013男篮赛季中，"山西闹他球迷协会"组织了150人的会员专区，统一服装、统一口号，带领现场观众呐喊助威，打造了金牌主场的黄金一角。"山西闹他球迷协会"在现场积极引导球迷文明观赛，理智看球，努力为球队输出正能量，为山西球迷做出了表率。

（2）管理层

CBA有一位老板，球队的每场比赛，他都会一场不落地到场观看并指导，7个赛季炒掉12名主帅，只因他们没有执行他的思路，没有把球员当作自己的孩子，从训练和生活上无微不至地关心。好多球员都是他从青年队就开始培养的，但他在球员表现不好的时候也动过手。在球队战绩不好、俱乐部一直亏损的情况下，他卖掉了自己的钢铁厂，几年下来在球队身上花费超过2亿元，先后引进NBA超级大牌威尔斯、马布里，要不是美国篮协禁止外援打短工，科比也差点因为他的操作来到CBA。他就是号称"CBA的库班"的王兴江。在山西队，王兴江拥有绝对的话语权，从俱乐部管理到球场上的人员使用，甚至是战术的安排。王兴江也是凭借着这股倔劲儿带领着球队进步。可以说，如果没有王兴江对该事业如此的热爱和投入，球队就不会有这么明显的进步，就不会有山西汾酒男篮的"魔鬼主场"。

除了王兴江，俱乐部副总经理张北海等管理层也努力在各个方面为球队保驾护航。2008 — 2009赛季是山西中宇历史上的转折赛季，这个赛季被张北海定位为"推广年"。这一年里，山西队还非常注重细节，面向贫困大学生设立篮球爱心基金，还整顿球票营销战略，像卖火车票、飞机票一样卖球票，网点增多，预购打折，场内外一起发力。赛季结束之时，山西中宇的票务销售达到300万元，创造了历史最高值。

（3）媒体宣传

如果从太原武宿国际机场到达太原市区，这座城市在篮球方面的热情无时无刻不在冲击着人的眼球，"捍卫主场"的广告遍布机场、百货公司外墙、街头LED屏、电影院，每到比赛之前，整个城市就像在举行一场盛宴。山西公共频道也在晚间黄金时间播出《我为篮球狂》节目，每期邀请球员、球迷、专家学者从不同的角度与观众分享，讨论的主题每期不同，有时是比赛的幕后故事，有时是球员们的生活、训练状态，有时从球员的角度出发，为球迷提供意见，怎样呐喊、助威才是最科学而合理的。这种电视节目的出现，起到了很好的宣传和教育作用，也为球迷提供了一个分享、交流的平台。太原本土歌手田野创作了歌曲《一起闹他》，歌曲体现了昂扬的体育精神、球迷对山西职业男篮的支持，以及山西人民希望自己球队获胜的心声。太原主场音乐的选取也是很有讲究的，滨河体育中心经常响起极具本土特色的歌曲："好酒出在咱的手！喝了咱的酒啊，上下通气不咳嗽""我家住在黄土高坡，大风从坡上刮过"……这些歌曲十分有助于调动现场观众的情绪，而且在罚球、进球、防守反击成功等不同情况下播放不同风格的歌曲，特别有利于主场氛围的营造和渲染。

（4）历史民风

山西自古就是少数民族与汉族夹杂居住的地区，因此，豪放而勇敢是当地人的重要性格特征。据史书记载，公元979年，宋太宗赵光义亲自率兵，兵分四路攻打太原城，北汉主刘继元在援尽粮绝的情况下，出城投降。刘继元投降后，太原人以砖瓦、石块为武器，继续袭击宋军。赵光义面对愤怒的太原人，迟迟攻打不下来。从高欢、李渊的故事及五代时三主起自太原的历史可见，太原是个产君主的地方。"抗战"初期华北战场上规模最大、战斗最激烈、持续时间最长、战绩最显著的一次会战，就是太原会战。此外，解放战争中历时最长、战斗最激烈、付出代价最大的城市攻坚战是太原战役，是中国第二次国共内战后期的一场重大战役。

在过去很长一段时间，山西没有一支职业篮球队参加中国顶级联赛，并且由于是内陆省份，篮球运动发展相对缓慢。山西汾酒男篮的出现就像是久旱之后的甘露。当"闹他"口号响彻赛场的时候，当太原的主场一次次由于球迷过于热情而接受处罚的时候，"闹他文化"同时也在席卷全国，越来越多的人知道太原有个"魔鬼主场"，越来越多的人感受到太原主场的火爆及太原球迷的热情。篮球使山西人联合、团结起来，为之着魔、痴迷甚至疯狂，体现着竞技体育和乡情的结合。太原"魔鬼主场"的形成有其必然性，"闹他"文化的传播深刻影响了其他球队、俱乐部的主场。

三、结论与建议

（一）结论

1. CBA八个赛季，每个赛季的主场胜率都在60%以上，客场胜率都在40%以下，八个赛季的主场胜率均明显高于客场，主场优势明显，主场效应突出。

2. 八个赛季主、客场二分投篮命中率均在50%以上，主场命中率均高于客场。差距最大的是2006—2007赛季，最接近的是2010—2011赛季。二分球出手数主场均多于客场，在主场的进攻次数、进攻的成功率明显高于客场。三分球命中率主场均高于客场，差距最大的是2009—2010赛季，最接近的是2012—2013赛季。罚球命中率除了2011—2012赛季，其他赛季都是主场高于客场，差距最大的是2009—2010赛季。场均进攻篮板数、助攻数、得分数主场均高于客场，尤其是助攻数和得分数，主场明显高于客场。从数据看出，相对于客场，球员在主场的投篮更稳定，命中率更高，抢得的进攻篮板数更多，拼抢的积极性更高，助攻次数更多，进攻的成功率更高。因此，球队的主场得分明显高于客场。

3. 八个赛季场均抢断数、盖帽数、防守篮板数主场均多于客场，场均失分数客场多于主场。对比主、客场数据看出，场均抢断数、盖帽数主场多于客场，球员的防守积极性更高，防守效果更好；场均失分数客场多于主场，说明在主场防守效果更好，失分少。八个赛季场均失误数、犯规数客场均多于主场，说明在客场有限制球员正常发挥的因素，导致失误数、犯规数增多。

4. 通过对八个赛季主、客场技术指标柱状图进行对比分析，可直观地发现CBA主、客场各项数据近年来的整体特点及变化趋势。主、客场二分球投篮命中率经历起伏变化后，从2010—2011赛季开始连续三年呈现上升趋势。三分球主、客场命中率差距在2012—2013赛季达到最小，有继续缩小的趋势。主、客场罚球命中率在前四个赛季中逐渐缩小，但是在2009—2010赛季突然变大，之后又开始逐渐缩小，甚至在2011—2012赛季出现了客场命中率高于主场的情况。场均得分、助攻方面八个赛季主场明显不如客场，但差距在逐渐变小。抢断方面主、客场的差距在逐渐变小，只是在2011—2012赛季出现了反常情况。主、客场防守篮板数在

2012 — 2013赛季达到最高值。主、客场犯规次数的变化呈现出一条开口向上的抛物线，经历了逐渐减少又增加的过程，在2012 — 2013赛季有所回落。

5. 太原"魔鬼主场"的形成有其必然性。球迷热情投入，采取合理的加油呐喊方式；管理层亲力亲为，在各个方面保驾护航；媒体进行舆论宣传，重视本土文化的传承和保护……这些因素有利于主场氛围的营造，有利于球队战绩的提升，对于其他球队具有很好的借鉴意义。

（二）建议

1. 对比主、客场各项数据有助于更加全面地研究CBA的主场效应，但客观的数据有其局限性，需要更多地与实际结合。分析影响因素的时候可以从更多深层次的视角出发，比如文化、城市类型、发展史等方面。

2. 借鉴有代表性球队的做法，更好地进行主场文化的建设和主场氛围的营造，引导球迷文明观赛并加油，扩大主场优势，使联赛健康、有序地发展。

3. 留意研究过程中的"副产品"。比如所有赛季罚球命中率都是主场高于客场，只有2011 — 2012赛季出现了客场高于主场的情况，这究竟出于裁判判罚尺度的调整还是出台的制度、政策的影响，可以深入研究。再如，每支球队历年来的各项数据已经被统计出来，可以球队为研究对象，分析球队近几年来各项数据的变化，为俱乐部制定发展方向、引援计划，以及教练在平时训练、比赛时制定战术提供参考。

第七章

篮球运动员气质类型、技术特点与场上位置的关系

　　篮球运动是一项集体能、技能、战术、智能、心理于一体的直接对抗性集体项目。篮球运动员在比赛中不仅要消耗巨大的身体能量，也要消耗很多心理能量。运动员在比赛中的心理状态很大程度上决定着他们的表现，心理与体能、技能、战术、智能相辅相成。从某种意义上讲，在当今世界篮坛的高水平比赛当中，心理因素往往起着决定胜负的作用，尤其是比赛关键时刻的制胜球，除运动员的技战术能力外，其心理因素也影响水平的发挥。

　　气质是个人心理活动稳定的动力特征，包括心理活动的强度、速度、稳定性、指向性等方面。它一般分为多血质、粘液质、胆汁质和抑郁质四种基本类型，基本类型之外还有混合气质。四种类型代表着神经系统一般类型的外在表现，影响个体活动的一切方面。研究成果表明，气质类型对运动员的训练和比赛发挥有影响。

　　大学生篮球运动员越来越受到人们关注，成为我国最大的高水平篮球运动人才库之一，是我国高水平篮球运动人才可持续发展的保障。中国大学生篮球联赛（CUBA）的启动，对我国大学生篮球运动水平的提高起到

了积极的促进作用，如何科学、有效地进行心理选材和训练在大学生篮球运动员的培养过程中也引起了重视。在此背景下，如何把握大学生篮球运动员的训练规律，实施科学、有效的选材和训练，扩大我国篮球高水平人才的后备力量，达到事半功倍的效果，是值得深入研究和探索的问题。

基于对气质类型的理解，以及对北京市CUBA球员的具体情况和比赛技术的统计，本研究通过对北京市CUBA球员的气质类型进行调查，探讨并分析北京市CUBA球员气质类型的分布特点、男性和女性球员气质类型分布的差异、不同位置的球员气质类型分布特点、同一位置不同气质类型的球员在一些技术指标上的差异，总结混合型气质球员的技术特点，探究大学生篮球运动员气质类型的分布情况，以及气质类型与技术特点和场上位置关系。意义在于为大学生篮球运动员的训练和比赛服务，为基层青少年篮球训练的科学管理和选材提供借鉴和指导。

一、主要研究方法

（一）问卷调查法

在确定问卷之前，笔者阅读了大量有关气质类型调查的文献，经过咨询专家并取得了相关建议后，确定采用我国心理学家陈会昌教授编制的《气质类型量表》测量北京市参加CUBA的篮球运动员的气质类型，根据研究需要制成篮球运动员气质类型调查问卷。

所选取的样本是北京市参加2016—2017第十九届全国CUBA成绩较好的10支队伍的男、女运动员。男运动员来自清华大学、北京大学、华北电力大学、首都经济贸易大学和北京体育大学5所高校，女运动员来自清华大学、北京大学、华北电力大学、北京师范大学和中国人民大学5所高校。于2017年3月至4月到十支队伍训练现场发放问卷，现场回收，其中北京师范大学女篮由其主教练代发和回收。实际发放问卷118份，有效问卷112份。

表7-1　第十九届全国CUBA10支队伍的成绩

球队	成绩
清华大学男篮	全国赛季军
北京大学男篮	全国赛冠军
华北电力大学男篮	东北赛区第10名
首都经济贸易大学男篮	东北赛区第11名
北京体育大学男篮	东北赛区第9名
清华大学女篮	全国赛冠军
北京大学女篮	东北赛区亚军
北京师范大学女篮	东北赛区冠军
中国人民大学女篮	全国赛第4名
华北电力大学女篮	东北赛区第12名

（二）数理统计法

运用Excel 2016统计北京市参加CUBA的篮球运动员气质类型、技术特点和场上位置的相关指标数据，然后根据SPSS 23.0统计软件对《气质类型量表》进行信度检验，对男、女运动员气质类型进行假设检验，并对数据进行分析。

（三）逻辑分析法

采用归纳、演绎、对比、综合分析等逻辑方法对采集的数据进行分析，归纳并总结出北京市参加CUBA的篮球运动员气质类型与技术特点和场上位置的关系。

二、研究结果与讨论

（一）北京市CUBA运动员气质类型的特征

1. 运动员气质类型的总体分布

气质指表现在人的行为动力和心理活动方面的稳定的个人特点。气质会随着人们适应社会发生微小的改变，但"稳定"是其主要的特征，受先天因素和遗传的影响较大。结合气质类型的特征，本研究把气质类型划分为多血质、粘液质、胆汁质、抑郁质和混合气质五种，混合气质包括多血—粘液质、多血—胆汁质、粘液—胆汁质、多血—粘液—胆汁质等。

表 7-2　北京市 CUBA 球员气质类型总体分布

	多血质	粘液质	胆汁质	抑郁质	混合气质
人数	29	21	10	4	48
百分比	25.89%	18.75%	8.93%	3.57%	42.86%

表 7-3　北京市 CUBA 球员混合气质分布情况

	多血—粘液质	多血—胆汁质	粘液—胆汁质	多血—粘液—胆汁质	多血—抑郁质
人数	23	13	1	10	1
百分比	20.54%	11.61%	0.89%	8.93%	0.89%

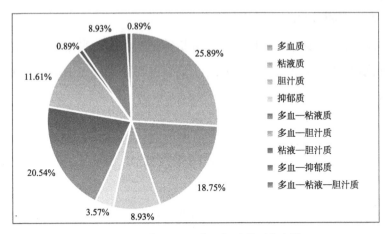

图 7-1 北京市 CUBA 球员气质类型分布情况

从表7-2、表7-3可以看出，北京市参加CUBA的112名运动员共呈现出9种气质类型。其中单一气质的共有64人，占总人数的57.14%；混合气质的共有48人，占总人数的42.86%。在九种气质类型中，占比最大的是多血质，占25.89%（29人）；其次分别是多血—粘液质、粘液质、多血—胆汁质、胆汁质、多血—粘液—胆汁质，分别占20.53%（23人）、18.75%（21人）、11.61%（13人）、8.93%（10人）、8.93%（10人）；最少的三种分别是抑郁质、粘液—胆汁质、多血—抑郁质，分别占3.57%（4人）、0.89%（1人）、0.89%（1人）。可见，北京市CUBA球员的气质类型以多血质、多血—粘液质、粘液质为主，以多血—胆汁质、胆汁质、多血—粘液—胆汁质为辅，抑郁质、粘液—胆汁质和多血—抑郁质出现较少，其他气质类型没有出现。

分析以上数据可知，在中国大学生篮球联赛当中，北京市大部分运动员的气质类型是多血质、粘液质和两者混合的多血—粘液质，小部分是胆汁质、多血—胆汁质和多血—粘液—胆汁质，其他气质类型出现很少或者没有出现。根据巴甫洛夫气质高级神经活动类型的研究，多血质、粘液质和胆汁质运动员的神经系统都属于强型，具有较高的平衡性和灵活性，由这三种气质中的两种或三种组成的混合气质有着各单一气质的部分特点，这些特征符合篮球运动员的特点。抑郁质运动员的神经系统属于弱型，平衡性和灵活性都较差，不太符合篮球运动员的特点。这说明，北京市CUBA球员的气质类型基本符合我国优秀运动员心理选材要求，多血质运动员、粘液质运动员、胆汁质运动员和此三类气质中的两种或三种混合气质的运动员符合优秀篮球运动员心理选材标准，抑郁质和有抑郁质成分的混合气质运动员不符合优秀篮球运动员的心理选材标准，在进行各级别篮球人才选拔时应考虑这一点。

2. 运动员气质类型的性别差异

表 7-4　北京市 CUBA 男、女运动员气质类型分布差异对比

气质类型	男运动员人数	百分比	女运动员人数	百分比	差值	P值
多血质	10	16.95%	19	35.85%	−18.90%	P<0.05
粘液质	14	23.73%	7	13.21%	10.52%	P<0.05
胆汁质	4	6.80%	6	11.32%	−4.52%	P>0.05
抑郁质	0	0	4	7.55%	−7.55%	P>0.05
多血—粘液质	16	27.12%	7	13.21%	13.91%	P<0.05
多血—胆汁质	6	10.17%	7	13.21%	−3.04%	P>0.05
粘液—胆汁质	1	1.69%	0	0	1.69%	P>0.05
多血—抑郁质	0	0	1	1.89%	−1.89%	P>0.05
多血—粘液—胆汁质	8	13.56%	2	3.77%	9.79%	P>0.05

从表7-4可以看出，北京市参加CUBA男、女运动员的气质类型分布有所差异，59名男运动员中，单一气质占47.46%（28人），混合气质占52.54%（31人）。其中，分布最多的为多血—粘液质，占27.12%（16人）；其次分别是粘液质、多血质、多血—粘液—胆汁质、多血—胆汁质和胆汁质，分别占23.73%（14人）、16.95%（10人）、13.56%（8人）、10.17%（6人）、6.80%（4人）；分布最少的为粘液—胆汁质，只有1人；抑郁质和多血—抑郁质没有分布。53名女运动员中，单一气质占67.92%（36人），混合气质占32.08%（17人）。其中，占比最大的是多血质，占35.85%（19人）；其次分别是粘液质、多血—粘液质和多血—胆汁质，这三种气质类型都占13.21%（7人）；再次分别是胆汁质、抑郁质、多血—粘液—胆汁质和多血—抑郁质，分别占11.32%（6人）、7.55%（4人）、3.77%（2人）、1.89%（1人）；粘液—胆汁质没有分布。

经假设检验发现，北京市CUBA男、女运动员在胆汁质、抑郁质、多血—胆汁质、粘液—胆汁质、多血—抑郁质和多血—粘液—胆汁质的气质类型分布上都不存在显著差异（P>0.05），在多血质、粘液质、多血—粘液质的气质类型分布上存在明显差异（P<0.05）。其中，女运动员在多血质的分布上明显高于男运动员，而男运动员在粘液质和多血—粘液质的分布上明显高于女运动员。在女子篮球运动"快""准""灵"的特点和更加依赖战术配合的特征之下，在CUBA这种大学生最高水平的篮球联赛中，多血质的运动员更符合女子篮球比赛的特点，相对于男生，女生平时就更活泼、好动一些，所以女生在多血质上的占比明显高于男生。男运动员随着长时间比赛和训练的磨炼，以及年龄的增长更加成熟而稳重。在发放问卷过程中与教练员交谈得知，在男运动员选材时也更倾向于粘液质和多血—粘液质这些受外界干扰小、能够长时

间重复同一训练动作，并且在比赛中能够稳定发挥的球员，所以粘液质和多血 — 粘液质的男运动员要明显多于女运动员。

（二）不同位置运动员气质类型的特征

1. 后卫球员气质类型特征

后卫主要包括组织后卫和得分后卫。1号位组织后卫是全队的"大脑"，是全队进攻和防守的领导者，负责组织、调整战术配合。他们要具备良好的视野和敏锐的洞察力、不俗的运球推进和外线投射能力。在进攻中，他们要能够瓦解对方的防守；在防守中，他们不仅要做好个人防守，同时也要组织好全队的防守。他们还是球场上的"教练"，要保持清醒的头脑和良好的心理素质。2号位得分后卫主要的职责是寻找在外线进行中远投的机会，同时还要具备良好的突破技术，在对方的紧逼防守下能够对内线造成杀伤，在遇到包夹或者协防时能及时将球分给空位的队友。作为一名外线球员，要协助组织后卫处理好球的运转，这就要求得分后卫具有稳定的投射能力、犀利的突破技术、与队友配合的能力及良好的球场视野。后卫球员是场上的外线球员，应具备良好的投射能力和运球技巧，同时要组织好球队的进攻和球的运转。在防守方面，他们要具有良好的脚步移动能力，能够阻止对手快攻，伺机夹击对手外线得分能力最强的球员。

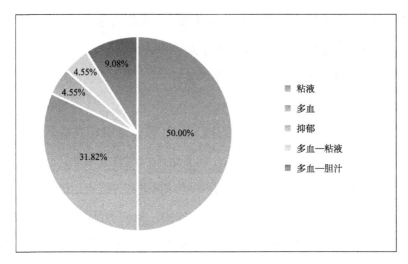

图 7-2 北京市 CUBA 球员组织后卫气质类型特征

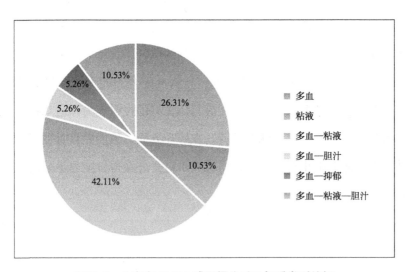

图 7-3 北京市 CUBA 球员得分后卫气质类型特征

在后卫球员的分布情况上，10支队伍共计41名后卫，其中组织后卫22名，得分后卫19名。由图7-2、图7-3可以看出，不同位置球员的气质类型分布特征呈现出明显的位置化，不同位置球员在场上进攻和防守的职责不同，球员的气质类型也要根据场上位置的变化而变化，这是符合优秀篮球运动员心理选材标准的。组织后卫中，分布最多的为粘液质和多血质，占50.00%（11人）和31.82%（7人），多血—胆汁质占9.08%（2人），多血—粘液质和抑郁质各占4.55%（1人）。得分后卫中，分布最多的为多血—粘液质和多血质类型的球员，分别占42.11%（8人）和26.31%（5人），其次是粘液质和多血—粘液—胆汁质，都占10.53%（2人），多血—胆汁质和多血—抑郁质分布较少。从运动心理学的角度来看，粘液质类型的球员在训练中能够自觉完成，注意力可以长时间集中，在比赛中情绪稳定，很少受其他因素影响，善于掌控比赛的节奏。胆汁质类型的球员没有分布，因为胆汁质类型的球员依靠身体素质打球的成分比较多，难以掌握较复杂的技术动作和战术跑位，与队友配合的意识也比较差。所以组织后卫这样一个"球场教练"的角色，胆汁质类型的运动员不适合担任。从运动心理学的角度来讲，多血—粘液质类型的球员反应迅速，动作敏捷，能够在球场上迅速做出判断，同时又具备稳定的情绪、清醒的头脑和审时度势的能力，是符合得分后卫职责的。多血质类型的球员在训练中能够快速掌握新的技术，在比赛中能够灵活多变，大胆运用自己的技术动作，并打出固定的配合，无论是组织后卫还是得分后卫都很适合。

综上所述，在北京市10支参与CUBA的队伍当中，由于组织后卫和得分后卫的职责不同，气质类型有所差异：组织后卫以粘液质类型和多血质类型的运动员为主，得分后卫以多血—粘液质类型和多血质类型为主，单一胆汁质类型的运动员没有分布，说明胆汁质类型的球员在高水平比赛中不适合担当后卫这个角色。粘液质类型的运动员适合被培养成优秀的组织后卫，多血 — 粘液质类型的球员适合被培养成优秀的得分后卫，多血质类型的球员适合被培养成双能卫。多血质和粘液质类型及两者混合气质类型的球员是非常合适的后卫人选。

2. 前锋球员气质类型特征

前锋主要分为小前锋和大前锋。3号位小前锋是篮球比赛中最主要的得分手，其活动区域是两侧45°及限制区附近。小前锋是球场上最全面的球员，既要掌握出色的中远投技术，突破得分、突破分球等外线球员技术，又要兼备篮下进攻和冲抢篮板球等内线球员技术；同时又负责攻守转换时的进攻；在防守上往往对位对方主要的得分人，及时封堵对方快攻接应球员，快速回防以破坏对手的快攻节奏，这就要求小前锋有良好的防守技术和积极的防守态度。同时，随着当今篮球比赛节奏的加快，小前锋也应具备良好的紧逼防守的技术和意识。4号位大前锋又称"第二中锋"，是在比赛场上的"蓝领"，其主要职责是协助中锋保护禁区、协防和抢篮板，因此大前锋要具有良好的篮板球技术和出色的防守能力，为球队创造更多的机会。在进攻中，大前锋又是内、外线连接的一个重要枢纽，要具有良好的掩护和策应配合进攻的能力，积极与内、外线队友配合；在个人进攻方面，其主要得分手段为中距离投篮的篮下强打进攻，在更加全面化的现代篮球发展趋势下，很多优秀的大前锋已经具备出色的三分球能力。

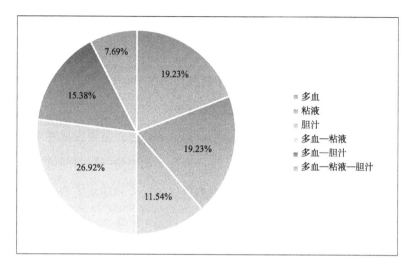

图7-4　北京市CUBA球员小前锋气质类型特征

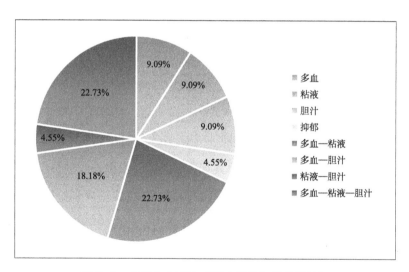

图7-5　北京市CUBA球员大前锋气质类型特征

由图7-4、图7-5可以看出，北京市10支参加CUBA的队伍中，前锋球员共有48名，其中小前锋有26名，大前锋有22名。在小前锋的气质类型分布中，所占比重最大的是多血—粘液质类型的球员，占26.92%（7人），其次是多血质和粘液质类型的球员，都占19.23%（5人），再次是多血—胆汁质和胆汁质的球员，分别占15.38%（4人）和11.54%（3人），最少的是多血—粘液—胆汁质类型的球员，占7.69%（2人）。从运动心理学的角度看，小前锋是队伍中用以得分的角色，需要在比赛中有很强的进攻欲望和稳定的投篮命中率，在遭遇包夹和协防的同时能够寻求与队友的配合，并且在快速的攻防转换中有良好的反应和随机应变的能力，这些正是多血质和粘液质类型球员的特点，所以多血—粘液质、多血质、粘液质类型的球员是小前锋中分布最多的三种气质类型。同时，小前锋也会进行内线强打和冲抢篮板球，需要有较高的兴奋性和竞争性，也依赖身体素质，这是符合胆汁质类型球员的心理特点的，所以胆汁质、多血—胆汁质、多血—粘液—胆汁质类型的球员在小前锋气质类型中也占一定的比重。大前锋的气质类型中，所占比重最大的是多血—粘液质和多血—粘液—胆汁质类型的球员，都占22.73%（5人），其次是多血—胆汁质类型的球员，占18.18%（4人），多血质、粘液质、胆汁质所占比重相同，都是9.09%（2人），粘液—胆汁质和抑郁质各占4.55%（1人）。大前锋是场上的"蓝领"球员，要具有良好的配合意识来为球员创造机会，凭借良好的反应能力及时保护三秒区并协防，在内线进攻和抢篮板球时要保持很高的兴奋性和竞争性；同时又是连接内、外线的一个重要枢纽，要保持头脑清醒并具有良好的视野。大前锋的位置特点决定了气质类型分布的多元化，在大前锋位置上一共出现了八种气质类型，这也说明北京市10支参加CUBA的队伍在大前锋位置上风格的多样化，不同气质类型的大前锋的技术特点各有千秋。

前锋是球场上连接内、外线的重要枢纽，小前锋要能里能外，大前锋要积极与队友配合，连接内、外线。在当今篮球比赛节奏加快的趋势下，对前锋位置上的传接球有很高的要求。当今世界篮坛也是小前锋的盛世，很多顶尖的球员都是小前锋，比如美国的勒布朗·詹姆斯、凯文·杜兰特、卡哇伊·莱昂纳德，希腊的扬尼斯·阿德托昆博，法国的尼古拉斯·巴图姆，意大利的达尼罗·加里纳利，澳大利亚的本·西蒙斯及中国的丁彦雨航。这些小前锋球员在各自的俱乐部和国家队都是战术核心，但他们都是不同类型的球员：有的善于组织全队进攻，有的善于利用自己超强的个人能力得分，有的擅长精准的三分球，有的擅长防守，还有的这些都比较擅长，这些技术特点与他们的气质类型息息相关。北京市10支参加CUBA的队伍小前锋也呈现出这种多样化的特点，每种气质类型分布差距并不大。大前锋的气质类型分布也非常多元化，但是混合气质的大前锋占68.18%，明显高于单一气质的大前锋。单一气质类型的大前锋可能更擅长某一类技术动作；混合气质类型的大前锋更加全面，更加适合大前锋的位置要求。综上所述，前锋的全能化决定了其气质类型分布的多样化。

各位置球员气质类型的分布根据位置的不同有所变化：小前锋以多血质、粘液质和多血—粘液质类型的球员为主，以胆汁质及与胆汁质相关的混合气质类型的球员为辅；大前锋以混合气质类型的球员为主，以单一气质类型的球员为辅。这也充分说明了气质类型与北京市10支参加CUBA队伍的前锋的关系。

3. 中锋球员气质类型特征

中锋往往是队伍中身高最高的球员，其活动范围主要是三秒区和三秒区附近。中锋在比赛中无论是进攻还是防守都是最接近篮筐的，因此他们需要具备出色的个人单打能力，熟练掌握各种背向篮筐的进攻技术。在防守时作为全队的最后一道屏障，中锋要及时为队友补防、协防，这就要求他们具有出色的盖帽能力。在争抢篮板球方面，中锋在身高和位置上有着独特的优势，因此中锋必须具有良好的争抢篮板球的能力。同时，中锋还应该具备娴熟的传球技术，在内线遭遇包夹时及时传球给外线空位的队友，在策应配合时及时传球给出现战机的队友，抢到后场篮板时及时发动一传进行快攻。一个出色的中锋给全队带来的影响是巨大的，我国篮球明星姚明曾在巅峰时期被誉为"世界第一中锋"，有着世界上顶尖的中锋技术。在他的带领之下，当时的中国队在亚洲篮坛一直处于领先地位，在奥运会等世界赛场上也多次取得过前八名的好成绩，屡屡击败欧洲劲旅。可见一个出色的中锋给全队带来的影响之大。

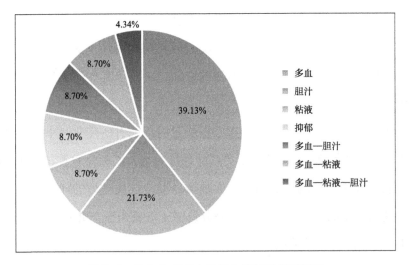

图 7-6　北京市 CUBA 球员中锋气质类型特征

北京市10支参加CUBA的队伍共有23名中锋。由图7-6可以看出，气质类型分布最多的为多血质类型的运动员，占39.13%（9人），其次是胆汁质类型的运动员，占21.73%（5人）；粘液质、抑郁质、多血—胆汁质、多血—粘液质类型的运动员各占8.70%（2人），多血—粘液—胆汁质类型的运动员占4.34%（1人）。从运动心理学的角度来看，中锋主要的活动范围是身体对抗最为激烈的三秒区及附近，这就要求中锋具有良好的兴奋性和对抗性，无论在进攻还是防守中都要敢于对抗，大胆展示自己的技术动作。作为全队防守的最后一道屏障，中锋要有快速的反应能力，帮助队友补防、协防，在遭遇包夹、做策应配合及抢到防守篮板时，能够迅速将球传给有机会的队友。这些特点正是多血质和胆汁质类型的运动员的心理特点，所以多血质、胆汁质及多血—胆汁质类型的中锋占到了69.57%。同时，有的中锋善于进行内线的个人背身单打，在训练中能够不断地重复枯燥的内线进攻技巧。这类中锋在比赛中能够保持沉着、冷静，有着较好的自我控制能力，并且能够长时间地集中注意力，这些心理特点正是胆汁质类型的运动员所具备的，所以胆汁质及与胆汁质相关的混合气质类型的中锋也有一定的分布。综上所述，北京市10支参加CUBA的队伍中锋气质类型共呈现出7种，其主要的气质类型为多血质、胆汁质和多血—胆汁质，这也是由中锋的技术和职责要求决定的，这三种气质类型的运动员比较适合发展成为中锋球员。粘液质及相关的混合气质类型的中锋有自己独特的技术风格，所以这类中锋也有分布。值得一提的是，在北京市10支参加CUBA的队伍中锋气质类型分布中，单一气质类型占78.26%，混合气质类型只占21.74%，这与北京市10支参加CUBA的队伍总体气质类型分布中单一气质与混合气质的分布情况是有明显差异的。说明教练员喜欢将功能性强的球员放在中锋位置上，而不是能力比较全面的球员。

4.运动员气质类型与场上位置的关系

通过分析北京市CUBA运动员后卫、前锋、中锋的气质类型的分布特征，发现运动员的气质类型分布与篮球运动中的五个位置有着密切关系。组织后卫中，粘液质和多血质类型的运动员分布最多。粘液质类型的球员能够自觉完成训练，注意力可以长时间集中，在比赛中情绪稳定，很少受其他因素的影响，善于掌控比赛的节奏；多血质类型的球员在训练中能够快速掌握新的技术，灵活多变，大胆运用自己的技术动作，并打出固定的配合。此两种气质类型的球员比较适合培养成组织后卫。得分后卫中，多血—粘液质和多血质类型的运动员分布最多。多血—粘液质类型的球员反应迅速，动作敏捷，能够在球场上迅速做出判断，同时又具备稳定的情绪、清醒的头脑和审时度势的能力。在后卫这个主要的外线位置上主要分布的是多血质、粘液质和多血—粘液质类型的运动员，这说明多血质、粘液质和多血—粘液质类型的运动员比较符合CUBA这类大学生高水平联赛的后卫选材。粘液质类型的运动员适合被培养成组织后卫，他们善于串联全队和控制节奏；多血—粘液质类型的运动员适合被培养成得分后卫，他们善于通过各种形式得分并组织进攻；多血质类型的运动员适合被培养成"双能卫"，在教练员临场指挥时，这类球员既可以担当组织后卫，也可以担当得分后卫；单一胆汁质类型的运动员不适合被培养成后卫。

在前锋位置上，小前锋以多血—粘液质类型的运动员分布最多，但总体上小前锋位置上的运动员的气质类型分布都比较均匀，差距不大。前文已经提到，多血—粘液质类型的运动员适合被培养成得分后卫，所以结合这两点，多血—粘液质类型的运动员适合被培养成"锋卫摇摆人"，他们比较符合得分后卫和小前锋这两个位置的球员的心理要求。小前锋位置上的运动员的气质类型分布均匀化也为同位置不同气质类型运动员的技术特点提供了依据。全能化特点使大前锋位置呈现出的气质类型最多。值得注意的是，大前锋中混合气质的比例明显高于单一气质的比例，这说明教练员在选材时比较喜欢那些心理特点更加全面化的大前锋运动员，这也是大前锋位置的球员全面化的一个缩影。

在中锋位置上，分布最多的气质类型是多血质和胆汁质。中锋球员往往是全队身高最高的。胆汁质类型的运动员善于利用自己的身体素质打球，同时敢打、敢拼，敢于并善于对抗，大胆地展示自己的技术动作，适合被培养成中锋。值得一提的是，多血质类型的运动员在各个位置都有分布，并且占了相当一部分比例，在总体分布上也是占比最大的。多血质类型的球员能够快速在训练中掌握新的技术，灵活多变，大胆运用自己的技术动作，配合意识强，能与队友打出固定的配合，这些特点非常符合篮球运动员的心理选材标准。所以说，多血质类型的运动员非常适合篮球运动，在青少年选材时可作为参考。

（三）不同气质类型CUBA运动员的技术特点

1. 不同气质类型组织后卫的技术特点

10支队伍的组织后卫共计22名，分布最多的为粘液质和多血质，占50.00%和31.82%，其他如多血—胆汁质（占9.08%）、多血—粘液质（占4.55%）和抑郁质（占4.55%）分布较少。其中粘液质类型的运动员11人，多血质类型的运动员7人，多血—胆汁质类型的运动员2人，多血—粘液质和抑郁质类型的运动员各1人。

表 7-5   组织后卫场均进攻技术统计

得分	进攻篮板	助攻	二分球命中率	三分球命中率	罚球命中率	快攻得分	失误	造犯规
6.4	0.9	2.3	47.2%	27.3%	65.1%	0.6	1.3	1.4

表 7-6   组织后卫场均防守技术统计

防守篮板	抢断	盖帽	犯规
2.0	1.6	0.1	1.4

笔者通过查询CUBA官网，得到了上述22名组织后卫在第19届中国大学生篮球联赛中的进攻和防守数据，并通过Excel 2016对得到的数据进行了统计：后卫场均得6.4分，抢0.9个进攻篮板，助攻2.3次，二分球命中率为47.2%，三分球命中率为27.3%，罚球命中率为65.1%，快攻得分为0.6分，失误1.3次，造成1.4次犯规；防守场均抢2.0个防守篮板，抢断1.6次，盖帽0.1次，犯规1.4次。（见表7-5、表7-6）该数据方便与不同气质类型的组织后卫的进攻和防守数据进行比较分析。

（1）粘液质类型组织后卫的进攻技术特点

表 7-7   粘液质类型组织后卫场均进攻技术统计

得分	进攻篮板	助攻	二分球命中率	三分球命中率	罚球命中率	快攻得分	失误	造犯规
5.1	0.8	2.1	45.1%	31.4%	61.2%	0.6	1.1	1.2

表 7-8　组织后卫场均进攻技术统计

得分	进攻篮板	助攻	二分球命中率	三分球命中率	罚球命中率	快攻得分	失误	造犯规
6.4	0.9	2.3	47.2%	27.3%	65.1%	0.6	1.3	1.4

　　如表7-7、表7-8所示，对11名粘液质类型的组织后卫的进攻技术统计为：场均得5.1分，抢0.8个进攻篮板，助攻2.1次，二分球命中率为45.1%，三分球命中率为31.4%，罚球命中率为61.2%，快攻得分为0.6分，失误1.1次，造成1.2次犯规。与总共22名组织后卫的平均进攻技术统计比较，场均得分少1.3分，进攻篮板少0.1个，助攻少0.2次，二分球命中率低2.1%，三分球命中率高4.1%，罚球命中率低3.9%，快攻得分持平，失误少0.2次，造犯规少0.2次。

　　以上数据对比说明得分不是粘液质类型的组织后卫的强项。在助攻方面，虽然场均助攻数低于平均水平，但是通过观看训练、与教练员及此类型运动员交谈发现，粘液质类型的组织后卫在传导球、组织全队进攻和及时传球发动快攻方面功不可没，而这些作用并没有体现在助攻的技术统计上。二分球命中率低于平均水平。粘液质类型的组织后卫不是队伍中主力得分人，出手机会不是很好，这是导致二分球命中率比平均水平低的一个主要原因。三分球命中率高于平均水平，说明粘液质类型的组织后卫善于空位的远投。罚球方面，从运动心理学角度来看，粘液质类型组织后卫应该善于空位的投篮，但是在研究中发现罚球命中率低于平均水平。通过对这些球员和他们的教练员进行访谈得知，这些球员在训练中罚球命中率都非常不错，但是比赛中罚球时会受到比赛紧张气氛的影响，加上这些球员年龄都在20岁左右，还没有成熟的心智，经常不自信，并产生一些杂念，导致罚球命中率降低。失误方面低于平均水平，能够较好地控制失误次数，造犯规方面也低于平均水平，说明粘液质类型的组织后卫进攻侵略性不强。

（2）粘液质类型组织后卫的防守技术特点

表7-9　粘液质类型组织后卫场均防守技术统计

防守篮板	抢断	盖帽	犯规
1.7	1.2	0.1	1.2

表7-10　组织后卫场均防守技术统计

防守篮板	抢断	盖帽	犯规
2.0	1.6	0.1	1.4

如表7-9、表7-10所示，粘液质类型的组织后卫场均1.7个防守篮板、1.2次抢断、0.1次盖帽、1.2次犯规。对比组织后卫平均水平，防守篮板少0.3个，抢断少0.4次，盖帽持平，犯规少0.2次。结合数据对比来看，粘液质类型的组织后卫不善于抢防守篮板，抢断和犯规都低于组织后卫平均水平，在防守端多采取稳妥的防守策略，很少失去防守位置，但防守侵略性不足。

综上所述，粘液质类型的组织后卫的技术特点为：进攻端得分能力不强，空位投篮命中率较高，但罚球时容易受外界因素干扰；能够很好地组织全队进攻，及时传导球并控制失误数，不善于争抢篮板球；防守端很少丢失位置，能够很好地贯彻教练的防守策略，能控制犯规，但抢断次数不多。无论是在进攻端还是防守端，粘液质类型的组织后卫都稳重、准确，侵略性不足。

（3）多血质类型组织后卫的进攻技术特点

表 7-11　多血质类型组织后卫场均进攻技术统计

得分	进攻篮板	助攻	二分球命中率	三分球命中率	罚球命中率	快攻得分	失误	造犯规
8.1	0.9	2.6	48.5%	26.1%	67.3%	0.7	2.1	1.7

表 7-12　组织后卫场均进攻技术统计

得分	进攻篮板	助攻	二分球命中率	三分球命中率	罚球命中率	快攻得分	失误	造犯规
6.4	0.9	2.3	47.2%	27.3%	65.1%	0.6	1.3	1.4

如表7-11、表7-12所示，对7名多血质类型的组织后卫的进攻技术统计为：场均得8.1分，抢0.9个进攻篮板，助攻2.6次，二分球命中率为48.5%，三分球命中率为26.1%，罚球命中率为67.3%，快攻得分为0.7分，失误2.1次，造成1.7次犯规。与总共22名组织后卫的平均进攻技术统计比较，场均得分多1.7分，进攻篮板持平，助攻多0.3次，二分球命中率高1.3%，三分球命中率低1.2%，罚球命中率高2.2%，快攻得分多0.1分，失误多0.8次，造犯规多0.3次。

以上数据对比说明，多血质类型的组织后卫得分能力较强，善于运用突破技术取得分数和分球。其突破能力往往撕裂对手的防线，形成得分或者助攻。善于运用突破技术是其助攻数和二分球命中率高于组织后卫平均水平的主要原因。三分球的命中率低于平均水平说明其远距离投篮不够稳定。通过比赛录像回放发现，多血质类型的组织后卫存在三分球出手选择不好、空位三分球命中率较低的问题。罚球较稳定，能够组织快攻并参与快攻得分，但失误数较多，同时能造成更多的犯规，突破具有杀伤力。

（4）多血质类型组织后卫的防守技术特点

表 7-13　多血质类型组织后卫场均防守技术统计

防守篮板	抢断	盖帽	犯规
2.5	2.1	0.1	1.7

表 7-14　组织后卫场均防守技术统计

防守篮板	抢断	盖帽	犯规
2.0	1.6	0.1	1.4

如表7-13、表7-14所示，多血质类型的组织后卫场均2.5个防守篮板、2.1次抢断、0.1次盖帽、1.7次犯规；防守篮板比组织后卫平均水平多0.5个，抢断多0.5次，盖帽持平，犯规多0.3次。结合数据对比和现场与教练的交谈，多血质类型的组织后卫善于抢防守篮板，抢断和犯规都高于组织后卫平均水平，在防守端多采取积极、主动的防守策略，会对对位的球员造成较大的防守压力而使之出现失误，但容易失去自己的防守位置。

综上所述，多血质类型的组织后卫技术特点为：得分能力不俗，善于运用突破技术形成杀伤，其突破往往形成得分，造成助攻和防守球员的犯规；三分球不够稳定，罚球较稳定，能够组织快攻并参与快攻得分，经常出现失误；防守方面，善于争抢防守篮板，经常采取积极、主动防守的策略形成抢断，同时也伴随着犯规，防守侵略性强。

（5）其他气质类型组织后卫的进攻技术特点

其他气质类型的组织后卫包括多血—胆汁质（2人）、多血—粘液质（1人）和抑郁质（1人）。前人的研究已经证明抑郁质类型的球员不适合从事篮球运动，在此不做研究；多血—胆汁质、多血—粘液质类型的组织后卫因样本数量较少，故只做简单分析。

表 7-15　多血—胆汁质类型组织后卫场均进攻技术统计

得分	进攻篮板	助攻	二分球命中率	三分球命中率	罚球命中率	快攻得分	失误	造犯规
6.6	0.6	1.9	45.8%	12.5%	62.5%	0.6	1.6	1.5

表 7-16　多血—粘液质类型组织后卫场均进攻技术统计

得分	进攻篮板	助攻	二分球命中率	三分球命中率	罚球命中率	快攻得分	失误	造犯规
3.5	0.4	1.9	54.1%	36.3%	54.4%	0.1	1.1	1.5

表 7-17　组织后卫场均进攻技术统计

得分	进攻篮板	助攻	二分球命中率	三分球命中率	罚球命中率	快攻得分	失误	造犯规
6.4	0.9	2.3	47.2%	27.3%	65.1%	0.6	1.3	1.4

如表7-15、表7-16、表7-17所示，2名多血—胆汁质类型的组织后卫的进攻技术统计为：场均得6.6分，抢0.6个进攻篮板，助攻1.9次，二分球命中率为45.8%，三分球命中率为12.5%，罚球命中率为62.5%，快攻得分为0.6分，失误1.6次，造成1.5次犯规。与总共22名组织后卫的平均进攻技术统计比较，场均得分多0.2分，进攻篮板少0.3次，助攻数少0.4次，二分球命中率低1.4%，三分球命中率低14.8%，罚球命中率低2.6%，快攻得分持平，失误多0.3次，造犯规多0.1次。1名多血—粘液

质类型的组织后卫的进攻技术统计为：场均得3.5分，抢0.4个进攻篮板，助攻1.9次，二分球命中率为54.1%，三分球命中率为36.3%，罚球命中率为54.4%，快攻得分为0.1分，失误1.1次，造成1.5次犯规。与组织后卫的平均进攻技术统计比较，场均得分少2.9分，进攻篮板少0.5个，助攻数少0.4次，二分球命中率高6.9%，三分球命中率高9%，罚球命中率低10.7%，快攻得分少0.5分，失误少0.2次，造犯规多0.1次。

（6）其他气质类型组织后卫的防守技术特点

表7-18　多血—胆汁质类型组织后卫场均防守技术统计

防守篮板	抢断	盖帽	犯规
2.0	0.9	0.1	1.6

表7-19　多血—粘液质类型组织后卫场均防守技术统计

防守篮板	抢断	盖帽	犯规
1.1	0.9	0.1	0.9

表7-20　组织后卫场均防守技术统计

防守篮板	抢断	盖帽	犯规
2.0	1.6	0.1	1.4

如表7-18、表7-19、表7-20所示，多血—胆汁质类型的组织后卫场均2.0个防守篮板、0.9次抢断、0.1次盖帽、1.6次犯规，防守篮板与组织后卫平均水平持平，抢断少0.7次，盖帽持平，犯规多0.2次。多血—粘液质类型的组织后卫场均1.1个防守篮板、0.9次抢断、0.1次盖帽、0.9次犯规，防守篮板比组织后卫少0.9个，抢断少0.7次，盖帽持平，犯规少0.5次。

由于多血—胆汁质和多血—粘液质类型的组织后卫的样本量较少，所以本研究中反映的技术特点并不能代表这两种气质类型的组织后卫的技术特点。但从进攻和防守的技术统计上来看，混合气质类型的球员并不表现为两种单一气质优点和缺点的简单累加，可能更偏向于一种单一气质类型球员的技术特点。但是又因为有另一种气质的影响，他们在一些特点上又存在差异。比如，多血—粘液质类型的组织后卫在总体技术特点上偏向于粘液质类型组织后卫的技术特点，但由于有多血质的影响，在二分球命中率、罚球命中率和造犯规次数上又偏向于多血质类型组织后卫的特点。

综上所述，粘液质类型的组织后卫的技术特点为：进攻端得分能力不强，空位投篮命中率较高，但罚球时容易受外界因素干扰；能够很好地组织全队进攻，及时传导球并控制失误数，不善于争抢篮板球；防守端很少丢失位置，能够很好地贯彻教练的防守策略，能控制犯规，但抢断次数不多。无论是在进攻端还是防守端，粘液质类型的组织后卫都是稳重而侵略性不足。多血质类型组织后卫的技术特点为：得分能力不俗，善于运用突破技术形成杀伤，其突破往往形成得分，造成助攻和防守球员的犯规；三分球方面不够稳定，罚球较稳定，能够组织快攻并参与快攻得分，经常出现失误；防守方面，善于争抢防守篮板，经常采取积极、主动防守的策略形成抢断，同时也伴随着犯规，防守侵略性强。混合气质类型的球员并不表现为两种单一气质优点和缺点的简单累加，可能更偏向于一种单一气质类型球员的技术特点。但是又因为有另一种气质的影响，他们在一些特点上又存在差异。

2. 不同气质类型得分后卫的技术特点

10支队伍的得分后卫共计19名，分布最多的为多血—粘液质和多血质，分别占42.11%和26.32%，多血—粘液—胆汁质和粘液质都占10.53%，多血—胆汁质和多血—抑郁质都占5.26%。其中，多血—粘液质类型的8人，多血质类型的5人，多血—粘液—胆汁质和粘液质类型的各2人，多血—胆汁质和多血—抑郁质类型的各1人。

表 7-21　得分后卫场均进攻技术统计

得分	进攻篮板	助攻	二分球命中率	三分球命中率	罚球命中率	快攻得分	失误	造犯规
8.6	0.9	2.0	46.9%	30.5%	69.9%	0.7	1.5	1.6

表 7-22　得分后卫场均防守技术统计

防守篮板	抢断	盖帽	犯规
1.8	1.2	0.1	1.3

如表7-21、表7-22所示，得分后卫进攻技术统计为：场均得8.6分，抢0.9个进攻篮板，助攻2.0次，二分球命中率为46.9%，三分球命中率为30.5%，罚球命中率为69.9%，快攻得分为0.7分，失误1.5次，造成1.6次犯规。防守技术统计为：场均抢1.8个防守篮板，抢断1.2次，盖帽0.1次，犯规1.3次。

（1）多血—粘液质类型得分后卫的进攻技术特点

表 7-23　多血—粘液质类型得分后卫场均进攻技术统计

得分	进攻篮板	助攻	二分球命中率	三分球命中率	罚球命中率	快攻得分	失误	造犯规
13.0	1.2	3.1	44.4%	32.1%	67.9%	0.8	2.9	2.5

表 7-24　得分后卫场均进攻技术统计

得分	进攻篮板	助攻	二分球命中率	三分球命中率	罚球命中率	快攻得分	失误	造犯规
8.6	0.9	2.0	46.9%	30.5%	69.9%	0.7	1.5	1.6

如表 7-23、表 7-24 所示，8 名多血 — 粘液质类型的得分后卫的进攻技术统计为：场均得 13.0 分，抢 1.2 个进攻篮板，助攻 3.1 次，二分球命中率为 44.4%，三分球命中率为 32.1%，罚球命中率为 67.9%，快攻得分为 0.8 分，失误 2.9 次，造成 2.5 次犯规。与总共 19 名得分后卫的平均进攻技术统计比较，场均得分多 4.4 分，进攻篮板多 0.3 个，助攻多 1.1 次，二分球命中率低 2.5%，三分球命中率高 1.6%，罚球命中率低 0.4%，快攻得分多 0.1 分，失误多 1.4 次，造犯规多 0.9 次。

从数据统计上可以看出，多血 — 粘液质类型的得分后卫大多是队伍中的外线核心，个人进攻能力非常强，得分手段也多样化，内线突破和外线远投都非常擅长。他们比其他得分后卫更擅长抢进攻篮板，进攻中有较多的控球权，助攻能力突出，但是失误次数也比较多。他们的造犯规能力也优于其他后卫，但由于其个人能力较强，比赛中面临的防守压力较大，这也是导致二分球命中率低于平均水平的主要原因。在强大的防守压力和体力耗费下，相对于其他得分后卫，罚球不够稳定。三分球大多通过跑位，并在队友分球的空位出手，所以命中率较高。在进攻中，他们往往扮演核心后卫的角色，是进攻的发起点，也可以组织全队进攻。

（2）多血 — 粘液质类型得分后卫的防守技术特点

表 7-25　多血—粘液质类型得分后卫场均防守技术统计

防守篮板	抢断	盖帽	犯规
2.5	2.9	0.1	1.6

表 7-26　得分后卫场均防守技术统计

防守篮板	抢断	盖帽	犯规
1.8	1.2	0.1	1.3

如表7-25、表7-26所示，多血 — 粘液质类型的得分后卫场均2.5个防守篮板、2.9次抢断、0.1次盖帽、1.6次犯规。与得分后卫平均水平相比，防守篮板多0.4个，抢断多1.7次，盖帽持平，犯规多0.3次。结合数据对比和比赛录像回放可以看出，多血 — 粘液质类型的得分后卫善于抢防守篮板，抢断和犯规都高于得分后卫平均水平。在防守端多采取积极、主动的防守策略，会对对位的球员造成较大的防守压力而使之出现失误。其个人能力比较出色，防守时不容易失去自己的防守位置，他们是出色的外线防守者。

综上所述，多血 — 粘液质类型的得分后卫的技术特点为：进攻方面，个人能力非常强，往往是球队的外线进攻核心，得分、助攻和篮板球能力出众，持球突破和外线远投都比较擅长，同时也善于与队友进行配合，配合意识较强，自信心非常足。但他们在比赛中面临的防守压力较大，失误较多，二分球和罚球命中率不高，三分球大都是通过战术配合的空位出手，命中率高，善于快攻得分，造犯规能力强，是核心后卫。防守方面，他们善于抢防守篮板，多采取积极、主动的防守策略，会对对位的球员造成较大的防守压力，形成抢断，但也容易犯规。其个人能力比较出色，在积极的防守下不容易失去自己的防守位置，是出色的外线防守者。

（3）多血质类型得分后卫的进攻技术特点

表 7-27　多血质类型得分后卫场均进攻技术统计

得分	进攻篮板	助攻	二分球命中率	三分球命中率	罚球命中率	快攻得分	失误	造犯规
8.3	0.8	1.7	50.7%	30.9%	69.1%	0.8	1.5	1.4

表 7-28　得分后卫场均进攻技术统计

得分	进攻篮板	助攻	二分球命中率	三分球命中率	罚球命中率	快攻得分	失误	造犯规
8.6	0.9	2.0	46.9%	30.5%	68.3%	0.7	1.5	1.6

如表7-27、表7-28所示，5名多血质类型的得分后卫的进攻技术统计为：场均得8.3分，抢0.8个进攻篮板，助攻1.7次，二分球命中率为50.7%，三分球命中率为30.9%，罚球命中率为69.1%，快攻得分为0.8分，失误1.5次，造成1.4次犯规。与总共19名得分后卫的平均进攻技术统计比较，场均得分少0.3分，进攻篮板少0.1个，助攻少0.3次，二分球命中率高3.8%，三分球命中率高0.4%，罚球命中率高0.8%，快攻得分多0.1分，失误持平，造犯规少0.2次。这说明，多血质类型的得分后卫得分能力较得分后卫平均水平稍低，进攻篮板能力、助攻能力稍弱，二分球、三分球和罚球的命中率比较稳定，得分效率非常高，快攻意识好，造犯规的能力稍弱，在比赛中应变能力较好，能够很好地适应比赛节奏，保持稳定的得分效率，是值得信赖的外线攻击点。

（4）多血质类型得分后卫的防守技术特点

表 7-29　多血质类型得分后卫场均防守技术统计

防守篮板	抢断	盖帽	犯规
2.0	1.2	0.1	1.6

表 7-30　得分后卫场均防守技术统计

防守篮板	抢断	盖帽	犯规
2.1	1.2	0.1	1.3

如表7-29、表7-30所示，多血质类型的得分后卫场均2.0个防守篮板、1.2次抢断、0.1次盖帽、1.6次犯规，与得分后卫平均水平相比，防守篮板少0.1个，抢断持平，盖帽持平，犯规多0.3次。结合数据对比和比赛录像回放可以看出，多血质类型的得分后卫在篮板、抢断和盖帽方面都与得分后卫平均水平持平，在防守端多采取积极、主动的防守策略。这主要是因为多血质类型的得分后卫经常对位对方主要的外线攻击手，在防守方面投入的精力较多。

综上所述，多血质类型的得分后卫的技术特点为：进攻方面，由于在防守方面投入的精力较多，体力消耗较大，得分、进攻篮板和助攻数据都低于得分后卫平均数据，他们并不是进攻的首选；但他们命中率稳定，是外线稳定的得分点。防守方面，其主要任务是防守对方主要的外线得分手，虽数据上没有体现，但从教练对他们的使用频率和时间上来看，多血质类型的得分后卫是合格的外线防守球员。

（5）其他气质类型得分后卫的进攻技术特点

其他气质类型的得分后卫包括多血—粘液—胆汁质（2人）、粘液质（2人）和多血 — 胆汁质（1人）。

表 7-31　多血—粘液—胆汁质类型得分后卫场均进攻技术统计

得分	进攻篮板	助攻	二分球命中率	三分球命中率	罚球命中率	快攻得分	失误	造犯规
5.6	0.5	0.8	43.8%	19.4%	85.7%	0.3	1.0	1.0

表 7-32　粘液质类型得分后卫场均进攻技术统计

得分	进攻篮板	助攻	二分球命中率	三分球命中率	罚球命中率	快攻得分	失误	造犯规
3.6	0.5	1.7	48.8%	14.1%	66.7%	0.4	1.0	0.4

表 7-33　多血—胆汁质类型得分后卫场均进攻技术统计

得分	进攻篮板	助攻	二分球命中率	三分球命中率	罚球命中率	快攻得分	失误	造犯规
4.0	0.5	1.0	49.8%	35.4%	66.7%	0.1	1.0	1.0

表 7-34　得分后卫场均进攻技术统计

得分	进攻篮板	助攻	二分球命中率	三分球命中率	罚球命中率	快攻得分	失误	造犯规
8.6	0.9	2.0	46.9%	30.5%	68.3%	0.7	1.5	1.6

从以上数据可以看出，多血 — 粘液 — 胆汁质、粘液质和多血 — 胆汁质类型的得分后卫除个别命中率方面的进攻数据高于得分后卫平均水平外，其他进攻数据均低于得分后卫平均水平。而且这些球员大多是球队的替补球员，个人能力相对弱，出场时间也较少。

（6）其他气质类型得分后卫的防守技术特点

表 7-35　多血—粘液—胆汁质类型得分后卫场均防守技术统计

防守篮板	抢断	盖帽	犯规
1.1	0.9	0.1	0.6

表 7-36　粘液质类型得分后卫场均防守技术统计

防守篮板	抢断	盖帽	犯规
1.0	0.7	0.1	0.8

表 7-37　多血—胆汁质类型得分后卫场均防守技术统计

防守篮板	抢断	盖帽	犯规
0.6	0.6	0.1	0.9

表 7-38　得分后卫场均防守技术统计

防守篮板	抢断	盖帽	犯规
2.1	1.2	0.1	1.3

与进攻技术特点类似，这三种类型的得分后卫的防守技术特点也普遍低于平均水平。这说明这三种类型的得分后卫并不是主流的得分后卫，大多是队中的替补球员。

综上所述，多血 — 粘液质类型的得分后卫的技术特点为：个人能力非常强，往往是球队的外线进攻核心，得分、助攻和篮板球能力出众，持球突破和外线远投都比较擅长，得分模式多样化，善于与队友进行配合，但比赛中面临的防守压力较大，失误较多，二分球和罚球命中率不高。防守方面，他们善于抢防守篮板，多采取积极、主动的防守策略，会对对位的球员造成较大的防守压力，形成抢断，但也容易犯规。其个人能力比较出色，在积极的防守下不容易失去自己的防守位置，是出色的外线防守者。多血质类型的得分后卫的技术特点为：进攻方面，由于在防守方面投入的精力较多，体力消耗较大，得分、进攻篮板和助攻数据都低于得分后卫平均数据，他们并不是进攻的首选；但他们命中率稳定，是外线稳定的得分点。防守方面，其主要任务是防守对方主要的外线得分手，是合格的外线防守球员。粘液质、多血—粘液—胆汁质和多血—胆汁质类型的得分后卫多为队伍中的替补球员。

3. 不同气质类型小前锋的技术特点

10支队伍的小前锋共计26名，分布最多的为多血—粘液质，占26.92%，多血质和粘液质分布人数相同，占19.23%，多血—胆汁质占15.38%，胆汁质占11.54%，多血—粘液—胆汁质占7.69%。其中，多血—粘液质类型的运动员7人，多血质和粘液质类型的运动员各5人，多血—胆汁质类型的运动员4人，胆汁质类型的运动员3人，多血—粘液—胆汁质类型的运动员2人。

表7-39 小前锋场均进攻技术统计

得分	进攻篮板	助攻	二分球命中率	三分球命中率	罚球命中率	快攻得分	失误	造犯规
8.1	0.9	1.0	49.5%	32.5%	64.6%	0.4	1.2	1.1

表7-40 小前锋场均防守技术统计

防守篮板	抢断	盖帽	犯规
1.8	0.8	0.2	1.2

如表7-39、表7-40所示，小前锋位置的进攻技术统计为：场均得8.1分，抢0.9个进攻篮板，助攻1.0次，二分球命中率为49.5%，三分球命中率为32.5%，罚球命中率为64.6%，快攻得分为0.4分，失误1.2次，造成1.1次犯规。防守技术统计为：场均抢1.8个防守篮板，抢断0.8次，盖帽0.2次，犯规1.2次。

（1）多血 — 粘液质类型小前锋的进攻技术特点

表 7-41　多血—粘液质类型小前锋场均进攻技术统计

得分	进攻篮板	助攻	二分球命中率	三分球命中率	罚球命中率	快攻得分	失误	造犯规
10.4	1.1	1.0	53.3%	34.7%	71.9%	0.5	1.2	1.4

表 7-42　小前锋场均进攻技术统计

得分	进攻篮板	助攻	二分球命中率	三分球命中率	罚球命中率	快攻得分	失误	造犯规
8.1	0.9	1.0	49.5%	32.5%	64.6%	0.4	1.2	1.1

如表7-41、表7-42所示，7名多血 — 粘液质类型的小前锋的进攻技术统计为：场均得10.4分，抢1.1个进攻篮板，助攻1.0次，二分球命中率为53.3%，三分球命中率为34.7%，罚球命中率为71.9%，快攻得分为0.5分，失误1.2次，造成1.4次犯规。与总共26名小前锋的平均进攻技术统计比较，除了助攻数和失误数与小前锋平均水平持平以外，其他数据全部优于小前锋位置平均进攻水平。这说明多血 — 粘液质类型的小前锋是该位置上的佼佼者，继承了小前锋位置传统，个人能力出色，既有不错的得分能力，又有不俗的篮板球和助攻能力，投篮命中率稳定，能够及时参与

快攻和突破造成犯规。同时，他们与队友配合的意识较强，能够很好地执行教练的进攻战术，打法灵活多变，是连接内、外线的重要枢纽，是能力全面而出色的进攻球员。

（2）多血—粘液质类型小前锋的防守技术特点

表7-43　多血—粘液质类型小前锋场均防守技术统计

防守篮板	抢断	盖帽	犯规
2.2	1.2	0.3	1.3

表7-44　小前锋场均防守技术统计

防守篮板	抢断	盖帽	犯规
1.8	0.8	0.2	1.2

如表7-43、表7-44所示，多血—粘液质类型的小前锋场均2.2个防守篮板、1.2次抢断、0.3次盖帽、1.3次犯规。除犯规数比小前锋平均水平多0.1次，其余防守数据与进攻数据相类似，均优于小前锋位置平均水平。

综上所述，多血—粘液质类型的小前锋的技术特点为：小前锋位置上的佼佼者，个人能力突出，进攻手段多样化，持球突破、外线远投和造犯规均很擅长；在球场上灵活多变，能够与队友很好地配合；篮板球能力出色，命中率稳定，是连接内、外线的枢纽。他们兼备不俗的防守能力，能够限制对位球员，综合了多血质和粘液质的部分优点，是攻、防俱佳的一类球员。

（3）多血质类型小前锋的进攻技术特点

表 7-45　多血质类型小前锋场均进攻技术统计

得分	进攻篮板	助攻	二分球命中率	三分球命中率	罚球命中率	快攻得分	失误	造犯规
10.0	0.7	1.3	45.3%	33.1%	74.8%	0.4	1.8	1.6

表 7-46　小前锋场均进攻技术统计

得分	进攻篮板	助攻	二分球命中率	三分球命中率	罚球命中率	快攻得分	失误	造犯规
8.1	0.9	1.0	49.5%	32.5%	64.6%	0.4	1.2	1.1

如表7-45、表7-46所示，5名多血质类型的小前锋的进攻技术统计为：场均得10.0分，抢0.7个进攻篮板，助攻1.3次，二分球命中率为45.3%，三分球命中率为33.1%，罚球命中率为74.8%，快攻得分为0.4分，失误1.8次，造成1.6次犯规。与总共26名小前锋的平均进攻技术统计比较，场均得分多1.9分，进攻篮板少0.2次，助攻多0.3次，二分球命中率低4.2%，三分球命中率高0.6%，罚球命中率高10.2%，快攻得分持平，失误多0.6次，造犯规数多0.5次。这说明多血质类型的小前锋有不错的得分能力，能够突破造成杀伤，但二分球不够稳定，出手选择合理性有待提高，三分球和罚篮等空位命中率稳定，冲抢进攻篮板能力稍有不足，助攻能力强于一般小前锋，但失误也较多。在进攻方面，多血质小前锋是值得信赖的进攻点，能够持球突破，也能够命中中远距离投篮，是球队阵地进攻的利器。

（4）多血质类型小前锋的防守技术特点

表 7-47　多血质类型小前锋场均防守技术统计

防守篮板	抢断	盖帽	犯规
2.0	0.8	0.1	1.2

表 7-48　小前锋场均防守技术统计

防守篮板	抢断	盖帽	犯规
1.8	0.8	0.2	1.2

如表7-47、表7-48所示，多血质类型的小前锋场均2.0个防守篮板、0.8次抢断、0.1次盖帽、1.2次犯规，其防守篮板数比小前锋平均水平多0.2个，盖帽少0.1次，其余防守数据与小前锋位置平均水平持平。这说明多血质类型小前锋有较好的保护防守篮板的意识，但盖帽能力稍显不足，是小前锋位置上中规中矩的防守者。

综上所述，多血质类型的小前锋有不错的得分能力，能够突破造成杀伤，但二分球命中率不够稳定，三分球和罚篮等空位命中率稳定，冲抢进攻篮板能力稍显不足，助攻能力强于一般小前锋，是球队阵地进攻的利器。在防守方面，他们有较好的保护防守篮板的意识，但盖帽能力稍显不足，是小前锋位置上中规中矩的防守者。

（5）粘液质类型小前锋的进攻技术特点

表 7-49　粘液质类型小前锋场均进攻技术统计

得分	进攻篮板	助攻	二分球命中率	三分球命中率	罚球命中率	快攻得分	失误	造犯规
4.9	0.3	0.8	51.8%	32.7%	65.6%	0.3	0.8	0.9

表 7-50　小前锋场均进攻技术统计

得分	进攻篮板	助攻	二分球命中率	三分球命中率	罚球命中率	快攻得分	失误	造犯规
8.1	0.9	1.0	49.5%	32.5%	64.6%	0.4	1.2	1.1

如表7-49、表7-50所示，5名粘液质类型的小前锋的进攻技术统计为：场均得4.9分，抢0.3个进攻篮板，助攻0.8次，二分球命中率为51.8%，三分球命中率为32.7%，罚球命中率为65.6%，快攻得分为0.3分，失误0.8次，造成0.9次犯规。与总共26名小前锋的平均进攻技术统计比较，场均得分少3.2分，进攻篮板少0.6次，助攻少0.2次，二分球命中率高2.3%，三分球命中率高0.2%，罚球命中率高1.0%，快攻得分少0.1分，失误少0.4次，造犯规数少0.2次。说明粘液质类型的小前锋得分能力稍弱，篮板和助攻能力也弱于一般小前锋，但出现机会时命中率较稳定，能够很好地控制失误，迅速进行传导球。其进攻方式多为无球跑动，并与队友配合创造机会，但是突破不够凶猛，进攻的侵略性不足。

（6）粘液质类型小前锋的防守技术特点

表 7-51　粘液质类型小前锋场均防守技术统计

防守篮板	抢断	盖帽	犯规
0.9	0.6	0.1	0.9

表 7-52　小前锋场均防守技术统计

防守篮板	抢断	盖帽	犯规
1.8	0.8	0.2	1.2

如表7-51、表7-52所示，粘液质类型的小前锋场均0.9个防守篮板、0.6次抢断、0.1次盖帽、0.9次犯规。其防守技术统计都低于小前锋位置的平均水平，防守时较为稳妥，很少犯规，不容易失去自己的防守位置，但是防守侵略性不足，防守效率不高。

综上所述，粘液质类型的小前锋得分能力稍弱，篮板和助攻能力也弱于一般小前锋，但出现机会时命中率较稳定，能够很好地控制失误，迅速进行传导球。其进攻方式多为无球跑动，并与队友配合创造机会，但是突破不够凶猛，进攻的侵略性不足；防守时较为稳妥，很少犯规，不容易失去自己的防守位置，但是防守侵略性不足，防守效率不高。

（7）多血 — 胆汁质类型小前锋的进攻技术特点

表 7-53　多血—胆汁质类型小前锋场均进攻技术统计

得分	进攻篮板	助攻	二分球命中率	三分球命中率	罚球命中率	快攻得分	失误	造犯规
6.5	1.3	1.0	53.8%	27.6%	56.5%	0.6	1.4	1.8

表 7-54　小前锋场均进攻技术统计

得分	进攻篮板	助攻	二分球命中率	三分球命中率	罚球命中率	快攻得分	失误	造犯规
8.1	0.9	1.0	49.5%	32.5%	64.6%	0.4	1.2	1.1

如表7-53、表7-54所示，4名多血 — 胆汁质类型的小前锋的进攻技术统计为：场均得6.5分，抢1.3个进攻篮板，助攻1.0次，二分球命中率为53.8%，三分球命中率为27.6%，罚球命中率为56.5%，快攻得分为0.6分，失误1.4次，造成1.8次犯规。与总共26名小前锋的平均进攻技术统

计比较，场均得分少1.6分，进攻篮板多0.4个，助攻持平，二分球命中率高4.3%，三分球命中率低4.9%，罚球命中率低8.1%，快攻得分多0.2分，失误多0.2次，造犯规数多0.7次。这表明多血 — 胆汁质类型的小前锋得分能力低于小前锋平均水平。二分球命中率稳定，其主要进攻方式为篮下突破或强打；三分球和罚球命中率低于平均水平，说明他们不善于中远距离的投篮；快攻能力出色，喜欢身体对抗，能够造成对方犯规，但失误较多；常使用简单、有效的技术动作，善于抢到进攻篮板的二次进攻。

（8）多血 — 胆汁质类型小前锋的防守技术特点

表 7-55   多血—胆汁质类型小前锋场均防守技术统计

防守篮板	抢断	盖帽	犯规
2.1	0.8	0.2	1.4

表 7-56   小前锋场均防守技术统计

防守篮板	抢断	盖帽	犯规
1.8	0.8	0.2	1.2

如表7-55、表7-56所示，多血 — 胆汁质类型的小前锋场均2.1个防守篮板、0.8次抢断、0.2次盖帽、1.4次犯规。相比于小前锋平均水平，防守篮板多0.3个，犯规多0.2次，抢断和盖帽持平。这表明多血 — 胆汁质类型的小前锋有良好的保护后场篮板的意识，防守态度积极，喜欢身体对抗，防守时善于利用自己的身体优势，但犯规数较多，是良好的防守球员。

综上所述，多血 — 胆汁质类型的小前锋的技术特点为：整体得分能力不强，但二分球命中率稳定，篮下突破或强打能力突出，三分球和罚球命中率低于平均水平。这说明他们不善于中远距离的投篮，冲抢进攻篮板和快攻能力出色，喜欢身体对抗，能够造成对方犯规，但同时失误较多，常使用简单、有效的技术动作，善于抢到进攻篮板的二次进攻。在防守方面，他们有良好的保护后场篮板的意识，防守态度积极，喜欢身体对抗，防守时善于利用自己的身体优势，但犯规数较多，是良好的防守球员。

（9）其他气质类型小前锋的进攻技术特点

其他气质类型的小前锋包括3名胆汁质类型的小前锋和2名多血—粘液—胆汁质类型的小前锋。

表 7-57　胆汁质类型小前锋场均进攻技术统计

得分	进攻篮板	助攻	二分球命中率	三分球命中率	罚球命中率	快攻得分	失误	造犯规
7.9	1.5	0.9	47.1%	30.7%	62.9%	0.3	1.2	1.2

表 7-58　多血—粘液—胆汁质类型小前锋场均进攻技术统计

得分	进攻篮板	助攻	二分球命中率	三分球命中率	罚球命中率	快攻得分	失误	造犯规
1.4	0.3	0.2	20.0%	23.1%	62.5%	0.2	0.8	0.5

表 7-59　小前锋场均进攻技术统计

得分	进攻篮板	助攻	二分球命中率	三分球命中率	罚球命中率	快攻得分	失误	造犯规
8.1	0.9	1.0	49.5%	32.5%	64.6%	0.4	1.2	1.1

如表7-57、表7-58、表7-59所示，3名胆汁质类型的小前锋的进攻

技术统计为：场均得7.9分，抢1.5个进攻篮板，助攻0.9次，二分球命中率为47.1%，三分球命中率为30.7%，罚球命中率为62.9%，快攻得分为0.3分，失误1.2次，造成1.2次犯规。进攻篮板和造犯规数高于平均水平，其他进攻数据几乎低于平均水平，说明胆汁质类型的小前锋进攻篮板和造犯规能力稍强。2名多血—粘液—胆汁质类型的小前锋的全部进攻数据都低于平均水平，说明此气质类型的小前锋都属于队伍中的边缘人物。

（10）其他气质类型小前锋的防守技术特点

表 7-60　胆汁质类型小前锋场均防守技术统计

防守篮板	抢断	盖帽	犯规
2.0	0.6	0.2	1.5

表 7-61　多血—粘液—胆汁质类型小前锋场均防守技术统计

防守篮板	抢断	盖帽	犯规
0.7	0.3	0	1.6

表 7-62　小前锋场均防守技术统计

防守篮板	抢断	盖帽	犯规
1.8	0.8	0.2	1.2

如表7-60、表7-61、表7-62所示，3名胆汁质类型的小前锋场均2.0个防守篮板、0.6次抢断、0.2次盖帽、1.5次犯规。相比于小前锋平均水平，防守篮板多0.2个，犯规多0.3次，抢断少0.2次，盖帽持平。这表明胆汁质类型的小前锋有良好的保护后场篮板的意识，防守积极，喜欢身体对抗，但是犯规数较多。2名多血—粘液—胆汁质类型的小前锋场均0.7

个防守篮板、0.3次抢断、0次盖帽、1.6次犯规；除犯规之外，全部防守数据低于平均水平。这表明多血—粘液—胆汁质类型的小前锋为球队边缘人员，个人能力偏弱。

综上所述，多血—粘液质类型的小前锋的技术特点为：小前锋位置上的佼佼者，个人能力突出，进攻手段多样化，持球突破、外线远投和造犯规能力强；在球场上灵活多变，能够与队友很好地配合；篮板球能力出色，命中率稳定，是连接内、外线的枢纽，同时兼备不俗的防守能力，能够限制对位球员。综合了多血质和粘液质的部分优点，是攻、防俱佳的一类球员。多血质类型的小前锋的技术特点：有不错的得分能力，能够突破造成杀伤，但二分球不够稳定，三分球和罚篮等空位命中率稳定，冲抢进攻篮板能力稍有不足，助攻能力强于一般小前锋，是球队阵地进攻的利器。在防守方面，他们有较好的保护防守篮板的意识，但盖帽能力稍显不足，是小前锋位置上中规中矩的防守者。粘液质类型的小前锋的技术特点：得分能力稍弱，篮板和助攻能力也弱于一般小前锋，但出现机会时命中率较稳定，能够很好地控制失误，迅速进行传导球。其进攻方式多为无球跑动，并与队友配合创造机会，但是突破不够凶猛，进攻的侵略性不足；防守时较为稳妥，很少犯规，不容易失去自己的防守位置，但是防守侵略性不足，防守效率不高。多血—胆汁质类型的小前锋的技术特点：整体得分能力不强，但二分球命中率稳定，篮下突破或强打能力突出，不善于中远距离的投篮，冲抢进攻篮板和快攻能力出色，喜欢身体对抗，能够造成对方犯规，但同时失误较多，常使用简单、有效的技术动作，善于抢到进攻篮板的二次进攻。在防守方面，他们有良好的保护后场篮板的意识，防守态度积极，喜欢身体对抗，防守时善于利用自己的身体优势，但是犯规数较多，是良好的防守球员。其他气质类型小前锋的技术特点：胆汁质类型的小前锋篮板球能力和造犯规能力较强，防守积极，喜欢身体对抗，但是犯规数较多。多血 — 粘液 — 胆汁质类型的小前锋为球队边缘人员，个人能力偏弱。

4. 不同气质类型大前锋的技术特点

10支队伍的大前锋共计22名，分布最多的为多血 — 粘液质和多血 — 粘液 — 胆汁质，各占22.73%，其次是多血 — 胆汁质类型的球员，占18.18%，多血质、粘液质、胆汁质所占比重相同，都为9.09%，粘液 — 胆汁质和抑郁质各占4.55%。其中，多血 — 粘液质和多血 — 粘液 — 胆汁质类型的大前锋都为5人，多血 — 胆汁质类型的大前锋为4人，多血质、粘液质和胆汁质类型的大前锋都为2人，粘液 — 胆汁质和抑郁质的大前锋都为1人。

表 7-63　大前锋场均进攻技术统计

得分	进攻篮板	助攻	二分球命中率	三分球命中率	罚球命中率	快攻得分	失误	造犯规
8.9	1.6	1.0	50.0%	32.2%	63.7%	0.3	1.4	1.5

表 7-64　大前锋场均防守技术统计

防守篮板	抢断	盖帽	犯规
3.0	0.9	0.4	1.4

如表7-63、表7-64所示，大前锋进攻技术统计为：场均得8.9分，抢1.6个进攻篮板，助攻1.0次，二分球命中率为50.0%，三分球命中率为32.2%，罚球命中率为63.7%，快攻得分为0.3分，失误1.4次，造成1.5次犯规。防守技术统计为：场均抢3.0个防守篮板，抢断0.9次，盖帽0.4次，

犯规1.4次。

（1）多血—粘液质类型大前锋的进攻技术特点

表7-65　多血—粘液质类型大前锋场均进攻技术统计

得分	进攻篮板	助攻	二分球命中率	三分球命中率	罚球命中率	快攻得分	失误	造犯规
12.4	2.5	1.1	51.4%	30.6%	63.3%	0.6	1.3	2.2

表7-66　大前锋场均进攻技术统计

得分	进攻篮板	助攻	二分球命中率	三分球命中率	罚球命中率	快攻得分	失误	造犯规
8.9	1.6	1.0	50.0%	32.2%	63.7%	0.3	1.4	1.5

如表7-65、表7-66所示，5名多血—粘液质类型的大前锋的进攻技术统计为：场均得12.4分，抢2.5个进攻篮板，助攻1.1次，二分球命中率为51.4%，三分球命中率为30.6%，罚球命中率为63.3%，快攻得分为0.6分，失误1.3次，造成2.2次犯规。与总共22名大前锋的平均进攻技术统计比较，除了三分球命中率、罚球命中率略低于大前锋平均水平以外，其他数据全部优于大前锋平均进攻水平。这表明多血—粘液质类型的大前锋在进攻端是得分好手，有出色的得分能力，得分手段多样化；同时兼具出色的进攻篮板球能力，总命中率与大前锋平均水平基本持平；有着良好的下快攻的意识，失误少；并且能够在内线造成犯规，制造杀伤。是出色的内线得分手，个人能力突出。

（2）多血 — 粘液质类型大前锋的防守技术特点

表7-67　多血—粘液质类型大前锋场均防守技术统计

防守篮板	抢断	盖帽	犯规
3.6	1.3	0.6	1.5

表7-68　大前锋场均防守技术统计

防守篮板	抢断	盖帽	犯规
3.0	0.9	0.4	1.4

如表7-67、表7-68所示，多血 — 粘液质类型的大前锋场均3.6个防守篮板、1.3次抢断、0.6次盖帽、1.5次犯规。除场均犯规比大前锋平均水平多0.1次之外，其他防守数据均优于平均水平。这说明多血 — 粘液质类型的大前锋是优秀的防守球员，防守篮板、抢断和盖帽能力都非常卓越，反应迅速，动作敏捷，是全队防守的重要角色。

综上所述，多血 — 粘液质类型的大前锋的技术特点为：有出色的得分能力，得分手段多样化，同时兼具出色的进攻篮板球能力，总命中率与大前锋平均水平基本持平，有着良好的下快攻意识，失误少，并且能够在内线造成犯规，制造杀伤，是出色的内线得分手，个人能力突出；防守方面，是优秀的防守球员，防守篮板、抢断和盖帽能力都非常卓越，反应迅速，动作敏捷，是全队防守的重要角色，属于篮球天赋非常好的一类球员。

（3）多血—粘液—胆汁质类型大前锋的进攻技术特点

表7-69　多血—粘液—胆汁质类型大前锋场均进攻技术统计

得分	进攻篮板	助攻	二分球命中率	三分球命中率	罚球命中率	快攻得分	失误	造犯规
7.1	1.9	0.8	52.5%	18.8%	59.4%	0.1	1.2	1.8

表7-70　大前锋场均进攻技术统计

得分	进攻篮板	助攻	二分球命中率	三分球命中率	罚球命中率	快攻得分	失误	造犯规
8.9	1.6	1.0	50.0%	32.2%	63.7%	0.3	1.4	1.5

如表7-69、表7-70所示，5名多血—粘液—胆汁质类型的大前锋的进攻技术统计为：场均得7.1分，抢1.9个进攻篮板，助攻0.8次，二分球命中率为52.5%，三分球命中率为18.8%，罚球命中率为59.4%，快攻得分为0.1分，失误1.2次，造成1.8次犯规。与总共22名大前锋的平均进攻技术统计比较，得分少1.8分，进攻篮板多0.3个，助攻少0.2次，二分球命中率高2.5%，三分球命中率低13.4%，罚球命中率低4.3%，快攻得分少0.2分，失误少0.2次，造犯规次数多0.3次。通过数据对比发现，在进攻端，多血—粘液—胆汁质类型的大前锋在比赛中多为"蓝领"角色，积极与队友进行配合，得分方式多为战术配合创造出的空位投篮机会和冲抢进攻篮板二次进攻得分，篮下二分球命中率高，但不善于中远投，因持球较少，所以失误也相对少，得到进攻机会时往往在内线造成杀伤。

（4）多血 — 粘液 — 胆汁质类型大前锋的防守技术特点

表 7-71 多血—粘液—胆汁质类型大前锋场均防守技术统计

防守篮板	抢断	盖帽	犯规
3.1	0.5	0.4	1.7

表 7-72 大前锋场均防守技术统计

防守篮板	抢断	盖帽	犯规
3.0	0.9	0.4	1.4

如表7-71、表7-72所示，多血 — 粘液 — 胆汁质类型的大前锋场均3.1个防守篮板、0.5次抢断、0.4次盖帽、1.7次犯规。相比于大前锋平均水平，场均防守篮板多0.1次，抢断少0.4次，盖帽持平，犯规多0.3次。这说明多血 — 粘液 — 胆汁质类型的大前锋在防守端是"蓝领"角色，专注于争抢防守篮板和为队友补防、协防，容易犯规，是勤奋的防守者。

综上所述，多血 — 粘液 — 胆汁质类型的大前锋的技术特点为：无论在进攻端还是防守端都是"蓝领"角色，态度积极，深受教练喜爱；得分方式多为战术配合创造出的空位投篮机会和冲抢进攻篮板二次进攻得分，篮下二分球命中率高，但不善于中远投；因持球较少，所以失误也相对少；得到进攻机会时往往在内线造成杀伤；在防守端专注于争抢防守篮板和为队友补防、协防，容易犯规，是勤奋的防守者。

（5）多血 — 胆汁质类型大前锋的进攻技术特点

表 7-73　多血—胆汁质类型大前锋场均进攻技术统计

得分	进攻篮板	助攻	二分球命中率	三分球命中率	罚球命中率	快攻得分	失误	造犯规
10.0	1.6	1.1	50.7%	30.6%	67.3%	0.3	1.9	1.7

表 7-74　大前锋场均进攻技术统计

得分	进攻篮板	助攻	二分球命中率	三分球命中率	罚球命中率	快攻得分	失误	造犯规
8.9	1.6	1.0	50.0%	32.2%	63.7%	0.3	1.4	1.5

如表7-73、表7-74所示，4名多血 — 胆汁质类型的大前锋的进攻技术统计为：场均得10.0分，抢1.6个进攻篮板，助攻1.1次，二分球命中率为50.7%，三分球命中率为30.6%，罚球命中率为67.3%，快攻得分为0.3分，失误1.9次，造成1.7次犯规。与总共22名大前锋的平均进攻技术统计比较，得分多1.1分，进攻篮板持平，助攻多0.1次，二分球命中率高0.7%，三分球命中率低1.6%，罚球命中率高3.6%，快攻得分持平，失误多0.5次，造犯规次数多0.2次。通过数据对比和观看比赛录像回放发现，在进攻端，多血 — 胆汁质类型的大前锋在比赛中有良好的个人得分能力，得分手段多为内线强打和二次进攻，但命中率不够稳定，在遭遇包夹时能够及时分球，有内线杀伤力，但是失误较多，可作为内线的主要进攻点。

（6）多血—胆汁质类型大前锋的防守技术特点

表 7-75　多血—胆汁质类型大前锋场均防守技术统计

防守篮板	抢断	盖帽	犯规
3.3	1.0	0.5	1.4

表 7-76　大前锋场均防守技术统计

防守篮板	抢断	盖帽	犯规
3.0	0.9	0.4	1.4

如表7-75、表7-76所示，多血—胆汁质类型的大前锋场均3.3个防守篮板、1.0次抢断、0.5次盖帽、1.4次犯规，场均犯规与平均水平持平。这说明，多血—胆汁质类型的大前锋在防守端各项能力出众，常常限制对位球员并且反应迅速，能够及时补防到位，敢于做身体对抗和盖帽，防守态度积极，是出色的内线防守者。

综上所述，多血—胆汁质类型的大前锋的技术特点为：在进攻端，有良好的个人得分能力，得分手段多为内线强打和二次进攻，但命中率不够稳定，在遭遇包夹时能够及时分球，有内线杀伤力，但是失误较多，可作为内线的主要进攻点；在防守端，各项能力出众，常常限制对位球员并且反应迅速，能够及时补防到位，敢于做身体对抗和盖帽，防守态度积极，是出色的内线防守者。

（7）其他气质类型大前锋的进攻技术特点

其他气质类型大前锋包括多血质、胆汁质、粘液质和粘液—胆汁质类型的大前锋球员，其中多血质、粘液质和胆汁质类型的各为2人，粘液—胆汁质类型的为1人。

表 7-77 多血质类型大前锋场均进攻技术统计

得分	进攻篮板	助攻	二分球命中率	三分球命中率	罚球命中率	快攻得分	失误	造犯规
9.3	1.6	0.8	54.3%	30.5%	67.1%	0.2	1.0	1.7

表 7-78 胆汁质类型大前锋场均进攻技术统计

得分	进攻篮板	助攻	二分球命中率	三分球命中率	罚球命中率	快攻得分	失误	造犯规
7.1	2.1	0.4	39.0%	37.5%	56.5%	0.3	0.9	1.6

表 7-79 粘液质类型大前锋场均进攻技术统计

得分	进攻篮板	助攻	二分球命中率	三分球命中率	罚球命中率	快攻得分	失误	造犯规
8.1	0.5	1.0	59.8%	36.5%	68.0%	0.3	0.8	0.2

表 7-80 粘液—胆汁质类型大前锋场均进攻技术统计

得分	进攻篮板	助攻	二分球命中率	三分球命中率	罚球命中率	快攻得分	失误	造犯规
10.9	1.9	1.4	56.3%	22.1%	66.7%	0.9	1.4	1.6

表 7-81 大前锋场均进攻技术统计

得分	进攻篮板	助攻	二分球命中率	三分球命中率	罚球命中率	快攻得分	失误	造犯规
8.9	1.6	1.0	50.0%	32.2%	63.7%	0.3	1.4	1.5

从表7-77至表7-81中数据可以看出，在进攻方面，多血质类型的大前锋善于得分，二分球和罚球命中率较稳定，能够在内线突破造成杀伤，失误较少。胆汁质类型的大前锋善于冲抢进攻篮板，但命中率低，虽然三分球命中率高于平均水平，但场均只有0.5次出手，无说服力；喜欢身体对抗，能够造成对手犯规。粘液质类型的大前锋精于外线投射，能够为进攻球员拉开空间，扩大对手的防守阵型，是投手型大前锋；突破较少，侵略性不足。粘液—胆汁质类型的大前锋得分能力强，篮板和助攻能力，二分球和罚球命中率稳定，但不善于三分投射，快攻得分能力出色。

（8）其他气质类型大前锋的防守技术特点

表7-82　多血质类型大前锋场均防守技术统计

防守篮板	抢断	盖帽	犯规
3.0	0.8	0.6	1.2

表7-83　胆汁质类型大前锋场均防守技术统计

防守篮板	抢断	盖帽	犯规
4.0	1.3	0.3	2.1

表7-84　粘液质类型大前锋场均防守技术统计

防守篮板	抢断	盖帽	犯规
1.4	0.6	0.1	0.9

表7-85　粘液—胆汁质类型大前锋场均防守技术统计

防守篮板	抢断	盖帽	犯规
2.9	1.4	0	1.3

表 7-86 大前锋场均防守技术统计

防守篮板	抢断	盖帽	犯规
3.0	0.9	0.4	1.4

由表7-82至表7-86可以看出，在防守端，多血质类型的大前锋能凭借其快速的反应和灵活的脚步及时封盖对手，很少犯规。胆汁质类型的大前锋有出色的保护后场篮板的意识，防守压迫性大，抢断多，但也容易犯规。粘液质类型的大前锋各项防守数据都低于平均水平，说明此类大前锋防守较差，防守侵略性不足。粘液—胆汁质类型的大前锋善于抢断，但盖帽能力不足，相比于胆汁质类型的大前锋更能控制犯规。

综上所述，多血—粘液质类型的大前锋的技术特点为：有出色的得分能力，得分手段多样化，同时兼具出色的进攻篮板球能力，总命中率与大前锋平均水平基本持平，有着良好的下快攻的意识，失误少，并且能够在内线造成犯规，制造杀伤，是出色的内线得分手，个人能力突出；防守方面，是优秀的防守球员，防守篮板、抢断和盖帽能力都非常卓越，反应迅速，动作敏捷，是全队防守的重要角色，属于篮球天赋非常好的一类球员。多血—粘液—胆汁质类型的大前锋的技术特点为：无论在进攻端还是防守端都是"蓝领"角色，态度积极，深受教练喜爱，得分方式多为战术配合创造出的空位投篮机会和冲抢进攻篮板二次进攻得分，篮下二分球命中率高，但不善于中远投，因持球较少，所以失误也相对少，得到进攻机会时往往在内线造成杀伤；防守端专注于争抢防守篮板和为队友补防、协防，容易犯规，是勤奋的防守者。多血—胆汁质类型的大前锋的技术特点为：进攻端，有良好的个人得分能力，得分手段多为内线强打和二次进攻，但命中率不够稳定，在遭遇包夹时能够及时分球，有内线杀伤力，但是失误较多，可作为内线的主要进攻点；防守端，各项能力出众，常常限制对位球员并且反应迅速，能够及时补防到位，敢于做身体对抗和盖帽，防守态度积极，是出色的内线防守者。多血质类型的大前锋善于得分，二分球和罚球命中率较稳定，能够在内线突破造成杀伤，失误较少，能凭借其快速的反应和灵活的脚步及时封盖对手，很少犯规。胆汁质类型的大前锋善于冲抢进攻篮板，但命中率低，不善于中远距离投篮，喜欢身体对抗，能够造成对手犯规，有出色的保护后场篮板的意识，防守压迫性大，抢断多，但也容易犯规。粘液质类型的大前锋精于外线投射，能够为进攻球员拉开空间，扩大对手的防守阵型，是投手型大前锋；突破较少，侵略性不足，各项防守数据都低于平均水平，防守较差，防守侵略性不足。粘液—胆汁质类型的大前锋得分能力强，篮板和助攻能力出色，二分球和罚球命中率稳定，但不善于三分投射，快攻得分能力出色，善于抢断，但盖帽能力不足，相比于胆汁质类型的大前锋更能控制犯规。

5. 不同气质类型中锋的技术特点

10支队伍的中锋共计23名，分布最多的为多血质，占39.13%，其次是胆汁质，占21.74%，多血—粘液质、粘液质、多血—胆汁质和抑郁质所占比重相同，都是8.70%，多血—粘液—胆汁质占4.35%。其中，多血质9人，胆汁质5人，多血—粘液质、粘液质、多血—胆汁质和抑郁质均为2人，多血—粘液—胆汁质为1人。

表 7-87　中锋场均进攻技术统计

得分	进攻篮板	助攻	二分球命中率	三分球命中率	罚球命中率	快攻得分	失误	造犯规
9.0	2.1	0.8	48.6%	37.7%	62.1%	0.1	1.5	1.7

表 7-88　中锋场均防守技术统计

防守篮板	抢断	盖帽	犯规
3.4	0.7	0.7	2.0

　　如表7-87、表7-88所示，中锋进攻技术统计为：场均得9.0分，抢2.1个进攻篮板，助攻0.8次，二分球命中率为48.6%，三分球命中率为37.7%，罚球命中率为62.1%，快攻得分为0.1分，失误1.5次，造成1.7次犯规。防守技术统计为：场均抢3.4个防守篮板，抢断0.7次，盖帽0.7次，犯规2.0次。

　　（1）多血质类型中锋的进攻技术特点

表 7-89　多血质类型中锋场均进攻技术统计

得分	进攻篮板	助攻	二分球命中率	三分球命中率	罚球命中率	快攻得分	失误	造犯规
9.4	2.3	1.0	52.1%	25.8%	63.8%	0.1	1.4	1.7

表 7-90　中锋场均进攻技术统计

得分	进攻篮板	助攻	二分球命中率	三分球命中率	罚球命中率	快攻得分	失误	造犯规
9.0	2.1	0.8	48.6%	37.7%	62.1%	0.1	1.5	1.7

　　如表7-89、表7-90所示，9名多血质类型的中锋的进攻技术统计为：场均得9.4分，抢2.3个进攻篮板，助攻1.0次，二分球命中率为52.1%，三分球命中率为25.8%，罚球命中率为63.8%，快攻得分为0.1分，失误1.4次，造成1.7次犯规。与总共23名中锋的平均进攻技术统计比较，除

三分球命中率略低，快攻得分和造犯规次数持平以外，其他数据均优于平均水平。这说明多血质类型的中锋在进攻端得分能力强，得分方式多为内线强打和二次进攻，有着良好的争抢进攻篮板球的能力，保证了其二次进攻，同时能够策应并助攻，投篮命中率高，但不善于三分球投篮，能较好地控制失误数量，是值得信赖的内线进攻点。

（2）多血质类型中锋的防守技术特点

表 7-91　多血质类型中锋场均防守技术统计

防守篮板	抢断	盖帽	犯规
3.7	0.7	0.9	1.9

表 7-92　中锋场均防守技术统计

防守篮板	抢断	盖帽	犯规
3.4	0.7	0.7	2.0

如表7-91、表7-92所示，多血质类型的中锋场均3.7个防守篮板、0.7次抢断、0.9次盖帽、1.9次犯规。除抢断数持平以外，其他数据均优于平均水平。这说明，多血质类型的中锋有良好的保护后场篮板的意识，作为内线的最后一道屏障，经常要补防和协防，有不俗的盖帽能力，并且能够控制犯规，是出色的内线防守球员。

综上所述，多血质类型的中锋的技术特点为：进攻端得分能力强，得分方式多为内线强打和二次进攻，有着良好的争抢进攻篮板球的能力，保证了其二次进攻，同时能够策应并助攻，投篮命中率高，但不善于三分球投篮，能较好地控制失误数量，是值得信赖的内线进攻点；防守端有良好的保护后场篮板的意识，作为内线的最后一道屏障，经常要补防和协防，有不俗的盖帽能力，并且能够控制犯规，是出色的内线防守球员。

（3）胆汁质类型中锋的进攻技术特点

表 7-93　胆汁质类型中锋场均进攻技术统计

得分	进攻篮板	助攻	二分球命中率	三分球命中率	罚球命中率	快攻得分	失误	造犯规
6.8	2.2	0.4	42.5%	33.3%	58.6%	0.1	1.6	1.9

表 7-94　中锋场均进攻技术统计

得分	进攻篮板	助攻	二分球命中率	三分球命中率	罚球命中率	快攻得分	失误	造犯规
9.0	2.1	0.8	48.6%	37.7%	62.1%	0.1	1.5	1.7

如表7-93、表7-94所示，5名胆汁质类型的中锋的进攻技术统计为：场均得6.8分，抢2.2个进攻篮板，助攻0.4次，二分球命中率为42.5%，三分球命中率为33.3%，罚球命中率为58.6%，快攻得分为0.1分，失误1.6次，造成1.9次犯规。与总共23名中锋的平均进攻技术统计比较，除进攻篮板、失误和造犯规高于平均水平以外，其他数据均低于平均水平。这说明，胆汁质类型的中锋在进攻端得分能力不强，有着良好的争抢进攻篮板球的能力，进攻方式多为二次进攻，整体命中率偏低，助攻能力较差，失误多，但在进攻中敢于进行身体对抗，作风顽强，往往造成对手犯规。

（4）胆汁质类型中锋的防守技术特点

表 7-95　胆汁质类型中锋场均防守技术统计

防守篮板	抢断	盖帽	犯规
3.5	0.5	0.8	2.2

表 7-96　中锋场均防守技术统计

防守篮板	抢断	盖帽	犯规
3.4	0.7	0.7	2.0

如表7-95、表7-96所示，胆汁质类型的中锋场均3.5个防守篮板、0.5次抢断、0.8次盖帽、2.2次犯规。除抢断略低以外，其他数据均高于平均水平。这说明，胆汁质类型的中锋有良好的保护后场篮板的意识，兼备不俗的盖帽能力，但是犯规数较多，属于"硬碰硬"型的内线防守球员。

综上所述，胆汁质类型的中锋的技术特点为：进攻端得分能力不强，进攻方式多为二次进攻，有着良好的篮板球的意识和能力，策应和助攻能力不足，投篮命中率低，失误较多，善于利用自己的身体素质和高度，不惧对抗，作风顽强；防守端有不俗的盖帽能力，但是犯规数较多，属于"硬碰硬"型的内线防守球员。

（5）其他气质类型中锋的进攻技术特点

其他气质类型包括粘液质（2人）、多血—粘液质（2人）、多血—胆汁质（2人）、抑郁质（2人）和多血—粘液—胆汁质（1人）。整理数据发现，只有多血—粘液质和多血—胆汁质类型的中锋有着明显的技术特点，其他气质类型的中锋在此群体中特点不明显，在此不予研究。

表 7-97　多血—胆汁质类型中锋场均进攻技术统计

得分	进攻篮板	助攻	二分球命中率	三分球命中率	罚球命中率	快攻得分	失误	造犯规
11.6	2.5	0.7	48.1%	47.1%	58.1%	0.3	2.2	1.9

表 7-98　多血—粘液质类型中锋场均进攻技术统计

得分	进攻篮板	助攻	二分球命中率	三分球命中率	罚球命中率	快攻得分	失误	造犯规
13.4	2.1	0.9	48.7%	40.8%	69.1%	0.1	1.3	1.5

表 7-99　中锋场均进攻技术统计

得分	进攻篮板	助攻	二分球命中率	三分球命中率	罚球命中率	快攻得分	失误	造犯规
9.0	2.1	0.8	48.6%	37.7%	62.1%	0.1	1.5	1.7

通过表7-97至表7-99中数据可知，多血 — 胆汁质类型的中锋在得分、进攻篮板、快攻得分、失误和造犯规上高于平均水平。虽然三分球命中率高，但是出手次数少，不能说明此类型的中锋善于三分球投篮。多血 — 粘液质类型的中锋的场均得分和各项命中率高于平均水平。

（6）其他气质类型中锋的防守技术特点

表 7-100　多血—胆汁质类型中锋场均防守技术统计

防守篮板	抢断	盖帽	犯规
5.8	0.8	0.8	2.2

表 7-101　多血—粘液质类型中锋场均防守技术统计

防守篮板	抢断	盖帽	犯规
3.4	0.9	0.6	1.6

表 7-102　中锋场均防守技术统计

防守篮板	抢断	盖帽	犯规
3.4	0.7	0.7	2.0

通过表 7-100 至表 7-102 中数据可知，多血 — 胆汁质类型的中锋的防守篮板、抢断、盖帽和犯规都高于平均水平，多血 — 粘液质类型的中锋的抢断高于平均水平，犯规和盖帽低于平均水平。这说明，多血 — 胆汁质类型的中锋得分能力强，篮板球能力出色，敢于对抗，盖帽能力好，能造成对手犯规，但自身犯规也较多，命中率不高。多血 — 粘液质类型的中锋技术细腻，背身单打能力强，能策应，失误少，命中率高，并且有中远距离投篮的能力，帮队友拉开空间，但是进攻和防守的侵略性不足。

综上所述，多血质类型的中锋的技术特点为：进攻端得分能力强，得分方式多为内线强打和二次进攻，有着良好的争抢进攻篮板球的能力，保证了其二次进攻，同时能够策应并助攻，投篮命中率高，但不善于三分球投篮，能较好地控制失误数量，是值得信赖的内线进攻点；防守端有良好的保护后场篮板的意识，作为内线的最后一道屏障，经常要补防和协防，有不俗的盖帽能力，并且能够控制犯规，是出色的内线防守球员。胆汁质类型的中锋的技术特点为：进攻端得分能力不强，进攻方式多为二次进攻，有着良好的篮板球的意识和能力，策应和助攻能力不足，投篮命中率低，失误较多，善于利用自己的身体素质和高度，不惧对抗，作风顽强；防守端有不俗的盖帽能力，但是犯规数较多，属于"硬碰硬"型的内线防守球员。多血 — 胆汁质类型的中锋的技术特点为：得分能力强，篮板球能力出色，敢于对抗，盖帽能力好，能造成对手犯规，但自身犯规也较多，命中率不高。多血 — 粘液质类型的中锋的技术特点为：技术细腻，背身单打能力强，能策应，失误少，命中率高，并且有中远距离投篮的能力，帮队友拉开空间，但是进攻和防守的侵略性不足。

三、结论与建议

（一）结论

1. 北京市CUBA运动员的气质类型分布以多血质、多血—粘液质、粘液质、多血—胆汁质为主，符合优秀篮球运动员的心理选材标准。抑郁质类型的运动员不适合高水平的篮球运动，在篮球运动员的心理选材上应考虑这一因素。男运动员和女运动员在气质类型分布上有差异：多血质的女运动员明显多于男运动员，粘液质和多血—粘液质的男运动员明显多于女运动员。

2. 篮球场上各个位置的技术要求与运动员的气质类型存在高度相关性，后卫位置以粘液质、多血—粘液质、多血质为主，前锋位置分布种类多而均匀，中锋位置以多血质和胆汁质为主。运动员气质类型不同，在场上担任的角色也不同：对于组织后卫，粘液质和多血质最适合；对于得分后卫和小前锋，多血质和多血—粘液质最适合；对于大前锋和中锋，多血质和多血—胆汁质最适合。

3. 多血质类型的球员擅长得分、造犯规、抢断等快速而灵活的技术；粘液质类型的球员擅长组织进攻、投篮、防守等准确而稳健的技术；多血—粘液质类型的球员攻防俱佳，数据都优于平均水平，是队伍中的核心球员；胆汁质和多血—胆汁质类型的球员擅长篮板、盖帽等利用高度和力量的技术；多血—粘液—胆汁质类型的球员较全面，各项数据与平均水平差距不大。

4.气质类型与技术特点之间具有一定的亲和作用。在篮球运动员的训练过程中，气质类型可以作为训练技术特长、培养技术特点的参考因素之一。临场指挥比赛时，教练员在根据对方球队特点和本队特点组成相应的上场阵容并采取针对性战术时，可以把气质类型的合理搭配作为参考条件。

（二）建议

1.在篮球教学训练中，在抓好常规技战术训练的同时，应有重点地安排一定的心理训练内容，特别是针对篮球运动员气质类型差异的心理训练内容。（1）教练员可通过组织一定数量的大强度、激烈的训练和比赛，丰富运动员的实战经验，在实战中掌握更细致的不同气质类型的技术特点。（2）根据自身的实际情况，各球队应配备心理学专业的辅助教练员协助主教练采用科学的心理学训练方法和手段，以最大限度地发挥不同气质类型的篮球运动员的优势。

2.根据篮球运动的发展趋势和本队的技术风格，教练员在选材中应侧重考虑运动员的气质类型特点，将他们安排在适当的位置，使他们担任恰当的角色，采用不同的教育方式和练习方法，力求将他们培养成相应位置上的核心，从而提高全队的战斗力。